LA GUERRE DANS LES YEUX

OUVRAGES DE PIERRE SCHOENDOERFFER

La 317e Section, La Table Ronde, 1963.
L'Adieu au roi, Grasset, 1969.
Le Crabe-Tambour, Grasset, 1976.
Là-haut, Grasset, 1981 ; rééd. 2004.
L'Aile du papillon, Grasset, 2003.

OUVRAGES DE PATRICK FORESTIER

Les Mystères d'Ouvéa, Éditions Filipacchi, 1988.
Un otage à Beyrouth, *avec Roger Auque*, Éditions Filipacchi, 1988 (prix Vérité).
Le Train du Négus, *sur les pas de Rimbaud*, Grasset, 1994.
Confession d'un émir du GIA, *avec Ahmed Salam*, Grasset, 1999.
Afghanistan éternel, Éditions Atlantica, 2001.
Hôtel Palestine, *Chronique inattendue de la guerre à Bagdad*, Grasset, 2003.
Pirates et commandos, *Les secrets des opérations spéciales*, Éditions du Rocher, 2010.

PIERRE SCHOENDOERFFER
PATRICK FORESTIER

LA GUERRE
DANS LES YEUX

BERNARD GRASSET
PARIS

Photo de couverture : © Patrick Chauvel/Sygma/Corbis Jérôme

ISBN 978-2-246-78306-0

À Pierre,
mon amour et mon compagnon

Et à ceux qui ont permis
cet entretien posthume

Pat Schoendoerffer

À mon épouse Magali

À mes enfants Diane,
Louis et Adrien Forestier

Patrick Forestier

La guerre n'est pas si onéreuse que la servitude.

VAUVENARGUES

Préface

J'ai toujours eu l'impression que Pierre Schoendoerffer faisait partie de mon univers. C'est en effet grâce à des grands reporters écrivains, des romanciers, des cinéastes comme lui que j'ai eu le goût, l'envie de parcourir le monde pour témoigner des événements qui bouleversent la planète.

Le cameraman soldat fait prisonnier à la chute de Diên Biên Phú, l'ami de Joseph Kessel, le copain de Serge Bromberger qui fut à l'origine de son engagement comme cameraman au Service presse information en Indochine, d'autres reporters rencontrés là-bas : Lucien Bodard, Max Clos, Jean Lartéguy, Jacques Chancel, Henri Amouroux... les écrivains de l'âge d'or du journalisme. Pierre Lazareff, le patron de *France-Soir*, fondateur de « 5 colonnes à la Une » qui lui donna carte blanche pour aller au Viêtnam filmer l'armée américaine d'où il rapporta ce reportage sur la First Cav qu'il appela *La Section Anderson*, du nom du lieutenant noir qui la commandait. Un film qui eut un Oscar à Hollywood en 1968. La filiation, qui est aussi la mienne, avec Conrad, Melville, Kipling. Ses films : *La 317ᵉ Section, Le Crabe-Tambour, L'Honneur d'un capitaine, Diên Biên Phú*. Ses romans : *L'Adieu au roi, Là-haut*. Tout cela a façonné en quelque sorte l'adolescent que j'étais et l'adulte que je suis devenu en couvrant à mon tour la folie guerrière des humains. Révolutions, famines, révoltes, guerres... Des mots qui signifient pour moi beaucoup d'émotion, souvent de la solitude, parfois de la souffrance. Si je partage une intimité intellectuelle avec Pierre Schoendoerffer c'est parce que je me reconnais dans son attachement à raconter, non pas seulement la guerre, mais ses épreuves, celles qui façonnent les destins et les hommes. Nul autre que lui n'a su restituer, avec autant de sensibilité, la mise à nu des âmes torturées par l'engagement ultime. Et même si les époques étaient différentes, nous avons emprunté les mêmes chemins de traverse.

Aussi, suis-je honoré qu'il m'ait proposé ce récit à deux voix, qui n'est pas un livre de Mémoires ni une biographie, mais le témoignage de nos aventures parallèles, de nos expériences croisées, de situations similaires que nous avons vécues aux mêmes endroits. A nous deux, en fait, un peu du tumulte du monde depuis trois quarts de siècle. Mais aussi un passage de témoin entre deux générations, une continuité partagée, souvent sur les mêmes valeurs, et des réflexions communes. Vingt-six ans nous séparent mais en fait, j'ai l'impression que nous sommes très proches. Peut-être parce que nous avons l'un et l'autre pioché dans notre passé pour raconter des portions disparates de nos existences respectives plongées dans la guerre, qui ravageait les mêmes contrées que nous avons parcourues.

Mes articles, mes notes, et surtout des souvenirs lointains, au fil du travail d'écriture, ont resurgi du fin fond de ma mémoire. Des réminiscences qui m'ont aidé à remonter le temps pour raconter ces moments qui m'ont, qui nous ont marqués à tout jamais. Peut-être parce que la vie ne vaut d'être vécue que si on la met en cause. A ce sujet, j'avais commis il y a quelques années un texte sur les affres du correspondant de guerre. Le voici. Je n'ai rien à retirer car je ne regrette rien. Je recommencerais même bien volontiers.

Longtemps je me suis demandé s'il fallait parler de ces choses-là. Par pudeur, par respect pour ceux qui sont marqués dans leur chair, pour ceux aussi qui ne sont plus parmi nous. Le jardin secret du correspondant de guerre reste tabou. Entre nous, on en parle à peine. A l'extérieur, jamais. La raison : il faut, paraît-il, l'avoir vécu pour comprendre. Après avoir passé des décennies à courir aux quatre coins de la planète derrière la souffrance des autres, j'ai fini, comme tant d'autres, par être contaminé. Chacun l'est à sa manière, selon son caractère et le cours de sa vie. Aussi arrive-t-il qu'un correspondant n'en puisse plus et abrège, d'un geste fatal, sa souffrance cachée. D'autres continuent avec des insomnies ou, en secret, le cœur qui saigne.

La guerre ressemble à une pluie acide sur du métal. Elle provoque sur les hommes la même réaction décapante. Dans les situations de conflit apparaissent les vrais caractères. L'âme y est révélée car la tricherie n'a pas sa place. Je confesse néanmoins que si j'ai parfois usé d'un cynisme nécessaire à ma survie, ce n'est pas par mépris mais pour garder la distance indispensable pour accomplir ces exercices périlleux sans trop y perdre mon âme. Il faut être costaud pour sortir indemne de ces tragédies à répétition.

Un autre danger, chacun de nous le sait bien, guette le grand reporter, surtout celui qui découvre ses premières peurs : le plaisir. Une sensation étrange, malsaine et dangereuse étreint toujours à un moment donné le correspondant.

L'angoisse, le froid, la faim, l'épuisement s'estompent au profit de la dose d'adrénaline que recherche égoïstement l'envoyé spécial dans la tourmente. Toujours plus d'émotions, une quête du danger, des prises de risque inutiles qui débouchent sur la fascination de la mort, avec laquelle on croit jouer parce qu'on l'a trop longtemps côtoyée. Je n'ai jamais oublié les milliers de cadavres iraniens broyés par les obus irakiens dans les marais de Bassora, les centaines de soldats libyens desséchés dans le sable du Tibesti, les cadavres tutsis gonflés par la chaleur dans les forêts du Rwanda. Ceux, hutus, morts du choléra, poussés par milliers avec des bulldozers dans des fosses communes au Congo. Je n'ai jamais pu me débarrasser de l'odeur âcre, si particulière, du corps humain en décomposition.

Le chaos et la violence sont une drogue qui entraîne des manques. Vient le retour à Paris, synonyme d'ennui et d'angoisse. La vie normale y apparaît dérisoire, les proches ennuyeux. J'avoue avoir décroché des conversations qui m'étaient destinées car dans ma tête j'étais toujours là-bas, loin, lorsque des flashes défilaient en s'entrechoquant. L'image d'un jeune Palestinien qui montre la cervelle d'un adolescent abattu à Gaza par un soldat israélien me revient parfois en mémoire. Celle des jeunes appelés de Tsahal sur le qui-vive par crainte d'un attentat suicide, aussi. L'impression, indescriptible, de s'attendre à recevoir une balle dans la tête en traversant en pirogue le fleuve Congo devant Brazzaville. Le souvenir de la même sensation, en remontant Sniper Alley à Sarajevo, m'amène, quand j'y repense des années après, à froncer les sourcils. Un court instant, j'ai le pouls qui bat plus fort quand je me rappelle cette embuscade en Somalie, les rafales d'armes automatiques contre notre voiture, le garde du corps qui s'écroule, blessé, à côté de moi, mon cœur qui cogne dans ma poitrine en feu, courant, pour échapper aux balles des Israéliens qui tirent sur des Palestiniens à Gaza, le vacarme des obus des hélicoptères Mi-24 soviétiques en Afghanistan. Cette matinée passée sous le staccato des mitrailleuses, la déflagration des bombes, la peur du napalm n'ont jamais été oubliées. Le regard perdu du vieillard, soi-disant un traître, exécuté près de Kaboul et achevé par les moudjahidin à coups de sabre, me poursuit comme l'œil de Caïn. Trente ans après, je me demande encore : aurais-je pu le sauver ? Je crois que non.

Reste le plus important : les rencontres. Non pas avec des présidents ou des puissants. Je parle des vraies, celles avec des sans-grade, des victimes, des héros anonymes qui se battent pour leur liberté. C'est avec eux, en fin de compte, que j'ai partagé les moments les plus intenses, qui, par bribes, me reviennent à l'esprit.

Patrick Forestier

CHAPITRE I

Rêves d'adolescent

PIERRE SCHOENDOERFFER. J'avais 11 ans en 1939. Mon enfance avait été itinérante, au gré des postes occupés par mon père, ingénieur de Centrale. Quand je suis né, il était chez Michelin à Clermont-Ferrand. Mes parents avaient loué une villa à Chamalières où ma mère m'a mis au monde. En 1939, nous avons suivi mon père, à Niederbronn, dans le Bas-Rhin, où il venait d'être engagé par les usines De Dietrich. Ce n'était pas loin de la ligne Maginot et la guerre a été déclarée le 3 septembre 1939. Nous avons été évacués avec deux valises, nos meubles laissés dans un garde-meubles. Nous sommes repartis pour Chamalières où mes parents avaient des amis en attendant une nouvelle affectation. Il fut nommé directeur de l'hôpital d'Annecy. Les loisirs étaient rares, je lisais tous les ouvrages qui me tombaient sous la main : *L'Ile au Trésor* de Stevenson, *L'Ile mystérieuse* de Jules Verne, les deux *Livres de la Jungle*, *Alice au Pays des Merveilles*, la vie d'Alexandre Dumas. Dehors, il y avait l'Occupation, le couvre-feu, les Allemands mais aussi les maquisards que l'on savait autour. Pour un jeune garçon, les maquis, surtout celui du plateau des Glières, étaient excitants. On connaissait tous ce personnage extraordinaire qu'était Tom Morel, un jeune lieutenant du 27e Bataillon de chasseurs alpins. Il avait été fait chevalier de la Légion d'honneur à 24 ans en se battant dans les montagnes contre les Italiens. Après l'invasion de la Zone libre, il était entré dans la clandestinité en Haute-Savoie pour rejoindre l'Armée secrète. Il organisait la réception des parachutages alliés sur le plateau, préparait des coups de main contre l'occupant. Il était considéré comme le diable par les Allemands et la milice. Pour eux, c'était un traître. Mais pour nous, les autres, c'était un héros. Je le considérais comme un demi-dieu qui se battait contre les méchants pour nous rendre la liberté. Ses exploits me fascinaient. Je me disais : « Je vais quitter la maison et aller là-bas le rejoindre. »

Depuis septembre 1939, nous n'étions pas retournés en Alsace où nous avons passé nos dernières vacances dans une maison construite par mon grand-père qui était architecte. Cette maison de famille avait été démolie en partie pendant la guerre de 14-18. Sans savoir qu'il épouserait par la suite la fille du propriétaire, mon père commandant dans l'artillerie lui avait tiré dessus à coups de canon !

PATRICK FORESTIER. Mais pourquoi ?

P.S. Parce qu'elle était occupée par les Allemands. Il avait à sa disposition des canons de montagne qui avaient parfois été démontés des navires de guerre. On transportait à dos de mulets le berceau, l'affût, les munitions. Dans cette maison en granit, les obus avaient causé beaucoup de dégâts. A peine reconstruite, au début de la Seconde Guerre mondiale, elle fut de nouveau occupée par les Allemands. Fin 44, elle se retrouva dans la zone libérée par les armées alliées et transformée en B.M.C. – bordel militaire de campagne – pour les divisions marocaines de montagne qui étaient engagées à cet endroit. Ces régiments, à l'époque, étaient accompagnés de leurs prostituées. L'hiver 44-45, la température est descendue à – 30 degrés. Ces soldats ont brûlé les meubles et le plancher pour se chauffer.

Après la guerre, la maison ne fut pas retapée et ma mère finit par la vendre.

A Annecy, on habitait un modeste appartement, avenue de Genève. C'était une sorte de petit H.L.M., d'avant les grandes barres d'aujourd'hui, qui a été en partie détruit par le dernier bombardement américain sur la ville.

Mon père eut très tôt des contacts avec la Résistance. A la maison, on captait la radio suisse pour obtenir des informations fiables. Pendant quatre ans, il a porté des messages et organisé des opérations clandestines pour la Résistance. Il m'a emmené un jour avec lui à la frontière suisse car il y avait des problèmes à propos des passages clandestins de maquisards. Je n'ai pas assisté à la conversation. Pour moi, c'était simplement une balade avec mon père en voiture... Il est mort en janvier 1945. On m'a dit : « Il est mort pour la France des séquelles de la guerre de 14-18 pendant laquelle il avait été gazé. » Je suis devenu pupille de la Nation, comme ma mère l'avait été. Mes notes étant mauvaises, j'ai donc été envoyé dans un lycée technique pour devenir menuisier.

J'étais pensionnaire. J'étais très déprimé. Un ami m'a offert *Fortune carrée* de Kessel. C'est ainsi que j'ai connu Kessel avant de le rencontrer. Dans la nuit de l'Occupation, le froid, la neige et la faim (j'avais faim tout le temps), ce livre fut pour l'adolescent que j'étais une bouée de sauvetage, un bouche-à-bouche de survie : la vraie vie est *Fortune carrée*, non pas la misère que je vivais. Mon grand-père maternel était mort à Verdun, au Chemin des Dames. Il avait été soldat pendant la guerre de 1870 et s'était réengagé en 1914, à l'âge de 64 ans, comme capitaine interprète. Il avait fait, en 1871, comme mon grand-père Schoendoerffer, acte de francisation pour ne pas devenir allemand. Ils se sont installés, l'un et l'autre, dans la France de l'intérieur – comme on disait à l'époque, en abandonnant toute une partie de leurs biens de l'autre côté. Ma famille a chèrement payé le tribut du sang pour rester française. Dans la famille, nous avons été bercés par « L'Ami Fritz ». Plus tard avec Pat, mon épouse, nous avons choisi le prénom de notre fils aîné, Frédéric, en souvenir de ce livre. Frédéric est un prénom très répandu en Alsace. Chez moi, la culture alsacienne était forte. Nous étions protestants, élevés avec une certaine rigueur.

Quand j'ai dit à ma mère que je m'engageais pour l'Indochine, elle n'a pas cherché à m'en empêcher. Elle m'a simplement dit : « Il faut que tu voies le pasteur. » Pour elle, c'était important. Il devait me donner des lignes directrices sur mon comportement dans cette guerre lointaine. Je n'avais plus de père et le pasteur était un ami de la famille, représentant un tuteur moral.

Mais vous avez peut-être vécu une adolescence différente.

P.F. Oui. Votre enfance, c'est le Nord, le froid, la guerre. Moi, c'est le Sud, la chaleur, la mer, la paix et un sentiment d'appartenance au catholicisme. Arles, où je suis né, est une belle ville, aimée des touristes. L'amphithéâtre, le cloître, les Alyscamps... Quand on est gamin, on ne voit plus ces monuments romains, leurs colonnes, leurs bas-reliefs. Ils font partie du décor. On court dans les ruelles qui montent aux arènes, on entend les « olé », les trompettes, le silence, l'effroi des aficionados les jours de feria. A 12 ou 13 ans, on vit la corrida de l'extérieur, on écarquille les yeux devant le taureau mort qui sort du tunnel, tiré par les chevaux avant d'être embarqué sur une camionnette. C'est à cet âge-là que j'ai commencé à aimer la corrida, un spectacle qui n'en est pas un, où l'homme joue sa vie. Je vois d'ailleurs une certaine similitude entre la prise de risque du torero et celle du combattant. Chacun cherche à dominer sa peur, à s'approcher au plus près de l'adversaire. Il peut exister un respect de l'ennemi, de sa dépouille. Soldat comme matador voient la mort en face et risquent la blessure à tout moment. Du charabia pour les pourfendeurs de la tauromachie, pour les « anti » qui dénoncent la cruauté de l'homme, la souffrance de l'animal. Mais je ne cherche pas à convaincre. A notre époque où tout est interdit, où le fameux « politiquement correct », où la posture et la bien-pensance l'emportent sur le bon goût, c'est-à-dire le vrai, la corrida a toute sa place et pourrait même être une thérapie pour notre société craintive et apeurée.

Adolescent, j'avais senti que derrière les paso doble et les sévillanes qui s'échappaient des bodegas, il y avait quelque chose de plus profond. Un défi, un courage, de l'émotion tout simplement. Les dimanches de printemps, on allait en Camargue courir derrière des vachettes dans les ferrades, au moment où les propriétaires marquent en plein champ les taurillons de leur manade. Aujourd'hui, ces manifestations sont devenues très touristiques, mais il y a quarante ans, c'était moins le cas.

Mon père était paysan. Il cultivait du riz au beau milieu de la Camargue, vaste étendue plane qui s'étire entre les deux bras du Rhône. C'est pour éviter les remontées de sel qu'on s'est mis à cultiver du riz sur cette terre ingrate battue par les vents où le soleil cogne dur l'été et où il peut geler à pierre fendre l'hiver. Les clos du fond étaient encore des marais qui bordaient d'immenses étendues d'« enganes », des plantes adaptées aux terrains salés où vivent les taureaux. Ils sautaient régulièrement par-dessus la clôture pour venir patauger dans les rizières remplies d'eau. A la tombée de la nuit, j'accompagnais mon père à la passée aux canards, qui remontaient de l'étang de Vaccarès pour venir picorer les jeunes pousses de riz. Quand la lune apparaissait dans un ciel rougi par le mistral qui glaçait le sang, c'était le meilleur moment pour attendre les colverts, qu'il fallait tirer à l'instant où ils s'apprêtaient à se poser. Sinon, en remontant le vent, ils volaient lentement mais étaient difficiles à voir dans la quasi-obscurité. Les bottes dans la boue au milieu des roseaux, on attendait en silence, les pieds gelés, que les palmipèdes daignent se montrer. Je scrutais l'obscurité à en perdre la vue. Seul le reflet blanchâtre de la lune sur l'eau des rizières permettait de distinguer quelque chose. De temps en temps, mon père me prêtait son fusil, un calibre 12 chargé avec du plomb assez gros pour pouvoir traverser le plumage serré des canards par temps froid. J'étais trop petit pour chasser tout seul. Un accident est vite arrivé. Il suffit de perdre l'équilibre sur une racine pour que le coup parte. Mon père restait derrière moi, prêt à intervenir. Il fallait appuyer la crosse au bon endroit de ma petite épaule pour que le recul ne me fasse pas mal. C'étaient des moments magiques pour le gamin d'une douzaine d'années que j'étais. Mon père n'était pas un chasseur acharné. Très jeune aussi, avant guerre, il avait vécu dans des mas de Camargue, froids et humides, où l'on vivait en autarcie. Je me souviens qu'on allait déjeuner parfois chez ma grand-mère paternelle, qui habitait un vieux bâtiment dans une grosse propriété. L'hiver, brûlaient dans un âtre immense de véritables troncs d'arbre qui chauffaient les hommes et la soupe. Mon grand-père était mort jeune et mon père ne l'avait donc pratiquement pas connu. Il était très attaché à son frère, un grand échalas souriant et très gentil qui avait une quinzaine d'années de plus que lui. « L'oncle Edmond » était toujours d'humeur égale et joyeuse. Il savait aussi se faire obéir des ouvriers agricoles du château de Fourques dont il était le régisseur. Surtout pendant les vendanges et les récoltes des arbres fruitiers où le personnel était multiplié par dix.

A la Cabane des Chalot aussi il y avait de l'animation pendant le repiquage du riz, une méthode abandonnée aujourd'hui. Mon père préparait la grange pour accueillir les repiqueurs espagnols qui arrivaient d'Andalousie. Ils remplaçaient les Indochinois qui avaient été emmenés ici en 1939 pour y planter du riz ou travailler dans les salines. Mon père parlait en espagnol aux Andalous qui faisaient eux-mêmes leur tambouille.

A partir de la septième, je m'étais retrouvé en pension chez les frères de saint Jean-Baptiste de la Salle à Avignon. Mon père partait très tôt et rentrait tard. Mes notes baissaient et à la maison ma mère avait du mal à se faire obéir. Je fus envoyé dans la Cité des Papes du lundi matin au samedi midi. L'ambiance n'avait plus rien à voir avec celle de l'école Emile-Loubet. Silence dans les rangs et au réfectoire, tant que les surveillants n'avaient pas donné l'ordre de parler. On devait faire son lit au carré dans un immense dortoir d'une centaine de lits. Messe obligatoire une fois par semaine et quand l'évêque traversait la cour en visitant l'établissement, il fallait baiser la grosse bague qu'il portait au doigt. Nous n'étions pas des grenouilles de bénitier, loin de là, mais plutôt des chenapans qui ne pensaient qu'à faire des mauvais coups. On crachait en douce sur l'anneau de l'évêque et les répétitions pour apprendre à servir la messe tournaient à la grosse rigolade. Le vieux curé qui nous enseignait à être enfants de chœur n'y voyait que du feu, ne s'apercevant pas que notre maladresse était feinte. On trébuchait devant l'autel, on s'affalait dans les escaliers en renversant le vin de messe qu'on buvait en cachette dans la sacristie. Notre petite bande faisait des paris stupides sur les « fayots » qui arriveraient les premiers pour avaler l'hostie et, pendant la confession, on racontait à haute voix des horreurs au prêtre afin que les copains qui attendaient leur tour pouffent de rire. Quand nous avions un problème existentiel, par exemple à propos de notre avenir, on allait voir un vieux jésuite, un puits de science que rien ne choquait. C'est grâce à lui que j'ai pris goût à la lecture, celle qui donne envie de découvrir le monde et d'affronter le danger.

C'est aussi grâce aux livres que j'ai vite compris que l'agriculture n'était pas faite pour moi, ou plutôt le contraire. Pendant les vacances, j'aidais mon père, en plein cagnard, au volant d'un vieux Massey Ferguson rouge. Avec le recul, je ne regrette pas cette expérience.

P.S. Je ne regrette pas non plus ma tentative, plus tard, pour devenir capitaine dans la marine marchande.

P.F. Vous avez été matelot et voulu devenir cinéaste sans avoir aucune relation dans ces milieux. J'ai été apprenti paysan et j'ai souhaité devenir journaliste au long cours, écrire des livres, réaliser des documentaires sans rien savoir du monde de la presse. On a connu des métiers respectables. Depuis, je suis resté attaché à ces agriculteurs accablés de dettes qui se tuent au travail et sont aujourd'hui en voie de disparition. Mais ma vocation n'était pas là. J'étais déjà dans un autre monde, d'autant que le hasard de la vie allait m'émanciper du quotidien de l'école où je m'ennuyais.

Une réorganisation de l'enseignement privé m'obligea à changer d'établissement après la troisième. Les classes littéraires étaient cantonnées à Louis-Pasteur, un lycée de filles ! Ce n'était pas tout. Le bahut n'ayant pas d'internat, il fallait loger en ville ! C'était la liberté, en pleine adolescence.

L'année de la première fut une révélation. J'habitais dans une chambre au-dessus de *Chez Papa*, un petit restaurant situé à 300 mètres du lycée. Le patron nous faisait, avec les deux copains qui occupaient chacun une chambre comme moi, un prix sur les repas. Seul problème, tout notre argent de poche passait dans notre Q.G., *L'Etrier*, un bar américain qui ouvrait à partir de 17 heures, à la sortie de l'école. Les plus assidus de la bande y laissaient carrément leur cartable. Moi, ce n'était pas la peine, je résidais à côté. La patronne, Clodette, était une mère pour nous. On avait chacun une ardoise et on consommait à crédit. Notre recours, c'était « Papa », le surnom du propriétaire du restaurant, qui avait une passion : la belote. Il adorait se mesurer à nous, ses trois jeunes locataires. Au début, on jouait les îles flottantes qu'il cuisinait d'une façon admirable. Très vite, l'enjeu ne fut plus le dessert, mais le repas complet ! Il ne voyait pas que nous trichions d'une manière éhontée. On en vint même au loyer. L'argent que me donnaient mes parents pour me loger servait, en fait, à payer les tournées de pastis et de whisky de *L'Etrier*. On y était chez nous et bien protégés. Le soir arrivaient des filles toujours très maquillées qui venaient papoter avec la patronne et nous, car on faisait partie de la famille. Plus tard, c'étaient Monsieur Paul et ses amis, épais comme des trois-quarts centre. Ils affectionnaient le blouson en cuir et le col roulé. Tous nous dépassaient de deux têtes et avaient des mains larges comme des battoirs. Monsieur Paul offrait à boire. Les hommes marchaient au whisky et les putes au champagne. Parfois, les « petits », c'est-à-dire nous, bénéficiaient de la tournée générale. On captait des bribes de conversations avec les mots « calibre », « camionnette », « poker »... Toutes les nuits, Monsieur Paul était dehors à surveiller son cheptel et à préparer des coups. « Ça va les jeunes ? » « Oui, monsieur », répondait-on, polis comme de bons élèves des écoles chrétiennes que nous étions. En fait, notre présence avait plusieurs avantages pour Monsieur Paul et son petit monde. On était de bons clients sans histoire et pour la police, qui devait lorgner ce repaire de truands, on constituait une couverture idéale. Il existait cependant une vraie sympathie, sinon une affection de la part de l'épouse de Monsieur Paul. C'est elle qui tenait le bar, tout en longueur, bordé de tabourets en simili-cuir rouge et éclairé par une lumière tamisée. Clodette était au courant de nos amourettes et quand on restait trop tard, elle nous demandait si on avait terminé nos devoirs. Idem les jours où on buvait un peu trop. Pour les grandes occasions, c'était pastis au mètre, versé dans des « momies », des petits verres que chaque candidat buvait cul sec, le plus rapidement possible au top départ. Celui qui en avait ingurgité le moins payait la tournée. En voulant jouer les hommes, on se rendait malade. Pendant des années, je n'ai pas pu voir la couleur d'une bouteille de whisky, à cause d'une cuite mémorable. En classe, je dormais pour rattraper le sommeil perdu à *L'Etrier*. Heureusement, j'étais en littéraire, dans des classes de filles. En seconde, nous étions trois garçons, en première, deux, et en terminale, j'étais seul parmi trente donzelles. Comme j'étais une sorte d'espèce protégée, elles m'aidaient volontiers. Je n'ouvrais pas beaucoup mes livres de classe. J'aimais l'image, le cinéma, où nous allions très souvent, et la photographie. Mon premier

Reflex fut un Zenit. Je développais moi-même mes pellicules noir et blanc et tirais mes photos. Le père d'une copine de classe qui possédait le seul cabaret de la ville, me demanda si je voulais prendre en photo les artistes du nouveau spectacle pour les afficher sur les murs de son établissement de nuit. Dès la première rencontre, je compris que la forme comptait plus que le fond. C'étaient des strip-teaseuses que je devais photographier. Je demandai à Clodette si elle pouvait me prêter le salon qui s'ouvrait derrière une porte, au fond du bar. J'y installai un projecteur prêté par un copain, doublé par deux lampes de chevet. Mon studio était prêt pour recevoir les « artistes ». Tous mes camarades voulaient être mon assistant pour voir de plus près ces belles créatures. Je déclinai ces offres. Je ne savais pas trop comment m'y prendre avec la lumière artificielle. Les trois filles qui se pointèrent croyaient avoir affaire à un professionnel. Elles se déshabillèrent sans aucune gêne pour prendre des poses lascives, en petite culotte. Je devais être rouge de honte mais évitais de perdre mes moyens. Les photos n'étaient pas terribles, mais le papa était content et me paya rubis sur l'ongle. Après cette expérience « professionnelle », je m'imaginais partir sur les pas de Kipling ou de Kessel.

P.S. L'époque était différente mais nous avons tous les deux aimé les mêmes récits épiques.

P.F. Le livre qui m'a le plus marqué, c'est *Le Lion*. On peut évidemment considérer que c'est un ouvrage pour enfants, une jolie histoire pour adolescents. Mais je crois que la manière dont on lit ces récits, dont on les ressent, vous avec *Fortune carrée* et moi avec *Le Lion*, peut conditionner l'avenir d'un jeune homme qui veut se forger un destin. Comment ne pas être passionné par les aventures d'Igricheff, bâtard kirghize d'un comte russe, chef de la mission soviétique à Sanaa, qui ne veut plus rentrer chez lui, dans la Sainte Russie devenue bolchevique, et qui fuit à travers le Yémen sur l'étalon de l'imam... ? C'est grâce à des auteurs comme Kessel que j'ai compris qu'il existait autre chose que la Camargue, Avignon et ma vie à l'école, même remplie de filles.

P.S. J'ai oublié de parler de *Croc-Blanc* de London qui a été pour moi un formidable voyage dans le Grand Nord américain.

P.F. Les descriptions des campements d'Indiens, celle des hommes des bois, les parcours dans le Grand Nord, dans la neige, le froid, la glace des étendues vierges ont été un grand choc pour moi. Bien plus tard, j'aurai l'occasion de retrouver en Gaspésie Roland Lemieux, un trappeur professionnel employé par les autorités au Québec. Prélever des loups, des castors, baguer des ours... c'était le travail de Lemieux qui se parfumait avec des excréments d'animaux pour mieux les approcher ! Je vois que l'on partage les mêmes écrivains dans le même panthéon ! Le deuxième auteur américain, pour moi, à l'époque, c'est bien sûr Melville et son *Moby Dick*. Et puis, il y a Rudyard Kipling et ses récits formidables sur l'empire des Indes. *Kim* a été le premier livre que j'ai lu de lui. A travers ce livre, je découvre Bénarès, le Gange... Mon premier voyage, que j'effectuerai au milieu des années 70, ce sera justement là, pour écrire une série de papiers qui me mèneront jusqu'à Katmandou. Avec *Le Lion*, j'avais ressenti autre chose : l'Afrique, puissante et charnelle, qui reste, en fin de compte, mon continent préféré. Kessel nous fait découvrir comment les jeunes Massaï, pour être considérés comme des adultes, doivent tuer un lion avec leurs lances dans un combat singulier. Une vingtaine d'années plus tard, quand j'ai pénétré pour la première fois dans le Massaï Mara, j'ai ressenti une réelle émotion mêlée à la mélancolie d'une époque disparue. En tournant un documentaire sur la « killer road », la route Mombasa-Nairobi défoncée par les camions, j'ai compris les traditions de ces hommes grâce à Milton, mon chauffeur massaï. Ce texte a été le déclencheur chez moi, comme pour vous *Fortune carrée*, d'une possible autre vie.

P.S. Au fond, l'Afrique vous tient particulièrement à cœur.

P.F. Oui. L'un des documentaires dont je suis le plus fier, c'est celui que j'ai tourné sur le braconnage des éléphants en Centrafrique, pour « Les Animaux du Monde », l'émission de Marlyse de La Grange. Le « héros », Matthieu, avait été élevé avec les Africains, parlait le sangho comme eux, marchait pieds nus et pêchait à la lance. Ils approchaient les lions à pied. J'ai pris l'Afrique, la vraie, l'éternelle, celle de la savane et non des villes, de plein fouet pendant le tournage de ce film, dans les réserves de la Gounda et de la Koumbala, marquées par les frontières du Tchad et du Soudan. Eloignée de tout, inaccessible pendant la saison des pluies, cette zone dangereuse est vide de touristes mais pas de braconniers, ni de maquisards des guérillas voisines. On y tue les éléphants avec des lances au fer large et souple. Plus l'animal se débat, plus elles s'enfoncent dans la chair. Sinon, les braconniers tirent à la Kalachnikov mâles et femelles, pour l'ivoire. A cause des carcasses qui les nourrissent bien, les familles de lions sont nombreuses. Les charges, heureusement d'intimidation, étaient chaque fois gérées par Matthieu qui nous conduisait avec son vieux pick-up sans porte ni cabine. Un lionceau trop curieux s'étant approché trop près, il avait fallu décamper, poursuivis par la mère. Le lendemain, c'est la batterie de la voiture qui faisait défaut au moment où deux lionnes s'approchaient de nous, le museau au vent pour mieux nous sentir. A bord, personne ne bougeait. Elles reniflent le capot, font le tour du véhicule et s'arrêtent à l'arrière du plateau. Les fauves sont à deux mètres de moi. Les secondes s'écoulent, interminables. L'odeur du gasoil masque celle d'un être vivant. Lentement, Matthieu approche sa main de la clé de contact. Le bruit du démarreur, pas toutefois assez puissant pour lancer le moteur, les fait sursauter et passer leur chemin. A bord, on transpire à grosses gouttes car d'un seul coup de patte, les lionnes auraient pu nous décapiter. Il suffit de mettre un pied à terre pour que le lion dresse ses oreilles et balance sa queue, signe avant-coureur de la charge. Traverser la savane remplie de troupeaux de buffles et de gazelles, s'arrêter devant des girafes et des éléphants sans rencontrer personne était pour moi vivre un rêve, celui du roman de Kessel. Le second de ses livres qui m'a fortement marqué, c'est *L'Equipage*, un récit quasiment autobiographique. Il y raconte ses missions comme observateur dans l'aviation pendant la

Première Guerre mondiale et décrit la vie et la mort de ses camarades d'escadrille. Dans mon Sud natal, en Arles, mon premier rêve d'adolescent était de devenir pilote de chasse. C'est avec *L'Equipage* que j'en ai pris conscience et, depuis, cette envie ne m'a jamais quitté. Même aujourd'hui, c'est toujours un de mes regrets.

P.S. Je voulais aller sur l'eau et vous dans les airs. Marin ou pilote. Des métiers à risque mais qui permettent d'aller loin...

P.F. Exactement. Avec *L'Equipage*, j'ai découvert l'ambiance au sein d'une escadrille, les vols sans retour, le combat presque « corps à corps » entre les avions, un temps où ni l'électronique ni les missiles n'existaient. A cette époque, je m'ennuyais ferme, comme vous, sur les bancs du lycée. Je rêvais à mes héros, à tous ces grands auteurs qui avaient parcouru le monde en prenant des risques. J'avais envie d'aventure, de vitesse, de voler et c'est pour cela que piloter m'apparaissait comme une vocation. Je dévorai *Le Grand Cirque* de Pierre Clostermann, qui raconte ses batailles au-dessus de la France aux commandes de son avion de chasse, un Spitfire. Il deviendra « group captain », c'est-à-dire colonel dans la R.A.F. Clostermann est le plus grand pilote français de la Seconde Guerre mondiale. Il a détruit des avions, des locomotives, des camions, des chars et même un sous-marin de 500 tonnes, ce qui lui valut à 24 ans d'être proclamé par de Gaulle « Premier chasseur de France ». Je découvre que ce « monument » devient le militaire le plus décoré de France. Il est Grand-Croix de la Légion d'honneur, Compagnon de la

Libération, médaillé de la Résistance, Croix de guerre avec 27 citations, Croix de la valeur militaire avec 2 citations, etc. C'est un héros du ciel. Il n'est pas le seul. Roger Sauvage a rejoint en 1943 l'escadrille Normandie-Niémen. De la Bérézina à Minsk, du Niémen à la Prusse-Orientale, il sera de toutes les offensives russes. Il descendra quatorze avions allemands et racontera ses batailles dans son fameux livre *Un du Normandie-Niémen* que j'ai lu d'une traite.

Malheureusement, j'étais nul en maths. Je voulais intégrer l'Ecole de l'air de Salon-de-Provence, mais j'ai vite compris que je n'y arriverais pas. Plus tard, j'ai passé mon premier degré, le niveau le plus bas du pilotage à l'époque, dans un aéroclub du terrain de Guyancourt. C'était le général Fleury, ex-patron de l'armée de l'air, qui était mon instructeur sur Piper, un avion à aile haute, léger et lent. J'ai eu l'occasion de voler, en passager, sur un Stampe, un biplan d'entraînement utilisé pour la voltige. Vrilles, ressources, tonneaux, j'ai eu droit à tout. J'ai volé depuis, en passager, sur des tas d'avions et d'hélicoptères militaires, souvent en vol tactique à 10 mètres du sol, comme en Afghanistan. Dans le cockpit d'un C135 qui avait décollé d'Istres, j'ai assisté au ravitaillement en vol des Rafale qui allaient bombarder les troupes de Kadhafi. Une sensation étrange car quelques jours avant, j'étais « en bas » devant Benghazi, avec des insurgés, qui attendaient comme le Messie les avions français à bord desquels j'étais. J'ai même apponté, et décollé, du *Charles-de-Gaulle* à bord d'un C2A Greyhound.

P.S. A Annecy, alors que je voulais devenir marin, j'apprends à la radio que la marine britannique a attaqué l'escadre française à Mers el-Kébir, dans le golfe d'Oran. Londres craignait que l'armistice, signé en juin par Paris avec l'Allemagne et l'Italie, ne place cette flotte sous le commandement de Hitler et de Mussolini. 1 297 marins français sont morts dans cette attaque. Le cuirassé *Bretagne* a sauté et a sombré en quelques minutes. 997 marins y ont laissé la vie. Ceux qui n'étaient pas encore morts tapaient contre la coque, mais on ne pouvait rien pour eux...

P.F. La propagande allemande et celle de Vichy en ont profité pour essayer de remonter les Français contre les Anglais. Mais Churchill avait-il le choix ? A cette époque, la Grande-Bretagne était seule face à l'Allemagne nazie et à l'Italie fasciste Si la flotte française était tombée entre leurs mains, la Royal Navy aurait perdu la suprématie des mers. A Londres, le général de Gaulle a justifié l'opération Catapult, le nom de code de cette attaque, qui n'est pas glorieuse pour les Anglais mais qui était peut-être nécessaire.

P.S. Vichy en profitait largement... J'aimais assez les Britanniques parce que j'avais lu beaucoup de livres d'auteurs anglais. Mais cette attaque, je ne la leur pardonne pas, encore aujourd'hui. Même si je comprends le mécanisme de Churchill.

P.F. A ce moment-là, vous êtes un jeune garçon qui veut devenir marin. Est-ce pour cela que vous ressentez ce naufrage de la flotte coulée à coups de canon comme une blessure dans votre propre chair ? Vous imaginez, depuis Annecy, cette bataille qui, en fait, n'en est pas une ? Vous vivez l'agonie de tous ces marins prisonniers dans la carcasse de leur bateau.

P.S. Oui, ce drame m'a beaucoup touché. Je connaissais l'armement et le tonnage de tous ces bâtiments. Il y avait par exemple deux contre-torpilleurs, les plus rapides du monde, qui arrivaient à 47 nœuds, le *Volta* et le *Mogador*. Le *Mogador* a été coupé en deux sur son arrière par un coup de 380 qui a fait exploser ses grenades anti-sous-marines. Chacun des obus que tiraient les Anglais pesait près de 900 kilos et avait une portée de 35 kilomètres. J'étais vraiment très triste quand j'ai appris la nouvelle. Encore aujourd'hui, ça me reste sur l'estomac.

P.F. Mais ce drame ne vous dégoûtera pas de la mer. Plus tard, vous embarquerez pour votre premier voyage au long cours, douze mois sur un caboteur en mer du Nord et en mer Baltique. Dans vos films, et dans vos romans, on retrouve souvent la mer et des histoires de marins. La plus emblématique, c'est votre film *Le Crabe-Tambour*, adapté de votre livre, que vous avez tourné sur l'escorteur d'escadre *Jauréguiberry* pendant sa dernière mission d'assistance et de surveillance de la grande pêche sur les bancs de Terre-Neuve. Et on retrouve le monde de la mer sous une autre forme dans votre dernier roman, *L'Aile du papillon*.

P.S. La première fois que j'ai filmé la mer pour le cinéma, c'est dans *Pêcheur d'Islande*, sur un chalutier basé à Concarneau. La mer est quelque chose que je connais et que j'aime, et j'essaie d'embarquer chaque fois que je le peux. Cet amour des bateaux date de loin. J'ai commencé « voileux » à Annecy, pendant la guerre. Après le sabordage de la flotte française à Toulon, pour camoufler un certain nombre de marins, le régime de Vichy avait ouvert un centre de formation nautique sur le lac. Il y avait quatre superbes voiliers, des Star, des voiliers de régate de 7 mètres, gréés en sloop et munis d'une quille à bulbe, manœuvrés par deux équipages. Des bateaux très sportifs avec une grand-voile et un tout petit foc, capables de naviguer à 35 nœuds à Force 4. Ils avaient participé aux Jeux olympiques avant la guerre et sont devenus depuis des unités mythiques. Il y avait aussi deux baleinières avec voiles latines et rames et un peu plus d'une vingtaine de tout petits bateaux à quille pour débutants, fabriqués par Herbulot. Ce qui était extraordinaire dans ce centre de formation nautique, c'est qu'on reconstituait les grandes batailles navales. On avait deux « escadres » et il fallait « barrer le T ». C'était la stratégie de l'époque de la marine à voile : tous les canons d'une escadre devaient être en mesure de tirer sur le bateau de tête de la formation ennemie. En fonction des vents, ce n'est pas facile. Il faut savoir anticiper, connaître la direction et les changements de vent afin d'adapter la manœuvre. Pour les adolescents que nous étions, c'était un challenge. L'officier qui commandait notre école était le lieutenant de vaisseau Frein de la Gaulerie, que j'ai retrouvé par la suite en Algérie où il a fait une très belle carrière en commandant des fusiliers marins. A l'école de voile d'Annecy, sur cinq marins, trois étaient bretons. Parmi eux, un officier marinier, le premier maître Legal était un très bon marin. Avec ses trois galons, le lieutenant de vaisseau surveillait tout son monde d'un peu loin, tandis que Legal, lui, nous apprenait vraiment les bases de la navigation. Beaucoup d'adolescents étaient volontaires pour aller dans ce centre d'instruction nautique. Moi aussi. On faisait des régates. J'étais assez bon et j'en ai même gagné une. Sinon, j'étais toujours dans les premiers. Sur le lac d'Annecy, il y avait des gens qui avaient de beaux bateaux. C'est que les régates ne se déroulaient pas seulement entre nous, mais aussi avec des civils. L'école, de toute manière, était civile. Mais c'étaient des militaires qui la dirigeaient. Je pense que le capitaine de vaisseau avait peur qu'ils ne dérivent vers d'autres lieux... Quand on a voulu reconstruire notre marine, les Américains nous ont prêté trois porte-avions. C'est en 1949 que la France a obtenu, avant d'intégrer l'Otan : le *Dixmude*, le *Bois-Belleau*, ex-*U.S.S. Belleau Wood* et l'*U.S.S. Langley*, rebaptisé *La Fayette*. Les Anglais nous avaient déjà loué en 1946 le *H.M.S. Colossus*, rebaptisé par l'état-major *Arromanches*. Celui-là était vraiment un très beau porte-avions. Avant, les avions devaient atterrir dans un mouchoir de poche. Pour avoir des avions avec plus de capacité de combat et de rayon d'action, il fallait pouvoir les envoyer et les faire atterrir. Les Anglais ont inventé la catapulte et les brins d'arrêt. Avant eux, c'étaient des fils qui étaient tendus avec des sacs de sable. Un crochet ralentissait la course de l'avion pour qu'il ne tourne pas. Et puis surtout, il n'y avait qu'une seule piste. Les avions qui s'étaient posés allaient se garer à l'avant du bâtiment. Quelquefois l'avion allait trop vite, basculait par-dessus le filet d'arrêt et s'écrasait... C'est arrivé sur l'*Arromanches*, en 1952, en Indochine. Le pilote d'un Hellcat, qui avait apponté à trop grande vitesse, était venu percuter les appareils parqués à l'avant. Le bilan fut très lourd : cinq avions complètement détruits, cinq morts et une vingtaine de blessés.

P.F. Je n'ai vécu qu'une seule petite expérience semblable à ce que vous aviez ressenti pour Mers el-Kébir. C'était en Argentine où j'étais en 1982, pendant la guerre des Malouines. Un croiseur de la marine argentine, le *A.R.A. General Belgrano*, a été torpillé par un sous-marin nucléaire d'attaque, le *H.M.S. Conqueror* dans l'Atlantique Sud. Trois torpilles sont tirées. Deux font mouche. Sur 1 093 hommes d'équipage, 323 sont tués. La moitié de tous les morts argentins de la guerre. Le vieux bateau s'appelait l'*U.S.S. Phoenix* lorsqu'il battait pavillon américain. Il avait survécu à l'attaque japonaise sur Pearl Harbor. Les Britanniques l'ont coulé hors de la zone d'exclusion totale décrétée par Londres. Le capitaine du *Belgrano* a quitté le navire le dernier. Il s'en est sorti par miracle. Il est venu ensuite à Buenos Aires où il a décrit, minute par minute, le naufrage de son bateau près du cap Horn. On imaginait ces matelots engloutis dans les eaux glacées des Quarantièmes Rugissants, dans une mer déchaînée par des vagues de 6 mètres. Le commandant Héctor Elías Bonzo racontait comment son croiseur avait coulé par 4 000 mètres de fond. Droit et fier dans son costume bleu orné de trois galons dorés, le commandant changeait de ton quand il parlait des disparus de son équipage : « Que Dieu nous accompagne et nous donne espoir », disait-il d'une voix émue. Quatre jours après, un navire chilien venu participer au sauvetage avait retrouvé un « dinghy » contenant les cadavres gelés de deux marins du *Belgrano*. « A aucun moment le *Belgrano* n'a représenté une menace pour la flotte anglaise, avait-il ajouté. Le *Belgrano* n'était pas équipé pour la lutte anti-sous-marine. Il possédait seulement quelques vieux canons. A 16 heures, nous naviguions à basse vitesse – 10 nœuds – en direction du continent quand la première torpille a explosé dans la salle des machines, secouant toute sa superstructure. Alors qu'un seul coup aurait suffi pour nous mettre hors de combat, trois secondes après se produisait la deuxième explosion, à la proue. Le bateau a pris une inclinaison de 15 degrés sur bâbord, la coque était déchirée sur une vingtaine de mètres et l'eau remplissait la soute. J'ai choisi de rester, espérant rétablir la situation. A 16 h 25, j'ai donné l'ordre d'abandon. A 16 h 40, nous étions dans les canots de sauvetage. Vingt minutes après, le *Belgrano* s'inclinait à 90 degrés et s'enfonçait lentement dans les flots avec toute sa noblesse de vieux croiseur. Le naufrage fut doux et progressif, sans remous ni vagues et le drapeau argentin fut le dernier à disparaître au fond de l'océan. »

P.S. C'était un torpillage inutile. Le bâtiment ne présentait pas un réel danger pour la Navy. C'est la brutalité anglaise. Quand ils se sentent menacés, ils mettent toujours le paquet.

P.F. En 2003, cependant, des documents déclassifiés indiquèrent que les services de renseignement électronique britanniques avaient intercepté, la veille du torpillage, l'ordre qui demandait au *Belgrano* d'attaquer les forces anglaises. La même année, le capitaine que j'avais écouté vingt et un ans auparavant, au lendemain du naufrage, admit que son éloignement dans la zone de sûreté n'était en fait qu'une ruse. Même si la junte de Buenos Aires s'était lancée dans la reconquête des Malouines pour de mauvaises raisons de politique intérieure, c'était le combat de David contre Goliath.

P.S. La France avait vendu des armes à l'Argentine, des avions Super-Etendard et des missiles. Leurs pilotes étaient très gonflés. Face à l'escadre britannique, ils étaient à la limite de leur potentiel. Souvent, les appareils argentins n'avaient droit qu'à un seul passage sur l'objectif. Ils ont quand même coulé quatre ou cinq bateaux anglais.

P.F. Les *H.M.S. Sheffield*, *Ardent*, *Antelope*, *Coventry* et le porte-hélicoptères *M.V. Atlantic Conveyor*. Sans compter les autres navires qui ont été touchés. Les pilotes argentins ont coulé l'*Atlantic Conveyor* avec deux missiles français Exocet. A Buenos Aires, les envoyés spéciaux français étaient invités dans tous les bistrots pour fêter cette victoire. Les péronistes sautaient de joie dans les rues. Au *Viejo Almace*, l'un des cabarets de tango les plus célèbres à l'époque, une chanteuse faisait pleurer la salle en interprétant « Las Malvinas, las hermanas perdidas » (Les Malouines, les sœurs perdues), au son langoureux des bandonéons. « Las Malvinas, c'est la même chose pour les Argentins que pour vous, les Français, l'Alsace-Lorraine », me disaient les Argentins.

Un argument qui ne nous laissait pas insensibles... Du coup, j'ai pu rencontrer des pilotes sur une base, près de Buenos Aires, d'où ils décollaient pour la Patagonie afin de bombarder les Malouines. Jeunes, élégants avec leurs cheveux gominés et un petit foulard autour du cou, ces pilotes argentins de Mirage et de Super-Etendard me rappelaient ceux de *L'Equipage* de Kessel. Ils m'ont confié qu'ils attaquaient les navires anglais en surgissant à 10 mètres au-dessus des vagues. Ils volaient parfois tellement bas que les embruns les obligeaient à remonter. La côte étant à 480 kilomètres des Malouines, ils avaient tout juste de « pétrole » pour faire l'aller-retour, sinon il fallait qu'ils s'éjectent dans l'océan glacé. Ils m'expliquaient leurs contraintes avec le sourire. J'éprouvais de l'empathie pour ces pilotes qui avaient quasiment le même âge que moi. Ils étaient pilotes de chasse, ce que j'aurais voulu être. J'avais l'impression de ressentir ce qu'ils éprouvaient, un sentiment qui sera présent plus tard, à chaque fois que je rencontrerai des pilotes à leur retour de mission de guerre. Ceux de Jaguar en Arabie Saoudite pendant la guerre du Golfe, leurs camarades de Super-Etendard sur le porte-avions *Charles-de-Gaulle* après leurs appontages de retour d'Afghanistan, ceux de Rafale, à Kandahar ou à Solenzara, après leurs raids au-dessus de l'Afghanistan ou la Libye. Les Argentins, eux, vivaient des combats aériens. Ils entendaient dans leur casque leurs camarades hurler de joie ou d'effroi quand ils étaient pris en chasse par des Sea Harrier. Ils étaient des seigneurs, me répétant que l'aviation, en Argentine, avait commencé en même temps qu'en France.

Vous avez connu, Pierre, pendant les années 40, les bombardements sur notre pays. Les cibles étaient l'occupant, les moyens de transport qu'il utilisait, les usines qui travaillaient pour les Allemands. Des dégâts collatéraux accompagnaient souvent ces raids, car la précision des tirs n'était pas celle d'aujourd'hui.

P.S. On ne savait jamais exactement ce qui se passait. Il y avait Philippe Henriot, le Goebbels français, qui nous infligeait tous les jours sa propagande à la radio. Cet orateur talentueux était un vrai salopard. Il parlait de ces bombardements, ou plutôt exploitait cette misère des bombardements, alors que j'ai le sentiment, à propos des Alliés, que la population ne leur en voulait pas trop.

P.F. Sur Radio-Londres, Pierre Dac chantait « Radio-Paris ment, Radio-Paris est allemand ». Cette radio collabo cherchait à attiser les ressentiments que pouvaient avoir les familles françaises touchées par les bombardements alliés.

P.S. Oui. Beaucoup de Français ont perdu des proches. Lors du Débarquement, en Normandie, environ 3 000 soldats américains et anglais sont morts mais pas loin de 40 000 civils français. 50 000 en tout pendant la bataille de Normandie ! La région la plus touchée, avec l'Alsace. Malgré tout, chaque fois que des Américains ou des Anglais retournent dans le Calvados, la Manche ou en Alsace, ils reçoivent un accueil chaleureux.

P.F. Vous souvenez-vous de cette journée du 6 juin 1944 ?

P.S. Bien sûr. J'écoutais les informations à la radio. Il a fallu attendre le 19 août pour que le vent de la liberté arrive jusqu'à nous. Mille Allemands étaient en garnison à Annecy, qui s'est libérée seule, grâce au maquis. Ensuite, les Américains et des goumiers de la 4e Division marocaine de montagne sont arrivés. Peu après, des agents de liaison ont pris contact avec le maquis de la région, qu'ils essayaient de transformer en une armée régulière. Les résistants étaient intégrés à la 1re Armée de De Lattre, les Forces françaises de l'intérieur, les F.F.I., ou les F.T.P., les Francs-tireurs et partisans, étaient « mélangés » à l'armée classique de métier.

P.F. Vous êtes un adolescent et vous voulez vous battre. Alors, vous engagez-vous dans ces nouvelles troupes de De Lattre quitte à ne rien dire à personne, ni même à votre mère et à votre père...

P.S. J'avais beau répéter : « Je veux y aller ! », personne ne me répondait. Mes parents estimaient que j'étais trop jeune. Alors, je suis parti sans rien dire rejoindre un petit groupe de la Résistance. Il y avait parmi eux des chasseurs et des gens qui avaient reçu un minimum d'instruction militaire. Moi, ce n'était pas le cas. C'est pour cela que mon père est allé voir le lieutenant et lui a dit : « Il a à peine 16 ans. Il n'a jamais touché un fusil. Il va se faire tuer comme un petit canard. » L'officier a compris et mon père m'a ramené... Il m'a dit : « Tu seras un mauvais soldat. On ne court pas au secours de la victoire. C'est fait. » J'étais furieux contre lui. En fait, il avait raison. Mais j'étais vraiment fou de rage et plein d'amertume. Le 8 mai 1945, je ne suis pas allé gesticuler en ville pour fêter la victoire et la fin de la guerre. Je suis monté sur une colline dominée par une église. Je regardais les gens en bas en train de danser. J'avais une grande tristesse en moi, alors que j'aurais dû être content. Mais j'étais au contraire horriblement malheureux. J'avais compris qu'il s'était déroulé une guerre juste autour de moi et que je n'avais pas été dans le coup. J'étais assis dans l'herbe. Ces scènes d'allégresse m'humiliaient. J'avais l'impression d'avoir loupé le baccalauréat ! Pire : de n'avoir pas participé à quelque chose d'essentiel, plus important que les études. Je n'avais rien fait pour mériter la victoire. C'est ma culture, mon héritage familial de servir la France.

P.F. Heureusement il vous reste *Fortune carrée*. Que retenez-vous de ce roman ?

P.S. L'aventure, le grand large, la Somalie, la mer Rouge, le Yémen. Je me suis senti impliqué dans le destin de « Moskovit ». Après, je pouvais lire Monfreid qui commençait à être connu.

Henry de Monfreid a écrit son premier livre sous la direction de Kessel qui avait trouvé merveilleux les récits de cet aventurier. Après, ils sont restés très amis. D'ailleurs, j'ai rencontré Monfreid grâce à Kessel, à la fin de sa vie, lorsqu'il habitait à côté de Paris.

En juillet, nous avions quitté Annecy pour venir à Paris. Nous avons d'abord habité chez ma grand-mère maternelle, avenue de Tourville. Mon frère aîné n'était pas là. Pendant la guerre, il avait pris le maquis et rejoint la Brigade indépendante Alsace-Lorraine de Malraux. Le général de Lattre la surnommait « la Brigade des 300 pouilleux » ; d'autres préféraient l'appeler « la Brigade très chrétienne du colonel Berger », le nom de code d'André Malraux. Beaucoup de prêtres et de pasteurs y combattaient à côté des résistants alsaciens et lorrains. Mon frère aîné avait été blessé pendant la défense de Strasbourg, quand les troupes de von Rundstedt avaient lancé la bataille des Ardennes et une contre-offensive pour reprendre la ville. Il a reçu une balle dans le casque qui a dévié et l'a scalpé autour du crâne, sous la peau. C'était incroyable...

P.F. S'en est-il sorti ?

P.S. Oui. Sa blessure était superficielle. Il est resté trois semaines à l'hôpital, il était tout de même un peu sonné. Mais cela ne l'a pas rendu idiot ! Il a quitté l'armée à la fin de la guerre. Son dernier cantonnement était dans la Forêt-Noire à Donaueschingen, ce qui veut dire « Les Sources dynamiques », toujours au sein de la Brigade Alsace-Lorraine qui avait été intégrée à la 44e Division d'infanterie commandée par Salan.

En 1945-1946, ma mère m'inscrit dans un cours privé à Paris. Une enseignante, Mlle Lichtenberger, a éveillé ma curiosité car elle aimait la littérature. C'est elle, en fait, qui m'a donné le goût des livres. Je l'avais déjà, mais avec un choix étroit. Elle l'a élargi. Elle était attentive à mon comportement. Je faisais des fautes d'orthographe ahurissantes ! C'est elle qui a découvert que j'étais dyslexique. Si j'ai néanmoins passé le premier bac, c'est bien grâce à elle. Par la suite, j'ai présenté l'examen de l'Ecole de la marine marchande. J'ai rendu carrément une page blanche !

P.F. Nous avons donc tous les deux un cerveau qui s'intéresse peu aux équations ! En terminale, j'ai eu moi aussi une Mlle Lichtenberger : c'était une jeune professeure de philosophie. Une belle femme brune, mince, toujours bien coiffée et maquillée. Elle portait des tailleurs et des escarpins. En filière littéraire, j'étais le seul garçon de la classe. Elle paraissait plus à l'aise avec moi qu'avec les filles qu'elle semblait juger futiles. Elle appréciait mes réponses ainsi que mes devoirs, auxquels elle me mettait de bonnes notes. Est-ce la philosophie ou sa personne, mais cette jeune femme m'apparaissait brillante, libre d'esprit. On s'est vus en dehors du lycée. Elle était passionnée d'opéra et m'a emmené au théâtre où se jouait une œuvre de Wagner. Je ne comprenais pas grand-chose mais j'étais sous le charme de la musique... et surtout du sien ! On s'est revus plusieurs fois, mais il ne s'est rien passé. Elle avait au plus une dizaine d'années de plus que moi, mais je n'ai pas osé... et elle non plus ! Si jamais cette idée lui a traversé l'esprit – ce que je ne saurai jamais. Cette jeune professeure a en tout cas encouragé l'adolescent que j'étais à lire davantage et à réfléchir. Je lui avouai que je voulais devenir reporter pour vivre et raconter. Elle m'y encouragea et j'entamai les démarches pour aller à Paris suivre des cours de journalisme.

Et vous, Pierre ?

P.S. Au début de l'été 1946, mon oncle – frère de ma mère et mon parrain, qui était architecte à

Nantes – m'a trouvé un embarquement sur un petit chalutier à voile et à moteur. J'avais 18 ans et je découvrais seulement l'océan ! Aujourd'hui, cela peut sembler étrange. Mais à l'époque, un petit Alsacien réfugié en Haute-Savoie ne passait pas forcément ses vacances au bord de la mer.

Chapitre II

Marin pêcheur en France – Marin sur la mer du Nord et dans la Baltique et la chute du mur de Berlin

Pierre Schoendoerffer. J'étais donc matelot à bord de *La Mouette*. Le bateau était basé à Pornic, à côté de La Baule. On allait pêcher dans la baie de Bourgneuf, entre l'île de Noirmoutier et la côte avec un chalut qui n'était pas à panneaux mais avec un espar en bois qui tenait sa gueule ouverte grâce à des boules de verre en haut et des boules de plomb en bas. On le tirait à la voile s'il y avait du vent et s'il n'y en avait pas assez, on mettait notre moteur qui était tout petit. On partait tôt le matin, à 4 heures, et on revenait pour la criée, vers 5 heures de l'après-midi. On était quatre. Il y avait le patron, deux marins et moi. J'apprenais le métier, j'étais matelot... J'ai un livret d'inscrit maritime.

Patrick Forestier. On pourrait dire aujourd'hui que vous étiez en stage ?

P.S. Non, parce que j'étais payé à la part. Le patron avait cinq parts. Parmi les matelots, il y en avait un qui avait deux parts. Et moi j'en avais une. De quoi me faire un peu d'argent. Je vivais dans les combles de la maison du patron. Les journées étaient très fatigantes et je me couchais tôt. La nuit, je dormais bien tellement j'étais épuisé. *La Mouette* était un bateau d'un peu moins de 15 mètres. C'était un cotre avec un mât d'une seule pièce qui portait un foc et un tourmentin. On n'était pas le seul voilier de pêche. Il y avait aussi des thoniers, qu'on voyait passer. A l'époque, on trouvait encore beaucoup de bateaux à voile. C'était leur dernière vie.

P.F. Il y avait beaucoup de pêcheurs ?

P.S. Je n'ai pas le souvenir d'un endroit animé. Là, j'étais sur un grand chalutier, qui nous avait été donné par le plan Marshall. C'était un bateau canadien, très moderne pour l'époque. On allait pêcher dans le Dogger Bank, un immense banc de sable situé en mer du Nord, à une centaine de kilomètres du Royaume-Uni. Du nord au sud, il mesure 250 kilomètres. Il s'étend à 20, 25 mètres au-dessous du niveau de la mer. C'est ce qui reste de l'espace naturel qui reliait à l'ère glaciaire la Grande-Bretagne au continent européen. C'est toujours aujourd'hui une zone de pêche connue pour le hareng et la morue. A l'époque, on y croisait des chalutiers allemands qui marchaient encore au charbon, avec de longues cheminées qui crachaient une fumée épaisse. A cet endroit-là, j'ai vu vraiment beaucoup de bateaux.

P.F. A la fin de l'été, vous rempilez sur *La Mouette* ?

P.S. Non, je cherche un embarquement sur un bateau, ce qui était très difficile. La marine française avait été très abîmée pendant la guerre. Elle n'engageait que des marins déjà confirmés et non pas des mousses. Je n'avais de toute manière plus l'âge d'en être un ! En tout cas je n'y arrivais pas. Alors je suis allé à Boulogne, au Havre... J'allais voir les capitaines du port qui me disaient : « Il n'y a pas de place ! Il y a des marins confirmés qui voudraient bien naviguer. Le problème, c'est qu'on n'a plus assez de bateaux ! » Du coup, je rentre à Paris... En 1947, ma mère hébergeait des pensionnaires. Une de ces jeunes filles était devenue hôtesse de l'air et elle venait voir ma mère de temps en temps lors de ses escales. C'était une Suédoise. Elle était à la S.A.S., la compagnie scandinave. Un jour que je lui parlais de mon désir d'embarquer à nouveau, elle me dit : « Mon père est un notable à Västervik, un port suédois. Il pourra peut-être vous trouver un embarquement. » J'ai donc décidé de m'y rendre. Comme je n'avais pas d'argent, j'y suis allé en stop, par une série de bonds successifs. Cette famille m'a accueilli d'une manière formidable. Au bout de quinze jours, le père m'a dit : « Je vous ai trouvé un bateau. Il s'appelle l'*Anita Hans*. Il est à vapeur et au charbon. » Cette fois-ci, j'embarquais comme matelot de pont léger... Il fallait que je sois à la hauteur.

P.F. Vous quittez la France et vous devenez marin. Avez-vous le sentiment que vos rêves d'adolescent se réalisent ?

P.S. Oui, j'avais l'intention de m'inscrire à des cours par correspondance pour devenir lieutenant, puis capitaine au long cours.

L'*Anita Hans* était un caboteur de haute mer qui traitait avec tous les ports de la Baltique, d'Allemagne de l'Est, de Pologne, de Lituanie et d'Estonie. On est même allés jusqu'en Russie, devant l'île réservée aux militaires qui marque l'entrée de Saint-Pétersbourg. L'*Anita Hans* datait des années 1890 comme l'attestait une belle plaque en cuivre à la passerelle : 1893, Lübeck, Mrs. Kaplan & Kaplinsky and Son. Il faisait un millier de tonnes, un petit bateau en somme, propulsé par une machine à charbon à triple expansion. Des machines magnifiques, avec des bielles qui baignaient dans l'huile et dégageaient une odeur qui n'était pas du tout celle du mazout des Diesel, sentait l'eau et l'huile chaude. Pour l'alimenter, il y avait la corvée de charbon qu'il fallait embarquer sur le bateau à chaque escale.

P.F. Des machinistes restaient-ils au fond de la cale pour faire tourner ce caboteur d'un autre siècle ?

P.S. Oui. En tant que matelot de pont, l'une de mes missions était de vider les escarbilles à travers un puits rond qui menait directement à la machine. Grâce à une manivelle, on montait des seaux remplis de cendres. Lorsqu'on était dans un port, on les mettait sur le pont. Et dès qu'on retournait au large, on jetait leur contenu à la mer. L'*Anita Hans* devait mesurer 90 mètres. Je dormais à l'avant, dans une cabine que je partageais avec un autre matelot. J'avais ma bannette et lui la sienne. Mon coéquipier venait de Stockholm. Du coup, j'ai fini par me mettre au suédois pour apprendre au moins les mots professionnels. Lui me parlait en anglais. Le capitaine parlait aussi anglais, mais le second ne parlait que le suédois. Il fallait que je me débrouille pour comprendre ce qu'il me disait.

P.F. Vous étiez étranger et pas très expérimenté. Etiez-vous bien accepté à bord ?

P.S. Oui, ils étaient très gentils avec moi. Le marin suédois avait pas mal navigué. Il avait choisi ce bateau parce qu'il avait une fiancée en Suède et ne voulait pas s'éloigner en s'embarquant sur des navires qui allaient très loin. Trois ou quatre ans avant, il avait été marin pendant la guerre. Il nous disait qu'à cette époque, le danger était partout à cause des sous-marins allemands... Il avait beaucoup d'expérience mais en parlait avec détachement... Il était très distingué. D'ailleurs il voulait devenir officier : il en avait la capacité mais il souhaitait avoir une plus grande expérience avant de présenter le brevet de lieutenant.

P.F. Même si vous aviez déjà embarqué sur un chalutier, vous n'étiez pas un vieux loup de mer, loin de là. Comment avez-vous réussi à vous acclimater à cette nouvelle vie ?

P.S. Au début, j'ai eu le mal de mer, mais on ne me demandait pas comment j'allais. Je devais travailler. Point. Un soir de gros temps, la lampe à pétrole qui était dans la chambre des cartes, juste derrière la passerelle du bateau, est tombée par terre et s'est répandue. Le capitaine m'a dit : « Il faut nettoyer ça ! » Je me suis allongé contre une des parois, attendant que le roulis apporte les débris que je ramassais avec une pelle, avant de les mettre dans un seau où, en même temps, je vomissais. Mais je devais continuer malgré l'odeur du pétrole qui était répugnante...

P.F. Le capitaine était un chic type mais à bord, comme tout commandant qui se respecte, il ne faisait pas de cadeaux ! Je suppose que vous avez dû vous amariner très vite pour suivre le mouvement...

P.S. Au premier appareillage à Västervik, le capitaine me dit : « *You, chain looker !* » « *Me, Schoendoerffer, no chain looker.* » Il est devenu furieux. Il a cru que je lui disais « Non, chef ». Je me suis dit : il prononce mal mon nom. En fait il voulait que je m'occupe de la chaîne et se moquait de connaître mon nom.

« Chain looker », c'est le type qui surveille dans le fil de chaîne, l'arrivée de la chaîne. Quand elle monte, il faut la lever, la prendre dans ses bras et l'aider à tourner en rond pour que, lorsqu'on a à la larguer, c'est-à-dire mouiller l'ancre, elle sorte facilement, et surtout sans nœuds. *A priori*, ce n'est pas dangereux, mais il faut rester vigilant. Il y avait des matelots qui la nettoyaient avec un jet d'eau, mais elle restait dégueulasse... Quand j'en suis sorti, j'étais couvert par la boue et la vase que la chaîne avait remontées du fond du port...

Au fil des semaines, j'ai découvert ceux de la Baltique. On allait à Dantzig, Rostock, Riga, Memel, un ex-territoire allemand occupé par l'U.R.S.S. après la guerre, qui fait aujourd'hui partie de la Lituanie et s'appelle Klaipéda. On chargeait un peu de tout. Beaucoup de ferraille, des tentes ou des véhicules à moitié détruits pendant la guerre, qu'on embarquait pour être recyclés. On a même transporté à un moment donné du sel en vrac. C'était terrible parce que le sel ronge tout... Quand j'ai gagné mon premier salaire, je me suis acheté des gants, mais, au début, je n'en avais pas et le sel attaque vraiment la peau. On a transporté aussi du sucre de betterave marron. Là aussi, c'est quelque chose de dégueulasse parce que c'est comme de la glu. A bord, il y a toujours un peu d'eau de mer qui embarque. Le mélange avec le sucre devenait une mélasse qui collait partout. On a aussi transporté des lingots de cuivre dans une île au large de Saint-Pétersbourg, Léningrad à l'époque. Du côté sud de la Baltique, il y avait une misère abominable due à la conquête des Allemands qui s'étaient conduits comme des brutes avec les Polonais, les Lituaniens et les Estoniens. Les Soviétiques étaient arrivés ensuite. Cela avait été terrible. Puis, les Russes ont procédé à une modification de frontière. Ils ont organisé un transfert de population d'une quinzaine de millions de personnes qui ont été repoussées de 100 kilomètres. Du coup, la nouvelle frontière avec l'Allemagne était l'Oder avec la ville de Stettin, en Allemagne de l'Est. De l'autre côté, en face d'un des faubourgs de Stettin, c'était la Pologne.

P.F. Quels souvenirs gardez-vous de cette époque du tout début de la guerre froide ? Au port, vous restiez sur le bateau ou vous pouviez descendre à terre ?

P.S. Cela dépendait des endroits. Quand on était dans une ville soviétique, il y avait des soldats sur les quais. Il était interdit de sortir un appareil photo. Il y avait même des militaires qui montaient parfois la garde devant la passerelle. On ne pouvait pas mettre pied à terre. En Pologne, à Dantzig, on pouvait en revanche se balader. On avait des cartes maritimes allemandes et, bien entendu, tous les noms étaient allemands. Dantzig, c'est la ville de Gdańsk, redevenue polonaise après la Seconde Guerre mondiale. Juste après la guerre, il fallait faire attention. C'étaient des eaux dangereuses : beaucoup de mines y avaient été mouillées. Heureusement, les chenaux avaient été dragués. Mais il fallait être très précis car des mines pouvaient encore sauter. On était en vigie permanente.

P.F. Et vous preniez votre quart aussi ?

P.S. Ah oui ! Pendant douze heures d'affilée. Sur la passerelle, j'étais timonier. La barre s'appuyait sur un petit moteur, qui s'appelait le « steamer machine », la machine pour gouverner. C'était un petit piston couplé à une chaîne qui courait jusqu'à l'arrière. Il y avait un tout petit moteur. Et quand vous donniez un coup de barre, on entendait le « toptoptop ». Le capitaine détestait ce bruit. Il signifiait que le timonier hésitait. Il fallait qu'on l'entende le moins possible. S'il y avait beaucoup de « toptoptop », il rappliquait et il commençait à râler.

P.F. Il veillait, en fait, à ce que vous ne changiez pas de cap ?

P.S. Voilà. Quand le bateau était bien chargé, que la barre était bien placée, il n'y avait pas de problème. De temps en temps, vous corrigiez un peu. Il y avait quatre barres sur le compas. Quand vous corrigiez un peu, il y avait un « top » et c'était tout. A condition que le bateau soit équilibré convenablement. Dans le cas contraire, il avait tendance à changer de cap... L'*Anita Hans* avait trois cales : deux avant le château et le bloc passerelle et une après la machine et la cheminée, à l'arrière. On calculait la vitesse au loch. C'est un petit « poisson » avec une sorte d'hélice qu'on met à la mer une fois que le bateau a quitté le port. Un long câble, rattaché à deux compteurs, vous donne le nombre de tours et combien de miles vous avez parcourus. J'étais chargé de mouiller le loch, parfois avec un autre marin, parce que c'était une opération assez compliquée. Il fallait ensuite, à certaines heures très précises, relever les compteurs. C'était un électricien qui s'en chargeait. J'aimais naviguer mais ce qui m'excitait le plus, c'était de découvrir les ports où nous accostions. En particulier ceux de l'autre côté du « rideau de fer ». J'observais avec intérêt ce qui se passait de ce côté-ci de la Baltique, dans la partie tenue par les Allemands de l'Est ou par les Soviétiques. J'étais sidéré par la grande misère que je côtoyais, la maigreur des gens et leur inquiétude. Ils n'avaient pas d'espérance. A l'Ouest, la population allemande avait aussi souffert de la guerre. Mais elle voyait un avenir se dessiner, empreint de liberté, bien que ses villes aient reçu des tapis de bombes larguées par les avions alliés. Je l'ai constaté le jour où nous avons jeté l'ancre à Hambourg, une ville qui avait été nettoyée, en grande partie, lors des bombardements. Il y avait des façades avec de grands chiffres écrits en noir ou en blanc sur les murs : c'était le nombre d'habitants qui étaient morts dans les caves. On voyait des chiffres sur tous les immeubles et le long d'avenues entières. Derrière les façades, ce n'était que décombres. Et, devant, il y avait des tas de ruines. Tout était quasiment resté dans le même état depuis la fin de la guerre. En 1947, les Allemands ne disposaient pas encore de gros moyens. C'était à peu près propre, c'est tout. Mais il y avait un dynamisme, il y avait un espoir. Les gens travaillaient. Tandis que, de l'autre côté du rideau de fer, il n'y avait pas d'espérance. J'y percevais une grande tristesse. Il n'y avait pas grand-chose dans les boutiques ni les magasins.

P.F. L'Allemagne, pour moi, c'est la chute du Mur. Un souvenir inoubliable car j'étais déjà à Berlin-Est depuis la veille. J'ai donc vécu en direct ce moment historique. Je suis arrivé le mercredi 8 novembre 1989 à Berlin-Ouest. En fin d'après-midi, mon taxi me dépose Friedrichstrasse, en secteur américain. Devant moi, Checkpoint Charlie, réservé aux Occidentaux, entre les deux Berlin. « Employé », est-il écrit sur le passeport bleu de l'époque où était mentionnée la profession. C'est ce que je note sur la fiche que je remets au fonctionnaire de la Grepo, la police des frontières qui tire sur ceux qui essaient de franchir le mur de la honte. Dans sa guérite, l'agent vérifie que la photo de mon passeport correspond bien à mon visage. « Raison pour aller à Berlin-Est ? » Tourisme ! Le Grepo me regarde fixement et tamponne mon passeport. Le fonctionnaire est aussi froid que la température qui règne sur Berlin. Quatre jours avant, un million d'Ossis se sont rassemblés sur Alexanderplatz. La plus grande manifestation contre le régime socialiste : du jamais-vu. Il se passe quelque chose à Berlin mais je n'imagine pas ce qui va suivre. Je prends un taxi pour le *Forum Hotel*, construit à la fin des années 60. 132 mètres de haut, 37 étages, le *Forum* est la fierté du régime communiste. A côté, la Maison des enseignants affiche une fresque du plus pur réalisme socialiste. Dans cet immense hôtel fréquenté par les étrangers et les apparatchiks, j'espère rester anonyme. Le béton, les avenues mal éclairées, les magasins sans goût, les vêtements : tout ici est gris, triste, oppressant. Mais le temps semble suspendu. « Il se trame quelque chose », me dit un étudiant.

Le jeudi 9 novembre à 18 h 57, le porte-parole du Politburo annonce que « les voyages privés vers l'étranger peuvent être entrepris sans autorisation particulière ». La nouvelle se répand dans la ville. Pas d'explosion de joie ni de gens aux fenêtres. La peur certainement. Deux heures plus tard, je suis au point de passage de Bornholmer Strasse. Je n'en crois pas mes yeux. Des milliers de gens affluent à pied, d'autres en Trabant, ces caisses à savon à carrosserie plastique fabriquées en R.D.A. Pas de mouvements de foule intempestifs ni de hurlements. Les gens sont disciplinés. Ils ont osé mais ne sont pas sûrs d'eux. C'est tellement incroyable. On entend pétarader les moteurs deux temps des Trabant, mais pas de coups de klaxon. Au fur et à mesure, les langues se délient. « Je rêve, je rêve », me dit une femme, les yeux embués de larmes. Des policiers essaient d'encadrer l'exode mais ils sont dépassés. De l'autre côté du Mur, j'entends les Berlinois de l'Ouest qui accueillent leurs frères de l'Est. Je file sur Unter den Linden, les Champs-Elysées de Berlin-Est, barré par le Mur à la hauteur de la porte de Brandebourg. La foule est amassée devant. Les Grepo sont toujours là, sanglés dans leurs uniformes, derrière une chaîne censée interdire l'accès. Mais dix, vingt, cent Berlinois ont déjà franchi les barrières. Je suis le mouvement. Ils me hissent en haut du Mur. Les gens m'embrassent. Pendant un moment, je ne suis plus journaliste, mais un Berlinois submergé par l'émotion. « Nous sommes libres ! » chantent les jeunes Allemands. J'ai vraiment l'impression de vivre l'Histoire en direct. Les bras se tendent à tous ceux qui veulent monter sur le « rempart contre le fascisme », « qui sera là pendant encore cent ans », affirmait Erich Honecker, le secrétaire général du Parti socialiste unifié. Il s'est trompé. Des filles de l'Ouest débouchent une bouteille de champagne, d'autres du vin et de la bière. C'est à la fois le festival de Woodstock et la libération d'une immense prison. Les milliers de gens qui escaladent le mur ressemblent à des prisonniers qui se précipiteraient vers la porte ouverte de leur camp. Jamais je n'ai ressenti, ni assisté à une telle joie collective. Dès qu'autour de moi on comprend que je suis français, on me serre dans les bras. Pour les jeunes de l'Est, j'incarne la liberté, le grand large, l'Ouest. Ils sont stupéfaits d'être en haut de ce mur honni et inaccessible. J'en suis le premier étonné. Je marche sur le mur de Berlin ! Je me surprends à murmurer cette phrase plusieurs fois. Heureusement qu'il est très large car c'est maintenant une foule qui est dessus. Côté Ouest, une véritable marée humaine cherche à monter. En bas, des jeunes percent des trous avec un marteau et un burin. Il est 3 heures du matin mais personne n'a envie de dormir.

En fin d'après-midi, je retourne à Checkpoint Charlie. Quand ils sont arrivés, il faisait à peine nuit. Une nuit comme dans l'univers des films de Fritz Lang : froide, lugubre, éclairée par les ampoules blafardes des réverbères. Andreas tenait la main de Kerstin. Ils avançaient lentement, comme si ce saut dans l'inconnu comportait des dangers, comme si, au dernier moment, les Grepo habillés d'un uniforme vert allaient les empêcher de réaliser leur rêve. Jamais ils n'auraient cru pouvoir un jour traverser ce no man's land d'une centaine de mètres qui séparait Berlin en deux. Une langue de terre interminable qui court entre les immeubles, bordée par des panneaux de quatre mètres de haut surmontés de tubes en béton, afin que les fuyards ne puissent pas s'y agripper. Comment l'auraient-ils pu, d'ailleurs, puisque ce « rempart » était doublé d'une ligne électrique surveillée par des miradors ?

Quand Andreas et Kerstin sont passés, les projecteurs étaient éteints et les chiens tenus en laisse. Les soldats de garde affichaient un sourire timide. C'étaient des appelés, effectuant pendant trois ans leur service militaire. « Hier, il fallait tirer sur quiconque essayait de franchir le Mur, souffle l'un d'eux. Aujourd'hui, il faut guider la foule. J'aime mieux ce genre de travail... » Eclairés par les projecteurs de la police de Berlin-Ouest, Andreas et Kerstin s'embrassent au beau milieu de Berlin-Ouest, sur Bernauer Strasse, une rue qui finit en cul-de-sac contre le mur. En 1961, Andreas et Kerstin n'étaient pas nés. Le couple n'était jamais allé à l'Ouest. La semaine précédente, il avait demandé un visa de sortie pour fêter le cinquante-cinquième anniversaire de la tante de Kerstin. La police avait refusé. Elle n'avait pas 60 ans, l'âge minimum requis pour un visa familial à condition que le lien de parenté ne dépasse pas le deuxième degré. Autour d'eux, des gens applaudissaient. Andreas était ému. Il découvrait pour la première fois l'envers du Mur. Ici, les panneaux étaient couverts de graffiti. « Marx où es-tu ? », « Pourquoi ? ».

En remontant la rue pavée, Andreas et Kerstin s'arrêtèrent devant trois poutres en bois plantées dans le sol et maintenues par un fil de fer barbelé. « Ida Sickmann. Morte le 22.8.61 ». Plus loin, devant le Mur, un autre mémorial était dédié à Bernard Lunser, mort pour la liberté. Ils sont soixante-dix à être enterrés près du Reichstag, tués par les balles de la police des frontières. Depuis la chute du Mur, des couronnes mortuaires fleurissaient à l'endroit où ils étaient tombés.

Dans le centre, c'est dans une boucherie qu'Andreas s'est précipité en premier. Andreas était boucher. Il travaillait dans une fabrique de saucisses à Berlin-Est. « Mon chef écrivait sur un bout de papier la préparation des mélanges. Chez nous, la graisse et l'eau remplacent la viande, expliquait-il avec un sourire amer. Ici, les morceaux sont bien découpés. De véritables chefs-d'œuvre ! La viande est rouge, fraîche. Chez nous, elle est grise, mal réfrigérée et vendue dans des magasins sales », me disait-il devant les montagnes de saucisses et les piles de rumsteak exposées sur un étal réfrigéré d'une netteté irréprochable.

P.S. Par rapport à ce que j'ai vu après la guerre, lorsque je faisais escale avec l'*Anita Hans* en Allemagne, je comprends l'immense émotion que les gens, et vous-même, avez ressentie quand le Mur est tombé.

P.F. C'est vrai. Andreas et Kerstin n'avaient d'yeux que pour les vitrines des centaines de magasins du Ku'damm, la plus grosse artère commerçante de Berlin-Ouest. Depuis l'Est, l'étoile

Mercedes qui brillait au sommet de la tour Centre-Europe restait le symbole de la société de consommation occidentale. A côté des Mercedes, des Audi et autres B.M.W., ces caisses à savon caca d'oie, fabriquées en R.D.A., faisaient piètre figure. « Je n'ai pas voulu acheter une voiture, expliquait Andreas. De toute manière, il faut attendre dix ans pour en obtenir une. Tu la commandes à 18 ans, tu l'as quand tu as des cheveux blancs ! plaisantait-il. On ne trouve pas de pièces de rechange, même pas le caoutchouc des essuie-glaces. En plus, il faut payer les garagistes en devises pour qu'ils acceptent de réparer. »

Devant le café *Kranz*, Kerstin restait figée de stupeur. Des pyramides de chocolat fin, des paquets de pains d'épice aux noisettes côtoyaient des étalages de Mozart, ces boules de praliné à la pâte d'amande qui fondent dans la bouche. « Le nôtre, on dirait qu'il est fabriqué sans cacao », soupirait Kerstin en parlant du chocolat vendu en R.D.A. La confiserie du café *Kranz* attirait tellement les convoitises qu'une famille de l'Est s'était fait photographier devant, sans savoir que l'endroit avait été fréquenté par Thomas Mann, Bertolt Brecht et beaucoup d'autres écrivains. Les Allemands de l'Est découvraient des librairies qui n'offrent pas seulement le journal du Parti et des livres sur Karl Marx. « Ils feuillettent toutes les revues. Les femmes achètent des magazines de mode et de tricot. Les hommes, eux, préfèrent la populaire *Bild Zeitung* et les journaux satiriques qui dénoncent les travers de la politique. Nous avons vendu des livres de Stefan Heym ou Heiner Müller, un écrivain et un dramaturge de l'Est interdits de publication chez eux », affirmait la caissière de la grande librairie *Montanus*. Devant les banques situées près de la station de métro Bahnhof-Zoo, les nouveaux arrivants faisaient la queue pour toucher 100 marks (230 euros) chacun, un pécule offert par le gouvernement de Bonn pour chaque Allemand de l'Est. Sans cet argent, leur visite à Berlin-Ouest aurait été un véritable supplice. Leur mark de R.D.A. valait en effet onze fois moins que celui de R.F.A. Le premier jour, ils avaient simplement rapporté du chocolat à Stefanie, leur fille, âgée de 2 ans. En entrant dans le grand magasin *Bilka*, Kerstin avait acheté des fruits. Elle ne pouvait pas repartir sans un ananas frais, des oranges, des bananes et des fraises. Elle avait même goûté des kiwis pour la première fois de sa vie. « Des oranges, on n'en voit la couleur qu'à Noël, expliquait-elle. Elles viennent de Cuba et sont pourries. »

La ruée de 3,5 millions d'Allemands de l'Est avait provoqué un réel élan de solidarité à Berlin-Ouest. Près des points de passage, des automobilistes proposaient spontanément d'emmener les piétons de l'Est qui marchaient sur les trottoirs. Une aide des Berlinois à leurs cousins qui, parfois, manquait de tact. A côté de notre table du restaurant de l'hôtel *Kempiski*, une famille s'était assise, l'air gêné. La petite fille s'était trouvée mal sur le Ku'damm. Un homme d'affaires de Francfort qui passait par là les avait invités dans cet établissement cossu. Le père de famille avait d'abord refusé, puis avait fini par accepter devant l'insistance du gros monsieur. Celui-ci, apparemment, tenait à faire sa B.A. en ce jour historique. « Prenez toute la carte si vous voulez. Ne vous inquiétez pas des prix », affirmait-il à ses invités avec ostentation. « L'addition est pour moi », dit-il à la serveuse avant d'aller s'asseoir dans le restaurant gastronomique, séparé du premier par un rideau. Devant les prix de la carte qui leur paraissaient effarants, les parents se contentèrent d'entrées. Mais le monsieur insista en disant : « Ça me fait plaisir. » La famille mangea en silence. Sur la banquette, les enfants dévisageaient les clients avec des regards furtifs. En retard d'une mode, les Allemands de l'Est ne passaient pas inaperçus. « Dès qu'ils voient une queue devant une boutique, ils prennent leur tour sans savoir ce qu'il y a à vendre, ils ne savent pas que chez nous les rayons ne sont jamais vides », se moquait d'un air goguenard un chauffeur de taxi.

P.S. En 1947, c'était le début d'un long tunnel pour les populations qui vivaient de l'autre côté du rideau de fer. L'Allemagne de l'Est était clairement sous la botte de Staline. Parfois on pouvait tomber sur une petite lumière, faible certes, mais qui éclairait les ténèbres dans lesquelles était plongée la population. Par exemple, à Dantzig, il existait un bistrot où se produisait un petit orchestre. Une femme jouait du violon. Le pianiste, lui, était habillé comme autrefois, en frac, un vêtement vieux et élimé avec une queue-de-pie qui rappelait le faste d'autrefois. Soudain une bagarre a éclaté. Pris de court, le piano, la contrebasse, le violoncelle et le violon sont restés sur leur petite estrade mais ont arrêté de jouer. Derrière eux, un rideau cachait la cloison. Au moment où je me glissais derrière, la police militaire russe est arrivée. Ils n'ont pas fait de quartier. J'ai été découvert. Tous les clients ont été plaqués contre les murs, les mains dans le dos pour être fouillés. Puis ils ont demandé nos papiers. J'avais un nom à consonance germanique, Schoendoerffer, sur un passeport français ! Les Russes se demandaient pourquoi. D'autant qu'ils n'avaient pas l'habitude de voir des Français. Je ne sais pas comment notre capitaine a été prévenu, mais il est heureusement arrivé très vite. Il a calmé la police soviétique. Sans lui, nous aurions sans doute passé la nuit en prison. Les Soviétiques avaient encore leurs troupes d'occupation dans le pays, des régiments qui étaient installés en ville. Et la police militaire soviétique était plus importante que la police polonaise. La vie à Dantzig était très misérable. En France, c'était aussi le cas, mais ce n'était pas comparable avec la cruauté, d'abord des Allemands et ensuite des Soviétiques, qui méprisaient les Polonais. Pour les Allemands, c'étaient des sous-hommes. Et pour les Soviétiques, c'étaient des vassaux qui appartenaient à l'Empire soviétique. La Pologne était un pays qui avait existé, qui avait disparu pendant longtemps et était revenu à peu près dans ses frontières à cause de la guerre de 14-18. En 1919, ce sont les Polonais qui ont arrêté l'offensive des armées bolcheviques ordonnée par Lénine qui voulait exporter la révolution dans tout le continent européen. En septembre 1939, l'armée du Reich, qui avait occupé la ville de Dantzig, expulsait 50 000 Polonais et confisquait leurs maisons au profit des colons allemands. Elle l'avait rebaptisée Gotenhafen en souvenir des Goths. Sur le plan historique, c'était une supercherie mais à Berlin on avait dû penser que ce nom était plus aryen. En partant, les Allemands détruisirent le port. On était allés à Gotenhafen, redevenue Gdynia en 1945, qui est de l'autre côté de la baie. Sopot, la station balnéaire, était aussi en ruines. A Gotenhafen, il y avait la carcasse du *Gneisenau*, un croiseur lourd de 31 000 tonnes de la Kriegsmarine, qui était un peu l'équivalent du *Dunkerque* ou du *Strasbourg* français.

P.F. Il avait coulé à la suite des bombardements alliés ?

P.S. En fait, il avait forcé le passage de la Manche en 1942 où il avait été bombardé par la Royal Air Force, malgré la protection de la Luftwaffe. Les Anglais voulaient absolument l'avoir, lui et le *Scharnhorst*, son jumeau, avec qui il écumait les mers. A eux deux, ils avaient envoyé par le fond un porte-avions, deux escorteurs et plusieurs destroyers britanniques. C'est finalement une mine qui l'endommagea. Il se traîna jusqu'en Baltique pour être réparé à Kiel. Mais, en février 1942, la R.A.F. bombarda le port avec 180 avions. Un déluge de feu. Le navire fut touché. Il ne sera jamais réparé. Les Allemands l'ont coulé dans le port de Gotenhafen pour s'en servir de barge. C'est là que je l'ai vu, juste après la guerre.

Chapitre III

*L'adieu à l'*Anita Hans

Patrick Forestier. Quand j'ai découvert ce port de la Baltique, il ne s'appelait plus Dantzig, mais Gdańsk. C'était début 1981, quatre ou cinq mois après la fondation de Solidarność, le syndicat de Lech Wałęsa. Le régime communiste ne donne pas de visa aux journalistes. Alors, c'est comme touriste que je débarque à Varsovie. L'aéroport est lugubre. Les policiers suspicieux. Rencontrer des membres de Solidarność demande toute une organisation. Ils sont surveillés et leur téléphone est écouté. Les rendez-vous ont lieu dans des bistrots ou des appartements, avec mille précautions. Des étudiants nous aident pour prendre des contacts et pour traduire. Je loue une Fiat Polski pour rejoindre Gdańsk après 285 kilomètres de route verglacée. On me fait entrer dans les chantiers navals par une porte dérobée. A l'intérieur, c'est l'ébullition. Les réunions se succèdent dans des salles vétustes qui devaient servir au Parti, les ouvriers interpellent leurs leaders. Faut-il négocier avec le gouvernement ou tout f... en l'air ? Faut-il déclencher la grève générale avec le risque d'un bain de sang ? Sans visa officiel, je dois éviter à tout prix d'être contrôlé par la police secrète qui pullule partout. A l'hôtel, on arrive à minuit et on décampe avant 6 heures du matin. Mis à part les journalistes, il n'y a pas d'étrangers en ville. Dès que les fiches de séjour arrivent à la police, elle vient à la réception demander après ces drôles de clients qui, en plein hiver, se pointent dans une ville en révolte, dorment dans un hôtel vide et miteux pour faire du tourisme ! Mais quand ils lisent la fiche au petit matin, avec le traducteur, on s'est déjà envolés. Sinon, on habite chez des militants du syndicat proches de Wałęsa qui occupe un bureau dans l'immeuble de Solidarność. Petit bonhomme à la bacchante d'Astérix, vif, le sens de la repartie et le bon mot, le héros de la Pologne qui tenait tête au gouvernement, au Parti, c'est-à-dire à l'U.R.S.S., est débordé mais il n'en laisse rien paraître. « Je ne fais pas de politique », me dit-il. Il négocie les droits des ouvriers pour que leurs revendications soient satisfaites. « Mais il faut éviter une invasion soviétique », ajoute-t-il. Anna Walentynowicz, la pasionaria du chantier par qui tout a commencé, n'est pas d'accord. Elle veut aller plus loin, jusqu'à l'affrontement avec les autorités, quitte à s'opposer à Lech. Ce petit bout de femme dégage une incroyable énergie. C'est parce que la direction l'avait licenciée après trente ans d'usine, que les dix mille ouvriers du chantier Lénine se sont mis en grève.

A Gdańsk, je tombe sur Jacek Kuroń, que j'avais déjà vu à Varsovie au cours d'un précédent voyage. Le fondateur du K.O.R., le Comité d'autodéfense sociale, est un « robuste ». On retourne dans le même wagon jusqu'à la capitale. Il fait nuit et Jacek est en forme. Dans son sac, il a une bouteille de vodka. Le type qui l'accompagne en a une aussi. La démocratie, le Parti, le syndicat, l'Europe, le pape, tout y passe. Quand on arrive, j'ai du mal à marcher droit sur le quai de la gare.

Les concessions faites par le gouvernement ne plaisent guère à Moscou qui renforce, semble-t-il, ses troupes déjà déployées dans le pays. Legnica, grosse ville de Basse-Silésie, abrite plusieurs garnisons. Si les Russes décidaient d'envahir la Pologne, c'est d'ici, de Legnica, que l'opération serait dirigée. Les Russes y avaient installé un gros état-major. Lorsque j'y avais débarqué, je m'étais demandé si nous étions en Pologne ou en Union soviétique. Il y avait des Russes partout ! Et partout des camps militaires et des antennes de télécommunications.

La nuit, les Russes ne sortaient pas. J'avais vu, seulement un soir, dans un dancing-restaurant, deux capitaines de l'Armée rouge passablement éméchés, la vareuse déboutonnée, l'œil hagard. En buvant de la vodka, les officiers écoutaient le chanteur égrener de vieux tubes américains dans un mauvais anglais. Soudain, celui qui portait un pansement sur le menton s'est levé. Il a demandé sa casquette au vestiaire pour sortir et j'ai vu trois rangées de décorations sur sa poitrine et un insigne de parachutiste. Il n'est pas allé bien loin. Sur le pas de la porte, la vieille serveuse l'a rattrapé et secoué par la manche. Elle lui disait sèchement qu'il n'avait pas payé ses consommations. « Mon camarade reste et il paiera l'addition », avait été obligé d'expliquer le militaire. « L'année dernière, une scène comme celle-là était impensable, m'a dit alors Joseph, mon interprète. Jamais une serveuse n'aurait osé apostropher ainsi un officier soviétique. »

PIERRE SCHOENDOERFFER. Ce style de cabaret me rappelle ceux que j'avais fréquentés avec l'équipage de l'*Anita Hans* à Dantzig. En une trentaine d'années, somme toute rien n'avait beaucoup changé.

P.F. Sauf que la contestation était partout. Même les ménagères osaient se révolter. A Łódź, en août 1981, elles furent vingt mille à descendre dans la rue pour réclamer du pain. Une grande première pour les pays de l'Est – et qui évoquait la « révolte des casseroles » qui signa le glas d'Allende.

P.S. Pour les Soviétiques, c'était une chienlit qui ne pouvait pas perdurer. Moscou n'aime pas perdre la main dans sa sphère d'influence. On l'a vu en Tchétchénie et en Géorgie. Après Budapest et Prague, les Russes ont agi en sous-main à Varsovie.

P.F. Effectivement. Le 13 décembre 1981, l'état de siège ou plutôt l'état de guerre était proclamé avec instauration de la loi martiale. A la tête du Conseil militaire de salut national, le général Jarulewski. Les frontières sont bouclées, les aéroports fermés, les opposants arrêtés, les manifestations interdites et le couvre-feu imposé.

Les étrangers sont refoulés, mis à part ceux qui ont une mission à accomplir avec l'accord des autorités.

Je trouve enfin le sésame : un petit transporteur de l'Aisne qui amène régulièrement de la viande en Pologne. Il accepte de me prendre. J'obtiens un visa de cinq jours en mettant le nom de sa société sur le formulaire de l'ambassade. Le rendez-vous est fixé à Rungis le 23 décembre, vers 21 heures. Le routier est sympa. Il est écœuré par ce qui se passe en Pologne et surtout il ne saisit pas bien le risque qu'il prend en m'emmenant. Le soir, on dort à Lille. Il a un laissez-passer pour entrer en R.D.A., où nous ne devons pas sortir de l'autoroute. A la nuit tombée, nous arrivons à Katowice. Personne dans les rues couvertes de neige, mis à part des camions de l'armée et des blindés. Au dépôt, je dois jouer mon rôle jusqu'au bout. « Dépêchez-vous ! » nous font comprendre les employés. Alors je décharge moi aussi des quartiers de bœuf de notre camion frigo jusqu'à la chambre froide. On ne trouve rien dans les boucheries mais, ici, ils ne manquent pas de viande ! Ce soir, c'est Noël et il y a le couvre-feu qui arrive. Le chauffeur, qui dispose d'un permis de circuler avec l'immatriculation de son camion, ne tient pas à rester à Katowice. Il veut rouler une partie de la nuit, pour sortir de Pologne au plus vite. Nous nous séparons. Je vois mon « alibi » disparaître au loin dans la brume. Je n'ai plus aucune raison d'être ici. Les employés du magasin d'Etat m'ont indiqué un hôtel, pas trop loin. Quand je pousse la porte vitrée, je marque un temps d'arrêt, le souffle coupé. Le grand hall est rempli de Zomo, la police anti-émeute fortement militarisée par le régime. Habillés d'un treillis noir, bottes à la soviétique aux pieds, ils sont avachis sur les canapés et les fauteuils en skaï. A côté d'eux, des montagnes de sacs en toile kaki avec leur armement. Ils me regardent comme si j'étais un ovni. Si je tourne les talons, je risque qu'on me demande ce que je viens faire dans cet établissement du gouvernement, visiblement réquisitionné par le ministère de l'Intérieur. Alors je me dirige vers la réception, comme si de rien n'était. « Room ? Zimmer ? » « C'est complet ! » me répond sèchement l'employé, d'un air de me dire « Imbécile, tu n'as pas compris la situation ! ». Je dis merci et je ne demande pas mon reste. Où aller ? Je ne connais personne. Une église, un prêtre. C'est ma seule chance. Je croise par bonheur un passant qui comprend deux mots d'anglais. La cathédrale est en fait au bout de l'avenue. Une porte s'ouvre. Une religieuse apparaît. Elle a les yeux bleus, des joues rondes et roses sous son fichu. Elle me fait signe d'attendre sur le palier. Un prêtre arrive. Il parle français. C'est l'évêque. Je lui dis tout. « Mon fils, soyez le bienvenu. Venez partager notre repas de Noël. L'assiette du pauvre était prévue. Ce sera vous. » Un miracle. Je me retrouve à la table des religieux. Potage avec tortellini farcis, betteraves, carpe en gelée, harengs à la crème, salade russe, pain azyme, pain d'épice, vin de Hongrie... Je n'en crois pas mes yeux. Les bonnes sœurs me regardent comme si j'étais le petit Jésus en personne ! Que je vienne jusqu'ici clandestinement pour rendre compte de la souffrance du peuple polonais leur tire les larmes des yeux. Ici, à Katowice, la répression a été plus dure qu'ailleurs : les Zomo ont ouvert le feu sur les mineurs en révolte.

Minuit approche. Je peux assister à la messe. Dans l'église, je ne risque rien. « Le Christ est né dans un pays occupé par l'armée. Mais ne désespérez pas. Le Christ ne vient pas vers les gens qui n'ont besoin de rien. Il vient chez les pauvres qui l'attendent. Je ne vous souhaite pas de joyeuses fêtes parce que, cette année, elles ne le sont pas. »

D'une voix de stentor qui résonne sous la coupole de pierres blanches, le curé de la cathédrale poursuit son sermon dans un silence angoissé.

« Je ne vous souhaite pas bonne année parce que, ce soir, dans beaucoup de familles, il manquera quelqu'un à table : quelqu'un qui est mort, qui est arrêté ou qui se cache. »

Des haut-parleurs placés à l'extérieur font entendre jusque dans les rues ces mots terribles. Le matin, un jeune prêtre est présent au petit déjeuner. Il a étudié à Paris. « Mettez cette parka made in Poland, me dit-il en français. Vos vêtements viennent de l'Ouest. Ça se voit. Vous risqueriez d'être dénoncé. » On sort. Je n'ai qu'à suivre mon guide. Sa tenue de prêtre, noire avec le col blanc, est un sauf-conduit. Même le Parti prend des gants avec le clergé. Dans un appartement, je rencontre un leader de Solidarność qui est passé dans la clandestinité. Il me raconte les arrestations à domicile, les rafles dans les usines, les membres du Parti qui ont peur de perdre leurs privilèges et sont les collabos des Soviétiques. Il me demande s'il existe un Parti communiste en France. Il ne comprend pas pourquoi. Quand je lui dis que c'est la règle de la démocratie, il se met en rogne. « Vous êtes vraiment trop cons ! » traduit le prêtre.

Direction maintenant le carreau de la mine de Wujek. Une simple croix de bois blanc est plantée à côté. Des veuves apportent des fleurs, des couronnes, qui s'amoncellent sous la neige. Les casques rouges des victimes sont accrochés au grillage. Comme d'autres familles de mineurs, les

Czekalska occupent un petit appartement dans un immeuble du quartier de Brenow, face à la mine. Lorsque la milice est venue briser la grève générale décrétée par les mineurs, Roza est descendue avec sa fille rejoindre les autres femmes qui s'interposaient entre les forces de l'ordre et les grévistes. Pour se défendre, chacun avait saisi un pic, une hache, un outil et même en guise de lances des tiges de fer à béton.

Les Zomo ont commencé à disperser les femmes avec des lances d'incendie. Il faisait – 10 degrés ! Le premier assaut a été repoussé par les mille cinq cents grévistes. Des chars et des automitrailleuses étaient arrivés en renfort et avaient défoncé les murs d'enceinte. « L'armée restait en deuxième ligne, raconte Roza. Les jeunes soldats montraient qu'ils n'avaient pas de balles dans leurs chargeurs. Les tankistes manœuvraient de bas en haut les volets des meurtrières des blindés. C'était le signe qu'ils ne tireraient pas. » « Les Zomo ont commencé à lancer des grenades lacrymogènes, m'a dit un mineur. Mais ils étaient trop éloignés. Des hélicoptères ont alors survolé la mine pour la bombarder de grenades. Les miliciens ont attaqué, protégés par leurs boucliers en plexiglas, matraques blanches d'un mètre de long à la main. Ils avaient les yeux exorbités et de la salive au coin des lèvres. La bataille a duré plusieurs heures. Avec une tige de fer, un gréviste a embroché un milicien. Des coups de feu ont retenti. Des tireurs étaient cachés sur les toits. Des camarades sont tombés. L'un d'eux, en voulant renvoyer une grenade, a été déchiqueté. »

P.S. Comment êtes-vous retourné à l'Ouest alors que le camion qui vous avait amené était rentré en France ?

P.F. Par le train pour Vienne, le chemin le plus court. Trois cents kilomètres seulement, une nuit de voyage. Le wagon est quasiment vide, comme mon compartiment qui compte quatre couchettes inoccupées. Si on me pose des questions, je dirai que mon camion devait être réparé en Allemagne et que seul le chauffeur l'a conduit là-bas. J'ai glissé mes trois pellicules dans mes poches et démonté mon appareil photo. Mais ce que je redoute le plus, c'est la suspicion de la police des frontières. Que peut faire ce Français de 27 ans dans un pays en état de guerre à Noël ? C'est louche. J'ai un plan. J'espère seulement qu'il sera crédible. Je pose sur la table les deux tablettes de chocolat et le saucisson que j'ai amenés de Paris. Puis j'ouvre la bouteille de vodka que j'ai achetée avant de partir. J'en renverse un peu sur mon pull-over, en avale une bonne lampée et j'éteins la lumière. Allongé tout habillé sur ma couchette, j'attends, le cœur battant. Soudain, la porte s'ouvre. Deux policiers en uniforme allument la grosse ampoule jaune qui est au-dessus de moi. De quoi éblouir un aveugle ! Je cligne des yeux et me lève avec difficulté, la bouteille dans une main. Je balbutie un « bonjour », jouant le type éméché. « Reisepass », me demande-t-on en allemand, la seule langue étrangère dont ils baragouinent quelques mots. Je tends mon passeport en titubant. Je propose une gorgée à celui qui lit mon visa. Il refuse en regardant son collègue d'un air entendu : « Ce Français est complètement bourré », puis-je lire dans son regard. Au moment où ils parlent entre eux, je tends les tablettes de chocolat à l'un et le saucisson à l'autre. Ce n'est pas de la corruption mais de la fraternité entre les peuples... Ils esquissent un sourire. L'un d'eux tamponne mon passeport et ils saisissent la nourriture en me rendant mon document de voyage. « Danke ! » « Merci », dit le plus jeune et ils disparaissent. Je m'assois, abasourdi. Ils n'ont rien fouillé, posé aucune question. Pourvu qu'ils ne reviennent pas ! Le train démarre, avance lentement. Par la fenêtre, je vois des barrières, des projecteurs. Le convoi s'arrête à nouveau. La porte s'ouvre. Deux hommes apparaissent. Ce ne sont plus les mêmes uniformes. Ils sont autrichiens. Je suis libre !

A l'âge de 19 ans, vous aussi, Pierre, vous avez découvert l'autre côté du rideau de fer au milieu des ruines encore fumantes, si j'ose dire, de la Seconde Guerre mondiale. Vous avez compris, sur le terrain, le partage du monde qui allait durer jusqu'à la chute du mur de Berlin. Une leçon d'Histoire appliquée, lorsque l'*Anita Hans*, le caboteur sur lequel vous aviez embarqué, vous emmène du côté occidental de la Baltique, en Suède où vous pouvez comparer comment vit la population dans les pays scandinaves par rapport aux Européens de l'Est.

P.S. En Suède, c'était ce que l'on imaginait de l'Amérique. On avait notamment des cigarettes. De l'autre côté de la Baltique, avec une cigarette vous achetiez une ville ! Donc, sur mon bateau suédois, avec un paquet, je pouvais payer mon verre dix fois. On appelait les cigarettes américaines des « sisters » et les provisions de bord étaient détaxées. Sans parler de l'argent suédois, la couronne, qui valait son pesant d'or derrière le rideau de fer. Quand nous avons quitté Dantzig, la première fois, c'était pour aller au Danemark. A tout casser on faisait 7, 8 nœuds avec notre machine historique, mais là on était presque au point mort. Le capitaine a soulevé son chapeau et remis la machine en route. J'ai appris plus tard que le capitaine saluait l'endroit où le *Wilhelm Gustloff*, un bateau allemand chargé de réfugiés et de blessés du front de l'Est, avait été torpillé par un sous-marin russe. Il y a eu plus de 5 000 morts, plus de 9 000 selon les Allemands. C'est la catastrophe maritime la plus importante de tous les temps.

P.F. Après la découverte de l'horreur de la Shoah, les drames et les souffrances des Allemands n'étaient pas, à l'époque, pris en compte. Voilà comment les spécialistes résument ce drame :

Un sous-marin se trouvait en patrouille à proximité, le long de la côte basse de Poméranie orientale : le *S13*.

Alexandre Marinesko, son capitaine, fait armer quatre torpilles, dénommées « pour la mère patrie », « pour le peuple soviétique », « pour Léningrad » et « pour Staline ». La première pulvérise le compartiment de l'équipage à l'avant. La seconde détonne juste en dessous de la piscine où des dizaines d'auxiliaires féminines de l'armée ont trouvé refuge. La troisième explose dans la salle des machines, plongeant instantanément le bâtiment dans le noir. « A travers les vitres blindées, je ne pouvais les entendre crier. Mais les gens étaient serrés comme des sardines et le pont inférieur était déjà à moitié couvert d'eau. Et j'ai vu des éclairs, des coups de feu. Les officiers tuaient leur propre famille », raconte Gabriel Vital-Durand, reproduisant les propos d'un mécanicien qui était l'un des 996 rescapés.

Depuis le naufrage, tous les capitaines de la Baltique savaient donc qu'il y avait un cimetière marin à cet endroit-là ?

P.S. Oui. Mon capitaine était d'origine lettonne ou estonienne, je ne sais pas. Il avait épousé une Suédoise. C'est pour ça qu'il était devenu suédois ; il avait filé avant que les Allemands ne le rattrapent. C'était un Suédois de fraîche date mais il connaissait les drames de la Baltique pendant la guerre.

P.F. Je suppose qu'il était sensible au sort des réfugiés de la Prusse-Orientale qui se sont noyés à bord du *General von Steuben*, coulé par le même sous-marin qui envoya par le fond le *Wilhelm Gustloff* et le *Goya*. 15 000 victimes en tout auxquelles il faut ajouter les 8 000 morts, dont 7 000 déportés et 500 S.S., à bord de trois navires bombardés par la Royal Air Force en mai 1945 dans la baie de Lübeck.

P.S. Mon capitaine n'ignorait évidemment rien de ces massacres à coups de torpilles tirées par des sous-marins russes. Il naviguait déjà à 19 ans. Il était dur mais juste, il ne brimait pas son équipage. En Suède, il y avait toutefois une sorte de restriction d'alcool. Vous pouviez en boire seulement si vous aviez mangé quelque chose avant.

P.F. J'ai découvert ce pays au début des années 70, à 19 ans moi aussi. C'était l'époque où le modèle suédois était à la mode. Les pays scandinaves étaient une référence. Et c'est vrai que les bières portaient un numéro qui permettait de s'y retrouver pour conduire : le numéro 1 permettait d'en boire une, le 2, une paire et ainsi de suite. Mais, un samedi soir à Helsinki, j'ai vu à l'époque des gaillards en costume descendre carrément des flacons d'eau de Cologne après la fermeture des bars ! Ils s'écroulaient sur le trottoir ou dormaient sous des portes cochères, ivres morts, dans le froid. Les descendants des Vikings ont une sacré descente !

P.S. Après la guerre, il y avait une semi-prohibition. Les Suédois, quand ils faisaient la fête, allaient de l'autre côté, en Pologne, pour siffler de la vodka.

P.F. Les escales duraient-elles longtemps ?

P.S. Non. Cela coûte cher, une escale ! Le capitaine était obligé de payer le quai. On pouvait aussi mouiller dans la baie de Dantzig ou bien dans celle de Riga. Quand on était à quai, on l'était pour un jour ou deux. Le bateau n'était pas si gros, donc il se chargeait assez vite. Le minerai de fer arrivait par train. C'était dans un fjord. Chaque wagon était grand ouvert. Le minerai dégringolait par un énorme tuyau directement dans la cale. En quelques heures, le bateau était rempli. En hiver, la mer était gelée. Il fallait suivre un brise-glace dans un convoi de bateaux. La vitesse du nôtre était de 8 nœuds au maximum, mais devant, ils mettaient toute la gomme : du coup nous étions toujours les derniers ! A la traîne, cent mètres derrière. L'*Anita Hans* était vieux. Il avait beaucoup navigué. Il fallait faire attention à ne pas trop le cabosser. Heureusement, les traversées nous réservaient d'agréables surprises. En face du nord de la Finlande et de la Laponie, j'ai vu une aurore boréale. Tous ces souvenirs de la Baltique et de la mer du Nord m'ont beaucoup aidé pour écrire, longtemps après, *Le Crabe-Tambour*. En hiver, il y avait des tempêtes d'une très grande violence, avec une mer démontée. Et comme le bateau était petit, c'était mauvais pour lui. A un moment donné, le bateau marchait à 4 nœuds à cause du vent et des vagues. La vitesse nous permettait de garder le cap mais on n'avançait plus. On restait sur place. On reculait un peu même. Si les vagues prennent le bateau à ce moment-là par le travers, il se met à rouler. Il peut se pencher à 60 degrés et chavirer... Heureusement, le capitaine était un fin marin. L'*Anita Hans* naviguait en longeant les côtes de Norvège, le golfe de Saint-Pétersbourg, celui de Riga, la baie de Dantzig.

P.F. Prendre le quart, un moment solitaire et long, dans des endroits pareils ne favorise-t-il pas le rêve ?

P.S. Exactement. On est seul et à partir du moment où le bateau se gouverne bien, on n'a pas d'autre préoccupation que de jeter un coup d'œil sur le cap. Alors, on laisse divaguer son esprit. D'autant plus qu'il y avait une vigie supplémentaire à l'homme de quart, en raison des mines restées au fond.

La passerelle était une toute petite cahute en bois avec des ailerons de chaque côté. C'est de là que la vigie observait les flots, passant de bâbord à tribord. S'il n'y avait pas de lune, dans la nuit, on ne pouvait rien voir. C'était embêtant car on n'avait pas de radar. On avait bien une radio, mais avec seulement la fonction récepteur. Emettre était donc impossible. C'était un radiogoniomètre. Le principe est le suivant : un poste émetteur envoie un bip, capté par le « gonio » qui permet de se localiser et de trouver un axe. S'il y a deux émetteurs, les deux lignes se croisent et indiquent la position du bateau. Seul problème, en cas de pépin ou d'avarie, on ne pouvait prévenir personne. Nous avions seulement procédé à un exercice, un seul, au tout début de l'appareillage, alors que le bateau n'avait pas navigué depuis plusieurs semaines. Il consistait à mettre à l'eau les canots de sauvetage. Il y en avait deux, un sur chaque bord. Le problème, c'est que très souvent le bateau penchait et qu'on ne pouvait mettre qu'un canot à la mer. Il y avait aussi un tout petit canot, une sorte d'annexe, qui n'était utilisé que dans notre poste. Avec le monte-charge, nous le mettions à l'eau, quand le bateau était au mouillage, au calme. Il servait pour aller à terre, à l'aviron.

P.F. L'*Anita Hans* était donc un caboteur assez rustique ?

P.S. Oui, c'était un vieux bateau, il n'avait pas été modernisé. A cette époque, tout ce qui pouvait aller sur l'eau naviguait. Il y avait un manque de navires à cause de la guerre. Les Américains et les Anglais s'étaient approprié le transport maritime. Je n'en savais guère plus car à bord, je discutais peu avec le reste de l'équipage, ne parlant pas le suédois. Mon anglais n'était pas très bon et celui des Suédois non plus. Sur le bateau, je me sentais assez solitaire.

P.F. A 19 ans, ce n'était pas long de rester un an embarqué sur un vieux caboteur inconfortable dans le froid des mers du Nord en compagnie de marins avec qui vous aviez du mal à communiquer ?

P.S. Heureusement, j'étais éreinté. Quand je me couchais, je dormais aussitôt. Sinon, l'équipage était uni. Mais il y avait ceux de la machine et ceux du pont, dont j'étais. En dehors des manœuvres de navigation, il fallait entretenir le bateau. Nous avions de petits marteaux pour enlever la rouille, quand on n'était pas de quart sur la passerelle et quand la navigation était facile. Nous avions aussi la charge d'ouvrir les cales. Ce n'était pas nous qui faisions marcher les treuils pour décharger les cargaisons. Mais nous avions la responsabilité des panneaux qui fermaient les cales. Dessus, il y avait une couverture de toile imperméable. Il fallait l'enlever et ensuite ôter une série de madriers, qu'on entassait sur le pont pour ouvrir complètement les cales doublées de bois. Le bateau était en fer, mais sur la coque il y avait du bois, qu'il fallait nettoyer quand nous devions transporter du sucre ou du sel. A l'époque, il n'y avait pas de Kärcher mais des jets qui, en fin de compte, étaient assez puissants. Je descendais parfois dans la salle des machines. Elles étaient à vapeur. C'était beau à voir... Le moteur n'était pas énorme mais il y avait tout de même des bielles impressionnantes qui actionnaient les pistons dans de l'huile tiède. Il y avait aussi le chargement du charbon. Il y en avait du très bon et parfois, c'était le contraire. Dans ce cas-là, il y avait beaucoup plus de travail pour les soutiers. Il fallait nourrir deux fois plus la chaudière d'où se dégageaient de grosses flammes... Les hommes n'étaient pas protégés. Ils travaillaient sans masque, ni lunettes. Tous avaient un bon coup de pelle. Ils ouvraient la chaudière avec le pied et hop ! ils enfournaient le charbon d'un coup. On n'avait pas trop chaud. Il faisait presque frais, même en été, grâce aux manches à air qui ventilaient la salle des machines. En bas, il y avait un mécanicien et son chef, plus quatre soutiers qui prenaient leur quart par deux. Ils étaient tout noirs à cause du charbon. Il n'y avait que moi et un Finlandais très sympathique qui restions à peu près propres.

P.F. Les Suédois et les Finlandais ont la réputation de lever le coude. Parfois, à bord, cela ne devait pas être triste !

P.S. C'est sûr. Ils mettaient dans une dame-jeanne du sucre mélangé à une levure quelconque et au bout de quinze jours ils buvaient cette mixture d'eau et de sucre. Une sorte d'alcool, pas vraiment blanc, plutôt brunâtre, très sucré, mais assez alcoolisé. Ils se saoulaient avec ça. Ils aimaient. Ils fabriquaient cet alcool clandestinement. Le capitaine devait être plus ou moins au courant et gardait un œil sur eux. Mais quand ils débarquaient dans les ports, la plupart étaient bien imbibés.

A bord, on mangeait bien. Moi, en tout cas, je trouvais les repas excellents. On n'était pas sorti des restrictions juste après la guerre en France et sur mon vieux bateau, il y avait de la viande, des pommes de terre, du fromage, du jambon... et même des oranges ! On aimait faire sécher du poisson mais on ne naviguait jamais assez longtemps pour le préparer et le consommer. Au maximum, c'était une semaine de mer. Après, on retrouvait la côte.

P.F. Vous vouliez être sur la mer et vous y étiez. Peut-être aviez-vous cependant envie de mers chaudes, plus exotiques ?

P.S. Non. Je voulais embarquer sur un bateau, synonyme de liberté et d'aventure.

P.F. Pourtant, dans votre enfance, vous n'aviez jamais vu la mer ?

P.S. Non. Quand on est sur un bateau, c'est comme si on avait hérité d'une petite terre à soi. On est influencé par l'équipage, par le bateau. Un navire a une âme, c'est un petit monde. Quand on arrive à terre, on est toujours un peu étranger. On quitte son cocon pour aller voir la planète, butiner à droite et à gauche et on revient. J'aimais être à la barre la nuit quand la mer était calme. La surface de l'eau ressemblait à des écailles de sardines qui brillaient au clair de lune à travers la bruine. C'est dans ces moments-là que je me posais des questions sur mon avenir. J'ai pensé à *Fortune carrée*, le roman de Kessel. Je me suis dit : « Je veux moi aussi raconter des histoires. » Les autres marins dormaient. J'étais là, tout seul. Le capitaine était dans la petite cabine derrière ; il ne m'embêtait pas. Je réfléchissais, et me répétais : il faut que je raconte de belles, de grandes histoires... Je ne suis pas écrivain. Artiste, peintre ou musicien, c'est trop tard pour le devenir. Reste le cinéma. J'étais beaucoup allé au cinéma. Je me disais : cela ne doit pas être difficile.

P.F. C'est comme cela, à la barre de votre rafiot, la nuit en mer Baltique, que vous avez trouvé votre vocation ?

P.S. Oui. Je suis resté sur le bateau encore quelques semaines. Puis, je me suis dit : si je veux faire ce dont j'ai envie, il faut que je rentre en France...

P.F. C'était pourtant l'écriture qui vous tentait. C'est ce dont vous aviez le plus envie.

P.S. Oui, grâce à Kessel et d'autres auteurs, le champ de *Fortune carrée* avait été agrandi par d'autres lectures. Je plaçais la littérature très haut. Pour moi, c'était le *nec plus ultra*. Et ça l'est toujours d'ailleurs... Je me disais que tourner des films devait être plus simple. J'appréhendais le flot d'ennuis que j'allais rencontrer quand j'allais rentrer. Ce n'était pas une décision très facile à prendre. J'étais payé convenablement. J'aurais pu embarquer sur d'autres bateaux plus grands. J'étais parti au niveau le plus bas, j'aurais pu gravir les échelons. Je me serais inscrit dans une autre école par correspondance et peut-être aurais-je fini par devenir capitaine, assez âgé, vers 50 ans.

Il fallait que j'apprenne exactement comment un film se fabriquait, quel était le rôle du producteur, celui du metteur en scène et du distributeur... Entrer dans un monde qui m'était totalement étranger. Après l'illumination de cette nuit magnifique sur la Baltique. C'était un saut dans le vide, sans parachute ; cela m'arrivera plusieurs fois au cours de ma vie.

P.F. Vous n'aviez jamais touché une caméra...

P.S. Non. Ce que je me demandais c'était : à quelle porte vais-je frapper pour rentrer dans l'univers du cinéma ?

P.F. Vous en avez parlé au capitaine ?

P.S. Non. On était à Stockholm où nous étions retournés. Je lui ai dit : « Voilà, je quitte le bateau. Je rentre en France pour faire autre chose. » Je n'osais pas lui annoncer que je voulais faire du cinéma. Il m'aurait pris pour un cinglé ! J'aimais bien ce capitaine. Il devait approcher la cinquantaine. Pour moi, c'était un vieil homme. Je savais qu'il comprenait ma décision. Cela fait partie du jeu : on embarque et on débarque.

P.F. Votre expérience dans les mers du Nord terminée, vous vous apprêtez à quitter la Suède avec un balluchon, mais fort apparemment d'une grande confiance en l'avenir.

P.S. Avant de rentrer en France, je traîne un peu, comme j'ai un peu d'argent j'habite à Stockholm dans ce qu'on appelle la Maison des marins, où les marins en attente pouvaient à très bon marché bénéficier d'un lit et d'une douche. J'y étais chauffé. Cela me suffisait. Mon pécule s'amenuisait de jour en jour, aussi je m'étais fait embaucher dans un restaurant pour faire la plonge une dizaine de jours afin de me renflouer un peu. J'avais invité l'hôtesse de l'air qui par son père m'avait permis d'embarquer sur l'*Anita Hans*. On a mangé des huîtres. Nous avons fait un bon petit dîner. Elle parlait français et je commençais à parler un peu de suédois. Je savais dire par exemple : « Voulez-vous venir au cinéma avec moi... Je vous aime ! »... et aussi une série de jurons.

P.F. Et ça s'est bien passé ?

P.S. Si vous me demandez si j'ai couché avec elle ? Non.

P.F. Elle était plus âgée que vous, et les Suédoises ont la réputation d'être assez libres...

P.S. Oui, mais là... Je suis resté chaste ! Il faut imaginer le contexte de l'époque. Les relations garçon-fille étaient différentes. Il y avait aussi le côté protestant. Ce que je cherchais, ce n'était pas juste faire l'amour mais dire gentiment merci à une jeune fille de bonne famille dont le père m'avait rendu service.

Je voulais revenir sur un bateau comme matelot, pour ne pas avoir à payer le voyage. J'ai attendu trois ou quatre jours. Il n'y avait pas de navire en partance pour la France. Alors, j'ai pris le ferry à Stockholm pour Copenhague. Et de Copenhague, je suis monté dans un train pour Paris.

CHAPITRE IV

L'engagement

PIERRE SCHOENDOERFFER. J'arrive en France à l'automne 1948. J'y découvre les grandes grèves qui se termineront fin novembre. En Suède, je n'avais pas été au courant de ces soulèvements, des dockers de Marseille aux sidérurgistes lorrains. Ils avaient laissé une trace profonde car la répression avait été violente. A peine arrivé, j'annonce à ma mère que je veux devenir cinéaste.

PATRICK FORESTIER. Comment comptez-vous vous y prendre ?

P.S. Sur le bateau, je m'étais dit : une fois que je serai à Paris, j'irai frapper aux portes des studios et je finirai bien par trouver un moyen d'entrer dans le système. Je voulais devenir metteur en scène. J'avais vu beaucoup de films. Mais cela ne me donnait pas les clés pour rentrer dans le métier.

P.F. Où alliez-vous au cinéma ?

P.S. A Paris, j'avais un circuit qui me permettait de voir sept films dans la journée. Il commençait à 10 heures du matin et la dernière séance était à minuit. J'allais un peu partout. Je prenais le métro pour rejoindre les salles que j'avais repérées. *Aventure en Birmanie* avec Errol Flynn dans la jungle m'avait enchanté. Il y avait aussi *La Bataille du rail* où des cheminots participent à la Résistance contre les nazis en organisant des sabotages. C'est un film qui m'a marqué. J'ai eu l'occasion de le dire à René Clément, l'auteur, quand je l'ai rencontré des années plus tard : « *La Bataille du rail* m'a donné la certitude que je pouvais faire *La 317e Section.* » Il y a comme une filiation entre son film et le mien. Il m'a dit : « C'est vrai. »

C'est un film magnifique parce que Clément est un grand bonhomme. Il m'a demandé de le rejoindre à l'Académie des beaux-arts. A cette époque, ils étaient deux à la section cinéma qui venait de se créer avec lui-même et Marcel Carné. « Vous aurez une élection de maréchal, vous verrez. Tout le monde votera pour vous. » Quand ma belle-mère a su qu'il y avait une voix contre, une seule, elle s'est exclamée : « Quel est le salaud qui n'a pas voté pour vous ! » Pat, mon épouse, lui a expliqué qu'ils étaient deux à présenter chacun un candidat et que Carné avait voté pour le sien.

Juste après la Libération, on était inondé de films américains avec beaucoup de « séries noires ». Il y a eu heureusement en 1948 les accords Blum-Byrnes qui permettaient de prélever une taxe sur le prix du ticket de cinéma afin de constituer un fonds de soutien à la production cinématographique française. En échange, Léon Blum ouvrait les écrans français aux films U.S. qui finançaient, au bout du compte, les films, les documentaires et les salles indépendantes qui projetaient des films d'auteurs français. Sans cet accord, les Américains auraient eu une sorte d'hégémonie. Ils auraient pu tuer le cinéma français.

Ma mère n'était pas tellement convaincue de cette nouvelle vocation. Elle m'a envoyé voir son frère à Nantes.

A peine arrivé, il m'embauche comme « grouillot » dans son cabinet, histoire d'avoir le temps de faire le point avec moi. Pour lui, le 7e Art était un autre monde. « Il faut être historien pour faire du cinéma, me disait-il. Il faut en avoir les capacités. L'armée de l'air et l'aéronavale cherchent des aviateurs. Tu devrais t'engager et demander à être pilote. » Je répliquais : « Non, je veux être cinéaste. » J'ai été troublé un instant, mais j'ai néanmoins poursuivi ma première idée. J'avais envie de laisser une trace artistique.

Mon oncle m'aimait bien. Nous parlions beaucoup, il n'a pas réussi à me décourager... A peine rentré à Paris, je suis appelé sous les drapeaux pour effectuer mon service militaire qui durait un an. Au lieu d'être affecté à la marine, étant donné que j'étais matelot, je ne sais pas pourquoi j'ai été incorporé dans un bataillon d'infanterie alpine, qui occupait le quartier (on ne dit pas caserne chez les chasseurs alpins) du 3e Bataillon de chasseurs alpins. Après avoir été troufion à Chambéry, j'ai intégré Saint-Maixent. J'en suis sorti caporal chargé des transmissions. Pendant les grandes manœuvres, j'étais radio.

La vie de caserne m'emmerdait mais les grandes manœuvres me plaisaient. Pendant un mois et demi, j'ai porté un poste qui était assez lourd sur le dos. En contrepartie, j'étais au courant de tout ce qui se passait car j'étais le radio du lieutenant qui commandait la compagnie. C'est à ce moment-là que j'ai vu de Lattre pour la première et la dernière fois de ma vie. Inspecteur de l'armée, il était venu en visite à Saint-Maixent. J'ai été affecté au poste de garde et devais faire un garde-à-vous irréprochable parce que de Lattre avait un œil terrible...

P.F. Approcher ce général auréolé de gloire, chef de la 1re Armée et représentant de la France à la signature de la capitulation allemande le 8 mai 1945 à Berlin, devait être pour vous un événement ?

P.S. Oui. Mais ce jour-là, il s'est passé quelque chose d'assez amusant. Un de mes camarades caporal-chef qui commandait le petit groupe du poste de garde, un type superbe, toujours impeccable et portant l'uniforme avec élégance, ordonne de présenter les armes au moment où le général passe devant nous. De Lattre s'arrête devant mon caporal-chef à la belle prestance. Il le regarde et lui dit : « Très bien. Je vous nomme sergent. » Et il part inspecter le bâtiment. Je pense que son officier d'ordonnance lui a dit : « Vous ne pouvez pas nommer un caporal-chef sergent comme ça ! » En tout cas, quand de Lattre est repassé devant le poste de garde, on était toujours là afin de présenter à nouveau les armes. Il fixe alors le caporal-chef et lui dit : « Je vous ai nommé sergent et vous ne portez pas vos galons ? Je vous casse ! Vous redevenez caporal-chef ! » C'était drôle. Mon camarade se moquait d'avoir été « rétrogradé ». Il a été nommé sergent quelques mois plus tard.

Je n'étais pas attiré particulièrement par la vie militaire. Je n'étais même pas un très bon soldat. J'avais toujours la même idée en tête : faire du cinéma. Aussi, pendant mes permissions j'allais frapper aux portes des maisons de production.

P.F. Je devine que la persévérance, et le hasard, vous ont aidé à atteindre votre objectif. C'est ce qui s'est passé quand j'ai quitté ma Provence natale au début des années 70 pour suivre des cours de journalisme à Paris. Pendant mon service militaire, j'étais chargé au Sirpa d'écrire deux fois par jour une synthèse de presse sur les questions de défense et de géostratégie pour l'état-major de l'armée de terre, au ministère de la Défense, boulevard Saint-Germain. A l'époque, il y avait de longs couloirs sous les combles où des dizaines de colonels planchaient sur les réformes, les planifications, le personnel, les mutations. Seul le couloir du chef d'état-major était plus cossu. Quand je pénétrais dans le bureau majestueux du général Lagarde, j'avais toujours une petite appréhension. Je posais ma feuille ronéotypée sur son bureau et tournais les talons sans demander mon reste. A mes heures perdues, je faisais des piges pour essayer de pénétrer le monde de la presse. Je dormais dans mon studio, n'étant astreint qu'à une garde par semaine. Après mes classes, j'avais été affecté au 1er Régiment du train qui avait ses quartiers à la caserne Dupleix, aujourd'hui détruite, dans le XVe arrondissement. Je n'avais pas pu échapper à la garde du 31 décembre. Planté dans le froid, devant la poudrière, je voyais les convives qui fêtaient le nouvel an dans le restaurant au premier étage de la tour Eiffel. Il fallait aussi garder la prison où étaient enfermés des insoumis et des déserteurs. L'époque était aux comités de soldats et aux objecteurs de conscience. « Ouvre-moi la porte. Donne-moi ton fusil. Fuis avec nous », me répétaient chaque fois, pendant deux heures, les jeunes de mon âge qui étaient dans des bureaux aménagés en cellules, avant d'être traduits devant un tribunal militaire. Le chargeur de nos fusils 49-56 était conditionné dans du papier gras et tenu dans une poche de la vareuse. Il n'y avait que pour le garde de la soute à munitions que le magasin était engagé dans la culasse, bloqué par le cran de sécurité. Une fois par mois, on partait dans une camionnette en banlieue garder un dépôt de carburant pendant une nuit. A l'époque, la crainte des autorités n'était pas les terroristes mais les « gauchistes » qui « sapaient le moral des appelés ». *Libération* et *L'Humanité* n'avaient pas droit de cité dans ma synthèse. J'avais plutôt l'impression de perdre mon temps en attendant « la quille » et de partir en reportage au long cours.

P.S. Je suis allé voir à la télévision qui commençait à naître. Je rencontre Pierre Sabbagh. « Vous ne nous intéressez pas », me dit-il. C'est à ce moment-là que je me suis fait un ami, Guillaume Le Bourgeois, un photographe. Il m'apprend à prendre des clichés en studio. Je suis son assistant pendant quelque temps et je deviens à mon tour photographe. Après mon service militaire, dans les années 1950-51, je gagne un peu d'argent grâce à un appareil photo en bois. Il existait des appareils beaucoup plus modernes. Mais lui tenait à celui-là parce que les négatifs étaient très grands. Guillaume était très méticuleux. Il m'a appris les bases de la photographie. Il avait une petite clientèle... des artistes qui voulaient une bonne photo. Ce n'étaient pas de grandes vedettes, mais des acteurs qui désiraient avoir de belles images d'eux pour leurs castings.

P.F. Vous n'êtes pas du tout intéressé par l'actualité, par l'Indochine, toujours en guerre, où est engagé un corps expéditionnaire de plus en plus important face au Viêt-Minh.

P.S. Non, je suivais ça plus ou moins de loin.

En mars 1952, je lis un papier dans *Le Figaro*. Serge Bromberger y parle de la mort d'un cameraman, Georges Kowal, qui a été tué en Indochine au cours d'une opération. Il parle de ce type d'une manière élogieuse car Kowal est une figure emblématique parmi ces « soldats de l'image » dont je découvre l'existence.

Je me dis : « Si je ne peux pas entrer dans le cinéma, je peux essayer de remplacer ce gars-là... c'est peut-être une manière de rentrer dans le milieu. » Je téléphone au *Figaro* pour parler à Bromberger. On me répond : « Mais il est en Indochine ! » « Vous avez publié un article sur la mort du cameraman Georges Kowal... Je voudrais savoir si je peux le remplacer. Comment puis-je m'y prendre ? »

P.F. Vous dites ça à la standardiste du *Figaro* ?

P.S. Non, à la secrétaire. Elle me répond gentiment : « Il y a un représentant du Service presse information en France. Vous pouvez lui téléphoner. » J'appelle. Je ne tombe pas sur le personnage en question mais de nouveau sur une secrétaire, laquelle me dit : « Vous devez vous engager dans l'armée et vous porter volontaire pour l'Indochine. Demandez à être affecté au Service cinématographique des armées. » Je m'engage donc, mais en mentant d'une manière éhontée, assurant que je suis un cinéaste accompli ; ayant déjà tourné un certain nombre de films, dont je ne donne pas les noms parce qu'ils n'existent pas !

P.F. Vous avez 24 ans à peine. Vous rendez-vous compte que s'engager pour l'Indochine n'est pas une plaisanterie ? Ignorez-vous que vous risquez de ne pas revenir vivant ?

P.S. Non, je n'y pense pas. Pour moi c'est quitte ou double, soit j'y reste, c'est le destin ; soit je serai un cameraman et je deviendrai le meilleur. Je ne voyais que blanc ou noir, sans nuances.

P.F. Vraiment, vous ne prenez pas la mesure du danger ? Ne serait-ce qu'en lisant la presse.

P.S. Nos pertes étaient en effet déjà considérables. Mais je me disais : le jeu en vaut la chandelle. Soit je prends ce genre de risques et j'atteindrai peut-être mon but ; soit je ne le prends pas et je resterai à traîner mes bottes à Paris. A cause de mon âge, je ne m'étais pas battu pendant la Seconde Guerre mondiale. Je n'allais pas rater celle-là. Mon grand-père, capitaine à 66 ans, avait été tué au Chemin des Dames. En 1870, il avait perdu l'Alsace. Il avait repris l'uniforme en 1914 car il estimait que c'était son devoir de participer à la guerre qui pouvait rendre l'Alsace à la France. Mon père, lui, avait fait les deux guerres. Arrivait mon tour. C'était comme un examen. Je devais le passer.

P.F. Et votre mère, que dit-elle ? Elle est veuve. N'a-t-elle pas peur de perdre un second être cher, son fils, qui veut s'engager dans un corps expéditionnaire, une guerre contre un ennemi insaisissable à 10 000 kilomètres de Paris ?

P.S. Ma mère m'a envoyé chez notre pasteur, Raoul Duval. Je m'étais déjà engagé mais je suis quand même allé le voir. C'était un pasteur tout à fait remarquable, un ami de la famille. Il m'a donné des conseils, m'a averti des dangers de la guerre, non pas physiques mais psychologiques, des blessures de l'âme, des pertes de repères qui peuvent dégrader un homme. Je lui ai répondu que je voulais être incorporé au Service cinématographique des armées. Il avait une certaine influence. Si bien que lorsque j'ai téléphoné à nouveau au représentant de ce service, il m'a reçu. Le commandant Michel Frois m'écoute. Il avait été chargé des relations publiques auprès de De Lattre en Indochine. Nous avons parlé. Je lui ai expliqué ce que je voulais, pourquoi je m'étais engagé. Il m'a soupesé et jugé pas trop léger. Il m'a dit : « Je vais vous recommander. Mais on va vous faire passer un petit examen pour savoir si vous êtes aussi bon que vous le dites. » J'avais menti ! J'avais affirmé que j'étais un très bon cadreur ! Après cet entretien, je n'avais plus le choix : il fallait absolument que je connaisse les rudiments de la prise de vue. Les établissements Chevreau louaient les caméras pour tous les plus grands films tournés en France. M. Chevreau était un vieil homme. Je vais le voir et je lui dis : « Je balaierai vos ateliers, mais je voudrais apprendre à me servir d'une caméra. Je vais vous expliquer pourquoi. Je vais partir en Indochine où je serai cameraman, et je n'y connais rien ! » M. Chevreau m'a pris en amitié. « Vous ne balaierez rien, m'a-t-il répondu. Je vais vous mettre avec un de mes ouvriers qui répare les caméras. C'est un type très bien. Il vous apprendra comment elles fonctionnent. » Il y avait une Super Parvo Reflex de 35 mm et des tas d'autres caméras que j'ai appris à charger et à décharger. J'ai ouvert les bobines dans une espèce de sac où on tripote la pellicule pour recharger. Je leur suis reconnaissant parce que j'ai acquis grâce aux techniciens de M. Chevreau le côté pratique que je ne possédais pas. Au bout d'une dizaine de jours, j'étais au point.

P.F. Le pasteur Raoul Duval devait être fier de vous. D'autant qu'il n'avait pas essayé de vous décourager.

P.S. Effectivement, il m'avait posé beaucoup de questions. Il avait senti ma détermination. Chevreau avait eu la même analyse. Et ma mère n'a rien fait pour m'en empêcher. Si ce n'avait pas été le cas, je me serais engagé quand même, mais j'aurais été mal à l'aise...

A la date prévue, je rejoins le Service cinématographique des armées au fort d'Ivry. J'y vais en métro. Pour atteindre le fort il y a une grande avenue, sur les trottoirs, il y avait écrit tout le long : « A bas la sale guerre ». Les communistes les avaient barbouillés de slogans contre l'intervention française en Indochine, la « guerre criminelle » selon eux. Au Service, au fort d'Ivry on me dit : « On va vous faire passer un examen dans trois ou quatre jours. » Comme je suis le dernier arrivé, je suis affecté au poste de garde pour Noël. Un nouvel engagé volontaire : « Par ici, la bonne soupe ! »

Dans le Service, un certain nombre d'appelés étaient des gens issus de la famille du cinéma. Il y avait le fils de Jean Delannoy, qui est devenu un excellent monteur par la suite. Jean Prat, lui, a été un des grands metteurs en scène de la télévision : « Lectures pour tous », *Les Hauts de Hurlevent*, *Les Perses*... Il s'est suicidé en 1991 à l'âge de 64 ans. Cette équipe me regardait avec un drôle d'air parce qu'ils étaient de par leur milieu plutôt de gauche alors que moi j'étais volontaire pour aller en Indochine. On avait tous une vingtaine d'années et on voulait tous faire du cinéma. Eux n'étaient pas au S.C.A. pour couvrir la guerre. Aussi étaient-ils bluffés par ma décision. Ils se disaient : « Il va y aller ! » Alors que plusieurs cameramen et photographes avaient été tués ou blessés là-bas.

P.F. A leurs yeux, vous participez à la guerre comme propagandiste du colonialisme ?

P.S. A ce moment-là, j'étais dans mon petit monde du fort d'Ivry. Arrive l'examen. C'était vraiment absurde. On m'enferme dans une chambre avec une caméra dans une caisse, et un chargeur de 300 mètres. Et on me dit : « Dans une heure, on veut que vous ayez chargé la caméra et filmé par la fenêtre ce que vous voulez. » Il fallait aussi développer un petit bout de pellicule. J'avais appris chez Chevreau comment on chargeait. Je suis donc serein. Je monte mon truc, en prenant mon temps, parce que je veux que ce soit parfait. Je développe. C'est comme la photographie. Une heure après, des officiers viennent me voir. Ils regardent. La pellicule était nette, elle était bien développée. Ils me disent : « Vous êtes cameraman. C'est vrai ! »

Durant cette période, il y avait des manœuvres que le Service était chargé de filmer. Je suis donc envoyé avec une équipe dans le sud-ouest de la France. On ne faisait pas du tout du reportage pris sur le vif. « Repassez devant nous... Balancez à nouveau votre grenade », disait-on aux soldats. On était trois cameramen. A un moment donné, au milieu d'un tournage, quelqu'un vient me chercher en disant : « L'adjudant-chef veut vous voir immédiatement. » J'y vais et il me dit : « Schoendoerffer, j'ai une mauvaise nouvelle pour vous. Vous partez dans quatre jours pour l'Indochine. » J'étais enchanté ! Lui pensait que c'était une calamité. Je lui réponds : « Je n'attends que ça ! » Je suis rentré à Paris pour y passer trois jours. J'étais impatient de partir. Comme je devais remplacer un cameraman qui avait été tué, on me met dans un avion.

P.F. Tous les jeunes gens, je suppose, n'avaient pas cette frénésie de chercher à partir le plus vite possible pour aller prendre des risques. La tendance s'est aggravée aujourd'hui. On voyage plus qu'avant mais dans des conditions bien définies et en exigeant un risque zéro. Cet état d'esprit n'a jamais été le mien. A travers mes lectures, j'avais découvert l'existence de grands espaces vierges propices aux aventures humaines. L'Afrique est de ceux-là. Je l'ai découverte en partant à la recherche d'un avion, un DC3 qu'on avait appelé « le DC3 fantôme » parce qu'il s'était « évaporé » après son départ de France vers l'Afrique. C'était une histoire mystérieuse dans laquelle étaient impliqués des mercenaires, la Libye, Kadhafi et la présence au Tchad de la France dont les troupes combattaient en sous-main les Libyens, qui soutenaient une rébellion contre le régime de N'Djaména. J'avais 24 ans. J'étais tout nouveau reporter et commençais à collaborer à *Paris Match* en étant bercé, évidemment, par *Le Lion*, le fameux roman de Kessel qui se situe au Kenya et les récits de Savorgnan de Brazza et de Stanley. L'Afrique, pour moi, c'était une *terra incognita*, riche en événements. A Paris, j'avais noué des contacts avec des membres de la rébellion tchadienne qui venait d'arriver au pouvoir. Dans la capitale, je rejoins Adoum, un ex-officier rebelle, devenu conseiller du président Goukouni. Je découvre une cité du Sahel qui s'étend au bord du fleuve Chari, avec ses hippopotames. Une ville marquée par les combats, une lourde présence française, des parachutistes sur l'aéroport, une chaleur vraiment torride... Mon objectif, c'est de trouver un avion pour monter à Faya-Largeau, la préfecture du B.E.T., le Borkou-Ennedi-Tibesti, une région montagneuse et désertique, formidablement belle, qui s'étend du Niger au Soudan en longeant la frontière libyenne. Une zone totalement vierge, habitée par des nomades. Grâce à Adoum, j'ai l'autorisation de me glisser dans un vol de ravitaillement de « l'armée tchadienne », en fait d'ex-rebelles, habillés de treillis disparates, coiffés d'un chèche et armés de Kalachnikov. L'avion est un vieux DC4, un quadrimoteur américain construit pendant la guerre, piloté par des mercenaires français. Le rendez-vous est pris pour 6 heures du matin à l'aéroport, mais à chaque fois le vol est reporté, soit parce que les gens qu'il faut emmener ne sont pas là, soit parce qu'il manque les caisses de munitions qu'on doit transporter. Un beau matin, le « miracle » semble pouvoir s'accomplir, sauf que les combattants toubous et goranes remplissent l'avion tant qu'il y a de la place, ne sachant pas que c'est le poids et non le volume qui compte pour un avion... Donc, ils chargent l'appareil jusqu'à la gueule de caisses de munitions, avant les passagers, évidemment. Suivent des fûts de 200 litres trop remplis d'essence, laquelle déborde sans déranger, semble-t-il, les fonctionnaires qui fument à côté... Arrivent les pilotes qui découvrent la scène, les yeux ébahis, et gueulent : « Il faut décharger ! C'est trop lourd. On va se crasher, surtout avec la chaleur ! » Avec 50 degrés au soleil, la portance de l'air est réduite mais pour les combattants, ces notions sont du chinois. Les palabres s'engagent. Elles durent des heures. Le chef ne l'est pas vraiment et personne ne veut laisser sa place. Déboule un type hirsute avec des lunettes noires qui met tout le monde d'accord, en virant une famille avec ses casseroles et quatre civils qui doivent être les cousins de l'oncle du préfet de Faya. Avant d'embarquer, les pilotes demandent d'enlever les chargeurs des Kalachnikov. Les combattants s'exécutent et procèdent au coup de sécurité à l'intérieur de la carlingue ! Finalement, on décolle vers midi, au pic de la chaleur. J'ai droit à un siège défoncé, appuyé contre un fût d'essence arrimé avec des cordes. Adoum dort à côté. Il n'est pas le seul. A l'avant, les deux pilotes ont posé les pieds sur le tableau de bord, baissé leur cache-soleil en Plexiglas et piquent un petit somme derrière leurs lunettes de soleil. « On n'a pas beaucoup dormi cette nuit », lâche le plus jeune que j'ai vu, la veille, à l'hôtel *La Tchadienne*, annexe des militaires français, entouré de filles... L'avion traverse un ciel bleu azur éclatant de soleil dans un bruit d'enfer qui finit par bercer tous les passagers. Seul le pilote ouvre de temps en temps les yeux pour vérifier le cap, le badin et l'altimètre. Premier atterrissage à Faya. Tout le monde descend dans une fournaise. On n'est plus qu'une demi-douzaine et la moitié des caisses de munitions à repartir pour Wour, une piste de fortune dans un cirque montagneux, au milieu du massif du Tibesti. C'est là qu'a atterri ce fameux DC3 parti de France. Ici, je vais peut-être retrouver les traces de cet avion, rencontrer des gens qui pourraient me dire ce qu'il est devenu et ce qui est arrivé aux deux Français qui le pilotaient. Wour, en fait, se résume à une piste, quelques huttes et des cabanes en torchis qui dispensent un peu d'ombre. Il fait une chaleur infernale. J'ai du mal à respirer tant la température est élevée. La journée se passe allongé sur un tapis, à l'ombre, à boire du thé. Au fil des jours, j'en apprends un peu plus sur cette affaire. L'avion, en fait, était destiné à embarquer un commando de rebelles qui devait se poser en pleine nuit sur l'aéroport de N'Djaména. Les combattants auraient disposé des charges sur les avions Jaguar au parking, fait exploser les réserves d'essence et de munitions et tiré avec un petit canon sans recul sur l'hôtel *La Tchadienne*, bâti en fin de piste, qui accueille chaque soir les soldats français en goguette. Dans la panique, il était prévu que le commando disparaisse en ville en abandonnant ses armes. Le chef pilote, un ancien de l'armée de l'air qui avait combattu en Algérie, ne connaissait pas tous les détails de l'opération quand il a été embauché par les Libyens. Il se serait en quelque sorte rebellé quand il a appris que l'opération n'était pas contre le gouvernement de N'Djaména, avec lequel il n'avait aucune affinité particulière, mais destinée à détruire la base française où des compatriotes risquaient de mourir. Les pilotes ont alors saboté l'opération, prétextant qu'en arrivant à N'Djaména la piste était plongée dans le noir et qu'ils n'avaient donc pas pu se poser. De retour à Wour, il semblerait qu'ils aient reçu l'ordre de retourner à Sheba, la grande base militaire au sud de la Libye, où ils ont été exécutés par des sbires de Kadhafi, déçus de ne pas pouvoir mener à bien leur entreprise. Par bribes, je reconstitue cette ténébreuse affaire. C'était en juillet. Radio France International indiquait les bouchons sur l'autoroute du Sud, décrivait les départs en vacances. Rien de tel dans le Tibesti où j'ai appris à attendre, à voir s'écouler les heures lentement sans perdre espoir. Mis à part Adoum, personne ne parle vraiment français. Je comprends la solitude de l'ethnologue Françoise Claustre, libérée deux ans plus tôt après mille jours de captivité dans ce même désert. Vers 19 heures, l'air est un peu moins brûlant. C'est le moment de manger des macaronis à la sauce tomate et au sable, qui s'infiltre partout, même dans les plats. Sinon, le dîner est de la viande de dromadaire, avec des os longs comme le bras. Les jours passent et le retour à N'Djaména est un problème, qui devient de plus en plus aigu. Nous sommes à 2 000 kilomètres de la capitale, en plein désert. Retourner en 4 × 4 est une véritable expédition qui peut prendre des jours. Reste l'avion qui doit revenir pour ravitailler le poste. Le problème, c'est qu'il n'arrive pas à se poser à cause des vents de sable qui empêchent toute visibilité. On entend son approche au bruit de ses moteurs qui ronronnent au-dessus de nous. Troisième passage, le bruit s'estompe et disparaît. La fois d'après, les combattants ont aligné leurs Land Cruiser le long de la piste, phares allumés pour essayer de la baliser. Le DC4 est descendu, descendu... puis il est remonté par peur de se crasher. Les jours passent. L'avion revient une fois tous les trois ou quatre jours. Au bout de deux semaines, je commence à déprimer, seul, au milieu des combattants qui tournent en rond. A cause des mines, il ne faut pas sortir du camp, ne pas s'aventurer autour. Adoum est souvent absent. Il rencontre des combattants qui, sachant qu'il est là, veulent être rassurés sur leur sort. Chaque jour l'opérateur radio s'échine à parler avec le quartier général de N'Djaména. La liaison est très mauvaise, mais je comprends que l'avion ne viendra plus.

Et un matin, c'est décidé : nous allons rentrer à Faya en pick-up. On part à la tombée de la nuit parce que rouler de jour est pratiquement impossible à cause de la chaleur. Je suis à l'arrière du pick-up, assis entre les combattants, des caisses de munitions, des sacs de farine de manioc et des bidons de gasoil qui débordent et salissent toute la camionnette. A chaque trou, je manque de faire un vol plané ! Les Toubous gardent leur équilibre en toute circonstance. Avec la vitesse, il fait presque froid sur « la piste De Gaulle » qui longe le massif du Tibesti, celle qui avait été empruntée par la colonne Leclerc, composée de Français et surtout de tirailleurs sénégalais, partie de Fort-Lamy (aujourd'hui N'Djaména) en 1941 pour aller se battre en Cyrénaïque contre l'Afrika Korps de Rommel. Quelques années après, je rencontrerai son chauffeur en Namibie, une ancienne possession allemande où il était né. Il avait piloté la grosse Mercedes du maréchal pendant 200 000 kilomètres. « Pour voir si je savais conduire, il m'avait fait traverser un champ de mines », m'avait-il dit. Grâce au clair de lune, je vois sur la piste de très vieux blindés rouillés qui datent de cette époque. Au lever du jour, nous dépassons des carcasses ensablées de halftracks, des autochenilles blindées américaines qu'avait dû récupérer Leclerc. On roule sans cesse, à fond, sur des pistes larges de plusieurs kilomètres. On s'arrête pour vider le contenu des fûts avec un tuyau en plastique dans les réservoirs de notre petit convoi. Pour ne pas gaspiller l'eau, les combattants font leurs ablutions à des points d'eau connus d'eux seuls. Des sources, en fait, qui affleurent le sable. Il suffit de creuser légèrement avec les mains pour que la « terre transpire » d'une eau claire et fraîche. Nous sommes trois véhicules, soit une bonne vingtaine de combattants. Une prudence en cas de panne, mais aussi de mauvaises rencontres car des colonnes libyennes circulent encore dans la zone. Après le rond-point De Gaulle, nous obliquons vers Faya. Je suis épuisé et j'ai très mal au dos à force d'être ballotté dans tous les sens depuis 48 heures. En fin d'après-midi, on rentre dans la palmeraie. Par endroits se dégage une odeur âcre, pestilentielle. Ce sont des cadavres de soldats libyens tués dans la bataille qui a eu lieu peu avant. Il y en a des dizaines. La plupart ont le ventre gonflé ou bien ils sont carbonisés à côté de leur véhicule qui a brûlé. Ce sont mes premiers champs de cadavres. Les Tchadiens s'arrêtent pour les contempler et rigoler du bon coup qu'ils ont fait aux troupes libyennes, qui croyaient conquérir le nord du Tchad. Un fiasco pour Kadhafi qui, à l'époque, se croyait déjà le roi de l'Afrique et que les Tchadiens appelaient le fou de Syrte, sa ville natale où il a été tué en 2011. Les Toubous ramassent en riant les « petits livres verts » qui jonchent le sol à côté des soldats morts. En référence au *Petit Livre rouge* de Mao, le Guide de la Révolution libyenne obligeait ses concitoyens à lire ce galimatias fumeux et indigeste à propos de sa solution au problème de la démocratie ! Chacun devait ensuite répéter la bonne parole du dictateur, y compris les nomades qui ne savaient pas lire. Les jeunes qui sont avec moi ont participé aux combats. « Ceux-là, on les a eus en contournant leur position. Eux, on a foncé dessus avec le 4 × 4 », m'expliquent les combattants. Des guerres de mouvement où les Land Cruiser lancés à toute vitesse ont remplacé les rezzou à dromadaire. Les nomades tirent en roulant et parfois percutent le véhicule de l'ennemi par surprise pour le détruire. Beaucoup de Libyens sont morts dans les cailloux, désarticulés, hachés par la mitraille. Le champ de bataille s'étend sur une dizaine de kilomètres. Là, pas de trou individuel ni de tranchée. Les soldats libyens se sont déployés face aux petits Toubous dont ils pensaient ne faire qu'une bouchée. C'est en tout cas ce que leur disaient les commissaires politiques. « Ils se sont fait avoir, me racontent mes compagnons de route. On a d'abord tiré dans leurs citernes d'eau. A midi, ils crevaient déjà de soif. Ce ne sont pas des nomades comme nous. Ils viennent de Benghazi ou de Tripoli. Ils ne connaissent pas le désert. Après, on a attendu, pas très longtemps... Sans eau, sans ombre, la peur au ventre, ils perdaient la raison. On est montés à l'assaut à 2 heures de l'après-midi, au plus fort de la chaleur. Les Libyens étaient assommés, à moitié morts de soif. On les a achevés », me disent les guerriers toubous, qui portent tous un couteau, pointu et très fin, sur le bras. Le chauffeur m'offre le sien qui a peut-être égorgé plus d'un ennemi... Après ce périple, ne sommes-nous pas devenus des frères ? Depuis, ce couteau ne m'a jamais quitté. Sur mon bureau, il me sert de coupe-papier. La gaine de cuir grenat entouré d'un fil de cuivre jauni renferme une lame aussi tranchante que celle d'un rasoir.

A la nuit, nous arrivons enfin à Faya, gros village en pisé aux rues ensablées, envahies par une immense dune poussée par le vent. Je retrouve la fraîcheur des maisons, celle des arbres. Je bois un Fanta orange, un délice ! J'apprends qu'il existe même un réfrigérateur à gaz chez le représentant du C.I.C.R., le Comité international de la Croix-Rouge, basé à Genève, qui y met les vaccins et quelques bouteilles de bière. Il est le seul Blanc de Faya. Je frappe à sa porte, en fin d'après-midi. « Journaliste ! » C'est pire que si j'avais la peste. L'imbécile me claque la porte au nez et me laisse dehors en plein cagnard. Je ne l'ai jamais digéré.

Au bout de trois jours, un appareil militaire français se pose enfin. On vient vite me chercher en disant : « Il y a un avion, viens, viens... Tu pourras rentrer à N'Djaména. » Le pilote du Transall prend sur lui. Il n'a pas le temps d'envoyer un message pour savoir s'il a l'autorisation. Difficile de laisser un Français au nord, dans une région hostile. A l'arrivée, un général, à qui il manque une jambe, se pointe en boitant. C'est le patron des Forces françaises qui m'attend au pied de l'avion. « C'est vous, le journaliste ? Mais qu'est-ce que vous foutiez là-haut ? On vous cherchait partout ! » Il m'engueule, plutôt gentiment, mais me passe quand même un « savon ». C'est ma première expérience en Afrique. Un périple que je n'ai jamais oublié. Comme vous, Pierre, votre départ pour l'Extrême-Orient. Sauf qu'à votre époque, peu de gens voyagent en avion ; c'est réservé à une élite. Et aller se battre en Indochine cinq ans après la fin de la guerre au lieu de danser à Saint-Germain-des-Prés sur du jazz, réintroduit en France par les soldats américains, ne devait pas attirer beaucoup de volontaires...

P.S. Non, c'est vrai.

P.F. Les jeunes gens, surtout, avaient envie de s'amuser. Vous étiez un peu à contre-courant.

P.S. Oui. Mais je n'avais pas vraiment envie de danser dans les caves de Saint-Germain-des-Prés. Cela ne me tentait pas. De toutes les façons, je n'ai jamais su danser et à cette heure, je ne sais toujours pas !

P.F. Vous auriez pu refaire le monde, aller dans les bistrots, aux *Deux-Magots*, au *Flore*, swinguer dans des boîtes, écouter Boris Vian au *Tabou*... Ce dernier qui dira, après la guerre : « Je ne me suis pas battu, je n'ai pas été déporté, je n'ai pas collaboré, je suis resté quatre ans durant un imbécile sous-alimenté parmi tant d'autres. » Beaucoup de jeunes gens qui vivaient à Paris fréquentaient les endroits qui peuvent apparaître mythiques. Un mouvement « intellectuel » qui serait né parce qu'ils avaient envie de profiter de la vie après l'Occupation. Cela ne vous a pas tenté ?

P.S. Ce qui m'intéressait, c'était tout le reste. J'avais voulu être marin, j'ai réalisé cette expérience. En Indochine, s'en présentait une autre. J'allais y arriver en avion. C'était un DC4 quadrimoteur d'U.A.T. Il y avait des pays qui ne voulaient pas de soldats français sur leur sol. Alors on voyageait en civil, avec des passeports qu'on nous avait fabriqués pour l'occasion. Moi, j'étais étudiant. J'étais assis à côté d'un capitaine qui était ingénieur. Les paquetages militaires étaient dans les soutes de l'avion. Il y avait des escales pour réviser les moteurs car le DC4 était un vieil avion qui avait fait la guerre. Chaque fois, on passait 18 ou 24 heures en escale. Après Athènes, pour faire le plein, la première longue escale a été Le Caire. Tous les types dans l'avion voulaient voir des danseuses du ventre. J'en parle au capitaine qui était assis à côté de moi. Je lui dis : « Moi, je veux voir les pyramides. » On loue un taxi et on y est allé. C'était extraordinaire sous la lumière de la pleine lune. Le sphinx était encore enterré jusqu'au cou. Il n'y avait pas de bâtiments autour. C'était le désert sans touriste ! Une impression magique en pleine nuit. Cette vision avait pour moi quelque chose de spirituel, de transcendant qui me confortait dans l'idée que j'étais sur le bon chemin. Après, je suis allé voir les danseuses ! En revenant, nous avons tous dormi dans l'avion. Les Egyptiens n'étaient pas dupes. Mais on avait chacun un passeport en bonne et due forme, donc pas de problème. Nous étions une cinquantaine d'étudiants qui partaient en voyage d'études ! Nous avons atterri ensuite à Bahrein qui était encore sous le régime britannique. On a mangé sous les tentes de l'armée, à côté de la piste. Des fayots et du lard... alors qu'il faisait 40 degrés à l'ombre ! C'était vraiment du béton... Ensuite ce fut Karachi au Pakistan. L'escale d'après a été Calcutta. J'avais en tête toutes les histoires de Kipling. Notre pilote était originaire de là. La gare était remplie de réfugiés. Il y avait ce fameux pont métallique de Howrah, long de 450 mètres, qui franchit le Hooghly, l'un des bras du Gange. Avec la foule qui était dessus, l'ouvrage était impressionnant. On avait 48 heures pour rejoindre notre sacré avion, le temps nécessaire aux mécanos pour faire leur travail. Heureusement, j'avais un ami de ma famille au consulat de France à Calcutta, qui m'a emmené dans un club anglais. Tout à coup, je découvrais l'Angleterre, ordonnée et guindée, au milieu d'une fourmilière humaine, bruyante et bigarrée. Ensuite vinrent Rangoon, Bangkok et Saigon. En approchant de la capitale de la Cochinchine, je regardais par le hublot, espérant voir la guerre. Je m'attendais à des explosions tout autour, des fumées. Je guettais mais il n'y avait rien. On survolait des rizières vides...

Chapitre V

La prière du para – La rencontre avec l'Indochine – Le métier de reporter militaire – Le train martyr du Cambodge et les derniers chefs khmers rouges

Pierre Schoendoerffer. Quand je suis arrivé en 1952, ce n'était pas la guerre qui me préoccupait. Je voulais découvrir ce pays. J'allais y vivre plusieurs années. Plus tard j'ai pris conscience de la dimension de ce conflit.

J'étais venu en Indochine pour devenir cameraman. C'est avec mes camarades, dans le feu de l'action, que j'ai senti que ma petite ambition était dépassée. J'appartenais désormais à une vaste famille.

Patrick Forestier. Quand on a 24 ans et qu'on rêve d'aventures, on ne prend pas forcément en compte l'Histoire. Mais êtes-vous conscient, à cette époque, que la présence française avait des aspects parfois négatifs ?

P.S. Non. Je l'ai compris plus tard en lisant. Que tout n'était pas blanc. J'avais un côté Tintin avec une innocence absolue.

P.F. Comment s'organise le début de votre séjour ?

P.S. Il y avait un point de ralliement, pour les sous-off et les hommes de troupe. Dans le service, je fais vite connaissance avec mes nouveaux camarades. Parmi eux, Raoul Coutard. Il est devenu pour moi, par la suite, le grand frère qui m'a aidé à découvrir ce que j'espérais. Avec cet amour, cette joie de se trouver dans ce pays. Je me rappelle notre premier repas : assis sur des petits bancs autour d'une table basse *Chez Van Su*, Coutard commande « l'impériale », me faisant croire que les petits bouts rouges dans la soupe chinoise étaient de la tomate... En réalité, c'était du piment ! Nous avions nos logements près du boulevard Charner, de l'autre côté de l'Arroyo chinois, pas très loin de la Banque d'Indochine. Nous allions parfois dans des bistrots vietnamiens. Certains étaient notre Q.G. à Saigon. Les patrons parlaient français et nous, on finissait par connaître quelques mots de vietnamien. Je n'ai jamais fait l'effort, et je le regrette, de vraiment apprendre cette langue. Mais tout le corps expéditionnaire le parlait un peu, baragouinait avec un accent. Il y a des mots vietnamiens qui se ressemblent énormément, notamment « le bordel » et « l'église » ! Cela s'écrit de la même manière, sauf l'accent ! Cela faisait toujours rire les Vietnamiens lorsque l'on disait : « On va au bordel ! » alors que c'était à l'église, ou inversement ! Ils savaient où nous nous rendions suivant l'heure. On ne va pas à la messe ou chez *Madame Tchou* aux mêmes moments... Cette confusion les mettait en joie. Les Vietnamiens du Sud sont très joyeux, ceux du

Nord sont plus sévères. Je préfère les Tonkinois. Je suis resté plus longtemps avec eux car j'ai participé à plusieurs opérations avec des troupes vietnamiennes. J'apprends que je vais partir pour le Tonkin. Quand j'y monterai, je serai détaché de la 71e Compagnie du Quartier général (Q.G.), à la citadelle d'Hanoi. Dans le service, il y avait Millet, Varoqui, Corcuff. Ils avaient déjà pas mal traîné leurs guêtres au Tonkin... Certains étaient civils mais rattachés à l'armée ; ils avaient un faux grade.

P.F. Raoul Coutard deviendra votre chef opérateur pour *La 317e Section* et *Le Crabe-Tambour* mais aussi celui de la Nouvelle Vague avec Godard et Truffaut.

P.S. Coutard avait débarqué en 1945. Il avait commandé des unités au Laos. Sergent-chef, il avait la responsabilité de la moitié d'un département français. Il était militaire et avait décidé de rester sur place en devenant civil après deux séjours comme soldat. Au troisième séjour, il est devenu photographe civil pour un magazine français : *Indochine Sud-Est asiatique*. Il y avait aussi un magazine militaire s'intitulant *Caravelle*. Coutard accompagnait parfois des ethnologues de l'École française d'Extrême-Orient avec ses Leica.

P.F. Quand je suis allé à Saigon la première fois, la capitale du Sud s'appelait Hô-Chi-Minh-Ville. C'était en 1989. Ce moment correspondait à l'ouverture du pays à l'économie capitaliste « à la chinoise ». Enrichissez-vous, mais ne touchez pas à la prédominance du Parti. Ce credo est encore d'actualité... Mais, à la fin des années 80, c'était une véritable révolution. Chaque soir, *Maxim's* affichait complet. Vêtus d'un gilet et d'un pantalon noir, les serveurs s'affairaient autour des tables couvertes de nappes blanches. Les étrangers dégustaient des langoustes. Les autochtones, les plus nombreux, avalaient avec leurs baguettes les mets les plus fins. Le *Maxim's* de la rue Dong Khoi ne valait pas celui de la rue Royale, mais restait le restaurant le plus prisé de la ville. Quinze ans après la réunification de la République socialiste du Viêtnam, la capitale du Sud se mettait à rêver de Saigon, un nom disparu des mappemondes depuis la victoire du Viêt-cong en 1975. Comme en U.R.S.S., le Viêtnam connaissait à son tour le changement. La glasnost et la perestroika s'appelaient ici le *doi moi* (changer pour faire du neuf). Et c'est à Hô-Chi-Minh-Ville, que ses habitants n'ont jamais cessé d'appeler Saigon, que le *doi moi* produisait ses premiers effets depuis quelques mois.

Chez *Maxim's*, le champagne ne coulait pas encore à flots. C'était plutôt, suprême luxe, la bière importée, le whisky et un vin de l'Hérault qui se trouvaient sur les tables. Mais ce n'était qu'un début. Peu à peu, la « perle de l'Asie » s'encanaillait. Sur la scène, une belle Vietnamienne, vêtue d'une combinaison en nylon rose fluorescent, se livrait, un cerceau autour des reins, à un ballet érotique, à mi-chemin entre l'aérobic et la danse du ventre. Les cuivres de l'orchestre rythmaient la cadence et les clients applaudissaient, ravis. « Saigon ressemble à cette fille, affirmait un homme d'affaires australien légèrement éméché. Quand je suis arrivé, il y a six mois, elle chantait des mélopées mélancoliques et sentimentales, vêtue d'un habit traditionnel. Puis, elle s'est mise à entonner des chansons américaines. Aujourd'hui, elle se trémousse dans un collant. Dans quelque temps, elle sera à poil ! »

Notre maître d'hôtel, un homme distingué d'une bonne soixantaine d'années, était heureux de servir un Français. « Avec le temps, j'ai oublié votre langue, s'excusait-il. J'étais sous-officier dans l'armée française en 1950. Après, comme j'avais une belle voix, je suis devenu artiste. Je chantais *La Belle de Cadix* de Luis Mariano ! Avec le changement, j'ai trouvé cette place. » *Maxim's*, un établissement avec lequel Pierre Cardin n'a rien à voir, avait ouvert ses portes dans la rue la plus célèbre de Saigon, la rue Catinat, qui a inspiré plus d'un auteur. De Malraux à Bodard, chacun a pris à sa manière le pouls de la ville, en décrivant cette artère arpentée par les colons. Après le départ des Français, elle fut baptisée rue Tu-Do (de la Liberté), avant de devenir la rue Dong Khoi (de l'Insurrection générale), après la prise de la ville par les soldats vietnamiens du Nord. Aujourd'hui, la rue Tu-Do a perdu ses bordels qui contentaient les G.I.'s en goguette pendant la présence américaine. Les néons des bars et les prostituées avaient laissé la place à de vieilles femmes coiffées d'un chapeau de paille traditionnel qui vendaient sur des plateaux à balanciers des sachets de noix de cajou et des paquets de cigarettes américaines de contrebande. Il suffisait pourtant de pousser la porte, entre deux magasins d'antiquités, qui offraient parfois des statues khmères ramenées du Cambodge par les bodoi, pour tomber sur un bar lugubre éclairé par des lampes rouges. Pour quelques dollars, le client pouvait s'offrir un sachet de marijuana et une jeune droguée prête à tout pour survivre. Dans une rue adjacente, il fallait monter trois étages dans un immeuble vermoulu pour accéder à une boîte de nuit vidéo. Devant un téléviseur grand écran, les night-clubers regardaient une cassette d'un film américain importé de Bangkok. Chaque soir, la discothèque de l'hôtel *Palace* ne désemplissait pas. Les jeunes de la nomemklatura et les riches commerçants de Saigon dépensaient en une nuit le salaire moyen d'un fonctionnaire en écoutant les Bee Gees et le dernier disque des Rolling Stones. Juchée sur des talons aiguilles, vêtue d'un manteau en lamé qui cachait mal sa minijupe noire, une jeune chanteuse se trémoussait sur la scène en reprenant les tubes de Claude François ou de Johnny Hallyday. Dans la salle, une dizaine de taxi-girls se faisaient inviter par les clients, moyennant quelques dongs pour chaque danse.

Le lundi soir, à partir de 18 heures, des milliers de vélos, de Vespa et de motos tournaient autour de la place Lam Son. Juchés sur leurs engins, les jeunes gens draguaient les filles au milieu des éclats de rire et des coups de klaxon. Un manière comme une autre de provoquer la police qui, parfois, cherchait à mettre un terme à cet immense peloton motocycliste. Le clou du spectacle restaient les Harley Davidson abandonnées par les G.I.'s. Des fanas en possédaient même de véritables collections à faire pâlir de jalousie les Hell's Angels. Dans son arrière-boutique, transformée en atelier de mécanique, un marchand de vêtements alignait plusieurs motos de collection. Deux 750 Harley ayant appartenu à des postiers français en

1949 côtoyaient une 1 208 cm³ de 1971 qui composait l'escorte du général Thieu. « Les pièces ne manquent pas. Il suffit de cannibaliser un engin pour en réparer un autre », affirmait l'heureux propriétaire. Les rockers vietnamiens faisaient un tabac au guidon de leur Harley. Les Dauphine et les 203 Peugeot, transformées en taxis, qui datent pourtant de la même époque, étaient loin de remporter le même succès. Au centre de Saigon, le temps semblait, en effet, s'être arrêté.

La grande nouveauté restait l'inauguration de l'hôtel *Continental*, après quatorze ans de fermeture. Pillé après 1975, l'établissement de la famille Franchini fut le premier palace d'Indochine. L'ancien quartier général des journalistes était devenu aseptisé et glacial. Une climatisation propre à contenter des Esquimaux, destinée à accueillir les hommes d'affaires censés se ruer sur le nouvel eldorado économique vietnamien. Depuis le VIe Congrès de 1986, le gouvernement prônait la libéralisation de l'économie. Devant l'échec d'un socialisme à l'asiatique, le Viêtnam, qui reste l'un des pays les plus pauvres du monde, devait faire du commerce et gagner de l'argent. Et Saigon demeurait le phare de la nouvelle politique gouvernementale.

P.S. C'est cette ouverture qui me permettra de réaliser en 1991 mon film *Diên Biên Phú*, au Viêtnam. Ce n'était pas pour raviver de vieux ressentiments, mais pour tourner une page sur un passé commun douloureux et rendre hommage à mes camarades morts dans cette bataille.

P.F. Quand vous débarquez à Saigon, en 1952, vous n'imaginez pas, Pierre, que vingt-trois ans après, le Viêtnam va tomber entièrement dans le camp communiste, dont je verrai la toute première ouverture. A 24 ans, vous découvrez, contrairement à moi, un Saigon « à la française », comme caporal cameraman en herbe du corps expéditionnaire.

P.S. Oui, mais je n'ai pas du tout la vie d'un soldat qui habite une caserne, avec des rassemblements, des maniements d'armes ou des gardes à prendre. Non. Nous étions seulement obligés de filmer des réceptions officielles de temps en temps. Il y a pire ! Mais il fallait être en tenue de sortie blanche impeccable : chaussures, chaussettes, pantalon, veste devaient être immaculés. Je ne portais pas mes galons de caporal. Dans cette tenue de sortie, il n'y en avait pas. Au départ, la caméra que l'on m'avait donnée était un butin de la Seconde Guerre mondiale ; c'était une Arriflex, une caméra allemande, qui avait fait la guerre avec la Wehrmacht dans des unités de propagande. Elle était très bonne mais avait un problème : le moteur électrique. Pour l'alimenter, les Allemands étaient équipés de ceintures de batteries. Nous, on n'en avait pas. A la place, on trimbalait dans notre sac une batterie d'automobile ! C'était un peu lourd ! De plus, il fallait la recharger souvent. Cela limitait le rayon d'action. Au bout de quatre ou cinq jours, il était urgent de trouver une unité qui avait un groupe électrogène... Mais ce n'est pas tout. Cette caméra avait un deuxième inconvénient. Elle était Reflex et se portait sur l'épaule. Tout ce qui se passait à droite, là, on ne pouvait pas le voir. C'était dangereux. Je n'aimais pas du tout cette caméra. J'en ai demandé une autre après mon premier reportage. C'était une Bell Howell américaine, plus petite. Elle n'avait qu'un magasin d'une minute qui se remontait à la main. Elle n'était pas Reflex, mais elle permettait de mettre l'œilleton sur l'œil gauche. La caméra étant au milieu du nez, je pouvais voir à droite, comme à gauche.

P.F. Le fait qu'il y ait un magasin d'une minute seulement est un inconvénient. Mais c'est aussi en quelque sorte un avantage, parce que cela vous force à découper davantage vos séquences.

P.S. Et à prévoir ce qui va se passer, parce que vous avez seulement une minute de réserve. Vous êtes obligé d'arrêter, de charger votre caméra. Il faut un certain temps pour le faire en évitant la pluie. Quand on rechargeait, on perdait un peu le contact avec ce qui se passait autour. Du coup, pour éviter de gaspiller la pellicule, il fallait bien appréhender ce qui allait arriver. On allait donc à l'essentiel. L'important était de bien comprendre dans quelle situation on se trouvait, de saisir le moment où quelque chose risquait de se passer, afin de ne pas le rater et bien le filmer. Il fallait aussi toujours penser à combien de pellicule il nous restait. Sur le terrain, on participait à l'action comme un soldat qui n'a que quelques cartouches. Dans ce cas-là, on ne tire pas à l'aveuglette, parce qu'après on n'aura plus de munitions au moment où on en aura vraiment besoin.

P.F. Remplacer la pellicule tournée par une autre vierge devait être fastidieux...

P.S. Il fallait ouvrir la caméra, enlever la bobine pleine, la mettre dans sa poche, prendre la bobine vierge et la glisser à la place de la bobine pleine et préparer une autre bobine vide... Au début, c'était un peu long pour moi parce que je ne connaissais pas cette caméra. Mais après, j'ai su aller très vite. L'idéal, c'est d'être dans un endroit où il n'y a pas de poussière, ni d'eau, deux éléments naturels qui sont fréquents en Indochine. En général, je m'éloignais de l'unité avec laquelle j'étais. Je me mettais dans un coin pour charger mes bobines et je revenais.

P.F. Quel a été votre premier tournage en arrivant à Saigon ?

P.S. Le prince Norodom Sihanouk au Cambodge. A peine arrivé à Phnom Penh, je repars en camion, un G.M.C. américain, pour Siem Reap où se trouvait le Q.G. de Sihanouk. Mais le roi n'est pas là. Un sergent me dit : « Au lieu d'attendre à ne rien faire, va plutôt voir Angkor. Je t'emmènerai en voiture et je viendrai te rechercher dans deux heures. » C'était en fin d'après-midi. En fait, il est revenu à la nuit. Et, de nouveau, je suis subjugué par tant de puissance. Là encore, la Lune éclaire ces monuments uniques au monde. Devant tant de beauté, j'éprouve le sentiment de la grandeur de l'homme. Pour moi, c'est un deuxième signe. J'avais été marqué par les pyramides du Caire. Les temples d'Angkor Vat s'inscrivaient dans la même veine. J'étais, j'en étais persuadé, sur le bon chemin. C'est à Angkor Vat que j'ai ressenti la dimension spirituelle, je dirais même transcendantale, de l'homme, devant ces temples qui vous renvoient à des croyances originelles. A l'époque, ces vestiges n'étaient pas une zone de combat, comme ils le sont devenus ensuite.

P.F. En effet. Quand j'ai découvert Angkor en 1989, au départ des troupes vietnamiennes, il y avait des bandes de Khmers rouges qui hantaient encore ces lieux. Les bodoi avaient pourtant repoussé les petits hommes noirs, mais ils opéraient depuis leurs sanctuaires. Pol Pot était retourné avec sa clique du Kampuchéa démocratique dans la jungle, qui avait envahi le site, mais les temples étaient pillés par des soudards et des trafiquants d'art. J'étais revenu quatre ans après, au moment où le dépôt de la Conservation de Siem Reap, qui contenait alors cinq mille statues, avait été attaqué au lance-roquettes.

Je comprends que pour vous, le départ de France pour l'Indochine ressemble à l'époque à un voyage initiatique, balisé par des monuments légendaires. Après les pyramides d'Egypte, vous êtes comme pétrifié par le Bayon, le grand temple d'Angkor Vat au Cambodge. Mais vous ne vous attachez pas simplement à l'architecture. A 24 ans, vous semblez en quête d'un sens à votre vie, d'une philosophie, d'une trajectoire qui se réfère à la destinée de grands personnages habités par un idéal désintéressé. On peut même trouver dans votre démarche une dimension religieuse. Mais, d'abord, êtes-vous croyant ?

P.S. Cela dépend des moments, des jours ! J'ai eu une période, vers 15 ans, à l'adolescence, qui fut, je dirais, tournée vers une certaine spiritualité. A cette époque, vraiment, oui... et puis, ce sentiment s'est dissous... J'avais peur qu'il m'arrive quelque chose. Par moments, je ressens encore une sorte de foi. Et puis le doute s'installe à nouveau et je retombe dans le creux des vagues avant que la foi ne revienne à la surface. Mais il m'est arrivé, quelquefois, de littéralement « parler à Dieu ». Je l'ai fait, je me rappelle, pour la première fois, avant de tourner le film *Diên Biên Phú*. C'était en 1988. Pat, mon épouse, m'accompagnait avec mon producteur, mon interprète, et le directeur du Centre du cinéma vietnamien. Ils me parlaient, ils m'emmerdaient avec des questions à la con alors que moi, je pensais à mes camarades, à tous ceux avec qui j'étais dans cette cuvette en 1954. On dînait dans un boui-boui. J'ai mangé rapidement parce que je n'avais pas faim. Pendant la nuit, je n'arrivais pas à dormir. Je suis sorti de la chambre pour m'asseoir sur un banc. A ce moment-là, j'ai senti autour de moi une armée morte, qui était non seulement mes camarades de combat, parmi lesquels il y avait des musulmans, des Marocains ou Algériens, mais aussi tous ces jeunes Vietnamiens qui étaient morts. Je les sentais tous autour de moi. C'était très impressionnant. Ce n'était pas une angoisse, c'était une sorte d'inquiétude.

Trois ans après, à la fin du tournage, qui ne s'est pas déroulé à Diên Biên Phú mais à une heure de là car je ne voulais pas déranger ce champ de bataille peuplé de milliers de morts, j'ai ramené Pat et mes fils sur le site du camp retranché. Je suis passé d'une colline à l'autre, et j'ai fini par arriver à « Eliane 1 », qui est pour moi la plus sanglante des collines. Elle a été perdue trois fois et elle a fini par tomber le 1er mai. Il y avait à l'époque des endroits où les corps sont restés pendant des années. Personne ne pouvait aller les chercher parce que c'étaient des zones minées. Les cadavres gisaient là. C'était un endroit tragique. Sur la terre ravinée par les moussons successives apparaissaient des douilles, des casques rouillés et percés par la mitraille, des bouts de barbelés qui protégeaient jadis le camp, mais aussi des ossements, des semelles viêts en caoutchouc et celles des rangers de mes camarades de combat. Et là, je me suis arrêté et j'ai parlé à haute voix. J'ai dit que j'étais revenu pour honorer les soldats qui étaient morts, que je faisais ce que je pouvais, que j'aimerais les aider, que j'étais revenu non pour moi mais pour plus grand que moi, plus important. Je me sentais comme en mission. J'avais ce sentiment... je veux dire que, par moments, je me sens comme aspiré par quelque chose de grand, d'universel, qui rassemble la communauté des humains. Peut-être est-ce cela croire en Dieu.

P.F. Vous aviez 25 ans en Indochine. Il n'y a pas d'âge pour sentir la présence de Dieu. Des jeunes y croient plus que d'autres. C'est très personnel. Mais est-ce que votre éducation protestante a joué un rôle important dans votre spiritualité ? Ou croire en Dieu, chez vous, c'est croire d'abord à la fraternité de ses camarades, en particulier quand sa vie est en péril ?

P.S. J'ai eu une éducation chrétienne, de protestant. Mais je me rappelle l'émotion que j'ai ressentie en 1945 ou 1946 quand j'ai entendu à la radio la fameuse prière qu'on appelle maintenant « La prière du parachutiste » du lieutenant Zirnheld qui a été tué en 1942 et qui dit :

« Je m'adresse à vous, mon Dieu, car vous seul donnez
Ce que l'on ne peut obtenir que de soi
Donnez-moi, mon Dieu, ce qui vous reste
Donnez-moi ce que l'on ne vous demande jamais
Je ne vous demande pas le repos
Ni la tranquillité
Ni celle de l'âme, ni celle du corps
Je ne vous demande pas la richesse
Ni le succès, ni même la santé
Tout cela, mon Dieu,
On vous le demande tellement
Que vous ne devez plus en avoir
Donnez-moi, mon Dieu, ce qui vous reste
Donnez-moi ce que l'on vous refuse
Je veux l'insécurité et l'inquiétude
Je veux la tourmente et la bagarre
Et que vous me les donniez,
Mon Dieu, définitivement
Que je sois sûr de les avoir toujours
Car je n'aurai pas toujours
Le courage de vous les demander
Donnez-moi, mon Dieu, ce qui vous reste
Donnez-moi ce dont les autres ne veulent pas
Mais donnez-moi aussi
Le courage et la force et la foi
Car vous seul donnez
Ce que l'on ne peut obtenir que de soi. »

J'ai été tellement marqué par ces paroles. Quand je les ai entendues à la radio, j'ai parlé à

Dieu dans mon langage en lui disant : « Je vous adresse cette prière personnellement. »

P.F. Personne n'a oublié l'histoire de cette prière qui vous a tant marqué, juste après la guerre. Combattant de la France Libre de la première heure, cet ancien professeur de philosophie en Syrie était aspirant à l'escadron français du Special Air Service, le fameux S.A.S. du major Stirling. Parachuté en juin 1942 derrière les lignes ennemies en Cyrénaïque, il détruisit 20 Messerschmidt 109 sur leur parking.

Quand j'étais à Tobrouk en 2011 pour couvrir la révolte libyenne, j'ai pris le temps de m'arrêter au cimetière militaire français dominé par une grande croix de Lorraine. Là on comprend mieux les batailles livrées par les Français libres de De Gaulle contre l'armée de Rommel. C'est le 27 juillet 1942 que ce jeune officier et des commandos du S.A.S. attaquent l'aérodrome de Marsa Matrub-Siwa. Une trentaine d'avions allemands sont à nouveau détruits. Mais sa Jeep tombe en panne pendant le repli. Une crevaison, dit-on. Repéré par des Stuka en patrouille, le 4 × 4 est mitraillé. Vers 7 h 30, Zirnheld est touché. Il mourra de ses blessures six heures après. L'aspirant François Martin assiste à son agonie. « Je vais vous quitter. Tout en ordre en moi », lui souffle le mourant. C'est dans son petit carnet personnel que ses camarades trouveront ce texte qui court sur une page et demie. Des mots d'espoir et de courage qu'il avait écrits le 4 février 1938, alors qu'il était encore enseignant. Une prière entrée depuis dans la légende. Ne vous êtes-vous pas demandé si votre séjour en Indochine ne s'accompagnait pas aussi d'une prise de conscience spirituelle ?

P.S. Quand on aborde la mort, forcément... Mais surtout j'étais un petit caporal de 24 ans qui était cameraman ! Ça changeait tout. Cette position m'a ouvert l'esprit car je côtoyais les petits comme les grands. Quand je vois le roi du Cambodge pour la première fois, il est sur un mulet. J'en profite pour l'approcher. Je le filme. Et comme il adorait le cinéma, il vient me parler : « D'où venez-vous ? Comment ça va ? » me demande-t-il. C'est à partir de ce moment-là que des rapports personnels ont commencé à s'établir entre le prince Norodom Sihanouk, roi du Cambodge, et moi. J'étais une nouvelle tête et il était un peu cabotin. A compter de ce jour, je devine que je suis un chaînon parmi un ensemble beaucoup plus important, dont je ne connais pas très bien les limites, mais que je ressens profondément. A l'état-major de Sihanouk, je tombe sur un colonel cambodgien qui parle très bien français et avec qui je deviendrai copain. Il me dit : « On va s'occuper de vous. Vous serez à côté de "Monseigneur". » « Ce qui est important pour moi, c'est de filmer Sa Majesté parce que c'est la mission qu'on m'a confiée », ajoutai-je. Il portait un chapeau de brousse et une tenue à l'occidentale pour marcher dans la jungle. Ce qui m'intéressait, c'était son équipe. La mission était la recherche de rebelles nationalistes. Mais il n'y a pas eu de combat. La présence du roi et de son armée, enfin une partie, même si nous étions tout de même l'équivalent d'un bataillon, suffisait pour dissuader les insurgés de nous attaquer. Il n'y a donc pas eu de combat mais un acte de présence. Dans les villages, le roi faisait des discours, donnait des étoffes, apportait des bols de riz à la population qui se les partageait. Notre arrivée s'accompagnait à chaque fois de tout un cérémonial... Le roi Sihanouk, en fait, était très aimé. Il adorait parler. Les discours pouvaient durer trois heures. Mais les gens adoraient ça. Sa venue dans les villages reculés qui accueillaient les rebelles était censée les retourner, leur faire changer de camp juste par sa présence. La foule l'entourait. Il tenait vraiment son peuple. Par le verbe et parce qu'il incarnait l'unité du royaume. Ses sujets lui baisaient la main. Les présents étaient symboliques. C'était du riz, du sel, un petit verre qu'il buvait avec tous les notables du village. Je ne tournais pas un documentaire. Je faisais vraiment de l'actualité, quelques images prises pendant cette opération séduction qui a duré une dizaine de jours. On dormait dans les villages, souvent par terre, sur une natte. J'étais avec l'état-major. Et non pas avec les sections, parce que je ne trouvais pas ça intéressant. La manœuvre était commandée par de vrais militaires qui venaient soumettre leur projet à Sa Majesté qui, la plupart du temps, approuvait. Les officiers de renseignement disaient : « L'influence de ce chef rebelle est importante à tel endroit. Donc, on va y aller. Mais on va prendre des précautions. On va envoyer la troupe d'abord, avant que vous n'arriviez. Vous viendrez le lendemain. » Je plaisantais avec le colonel qui avait fait ses études au Quartier latin. On échangeait nos souvenirs parisiens. Et à un moment donné, à la fin de l'opération, il vient me voir en me disant : « Vous avez l'Anussara. » Je lui réponds : « En français, on dit "Vous avez le cul bordé de nouilles" ! » Il me dit : « Mais non !

L'Anussara est une décoration que le roi veut vous remettre ! » La cérémonie a eu lieu. Je n'étais pas le seul. Il a décoré une quinzaine de ses militaires de la médaille du Souvenir royal Anussara, qui ne peut être décernée que par le roi. Il m'a dit : « C'est votre première décoration. » Je l'ai perdue quand j'ai été fait prisonnier. J'y tenais... Alors j'ai commandé une Anussara chez Arthus-Bertrand, à Saint-Germain-des-Prés, pour la porter sur mon uniforme d'académicien. Lorsque Norodom Sihanouk me l'a remise, j'ai dit quelques mots. J'étais content. Il a appris mon nom et à partir de là, nous avons établi des rapports d'estime. Il était jeune, affichait un visage poupin. Comme il aimait le cinéma, il me parlait de ma caméra, quels en étaient les avantages et les inconvénients. « J'ai utilisé tel modèle », me disait-il. C'était des conversations professionnelles, de cinéastes entre eux, et puis, des conversations plus personnelles, où il me posait des questions sur ma famille... Il s'intéressait aux gens. Il connaissait l'Alsace. C'était un monsieur très cultivé. Il avait fait des études en France. Le jour où il m'a décoré, il a prononcé un très gentil discours. J'en ai profité, comme j'étais à côté d'Angkor, au lieu de rentrer en convoi vers Saigon, pour rester me balader. J'ai fait quelques images. J'ai même loué un avion, pour moi. On me l'a reproché amèrement après. J'aurais pu avoir un avion militaire, mais les Français ne voulaient pas m'embarquer sur un avion d'observation. Alors, j'ai loué un petit avion pour faire des photos aériennes. J'ai réduit la note au maximum pour l'envoyer au Service presse information à Saigon. J'ai signé la facture, mais ce n'est pas moi qui payais. Je n'avais pas d'argent. J'ai filmé Angkor Vat depuis le ciel.

Les temples et la jungle autour, c'était magique. En rentrant, j'ai eu une pensée pour Mme Bonin. Au service cinéma des armées au fort d'Ivry, il y avait une monteuse qui s'appelait Madeleine Bonin. Avant mon départ en Indochine, elle m'avait invité dans sa salle pour que je découvre le montage. « Voyez, ces images sont intéressantes. Celles-là, non », me disait-elle. Cette femme m'a beaucoup appris. Le montage, en fait, dépend du « produit » qu'on rapporte. C'est devant la table de montage qu'on s'aperçoit de ce qui est bon, quelquefois même très bon, et de ce qui est banal ou sans intérêt. C'est là qu'on sait vraiment ce qu'on a filmé. Ses démonstrations par l'image ont été de très belles leçons.

P.F. Lorsqu'on tourne, surtout un long format, il faut évidemment toujours penser au montage. On construit son film pendant le tournage. Pour chaque 52-minutes que j'ai réalisé, je n'ai jamais dérogé à cette règle. La vidéo et la multiplication des chaînes sur le câble ont démocratisé les métiers de l'image. Mais n'est pas cadreur qui veut. Ramener cent cassettes en ayant « tout » filmé ne donne pas forcément au montage une progression narrative, si elle n'a pas été pensée dès le départ.

P.S. Exactement. Le sujet sur le roi Sihanouk était mon premier tournage en extérieur. Avant de partir, on ne m'avait rien dit. Personne ne m'avait donné de conseils. J'étais livré à moi-même. Il n'y avait même pas de photographe du Service avec moi. J'ai trouvé simplement sur place un photographe cambodgien. Heureusement, j'avais quand même une démarche journalistique ancrée en moi. Je ne perdais pas de vue l'objectif à atteindre, sans avoir suivi aucune formation. Mais j'étais très curieux de voir comment fonctionnait leur état-major, comment ils se débrouillaient avec la radio. Les officiers parlaient français, et beaucoup de Cambodgiens le baragouinaient. On finissait par se comprendre. C'était un langage un peu primaire, mais assez efficace. Le grade était secondaire. Heureusement car le mien était modeste. J'étais caporal à l'époque.

P.F. Les images que vous tourniez passaient-elles aux actualités, dans les salles de cinéma en France ?

P.S. Je les donnais à Hanoi ou à Saigon. Elles étaient expédiées en France où elles étaient développées et montées. Le montage m'échappait totalement. Je filmais ce que je voulais, absolument. A Paris, ils montaient en fonction de la censure ou des pressions politiques pour décider ce qui les intéressait ou pas. Sihanouk retenait leur attention parce qu'en 1946 l'Union française commençait. L'Indochine formait avec le Viêtnam, le Cambodge et le Laos, trois Etats associés. Il était plutôt partisan de cette nouvelle Union française qui modifiait les statuts des colonies et abolissait le code de l'indigénat. Il était important que ce nouveau statut, qui ressemblait à celui du Commonwealth, soit montré. C'est pour cela qu'on m'avait envoyé tourner ce reportage sur Norodom Sihanouk qui fut diffusé aux actualités. Je ne l'ai vu que lorsque je suis rentré en France. A l'époque, il n'y avait pas de télévision. Les nouvelles en images, c'étaient Eclair-Journal, les Actualités françaises, Gaumont, Pathé qui les diffusaient avant le film dans les salles de cinéma. L'armée fournissait ces images qui étaient montées par ces agences, auxquelles cela ne coûtait rien, puisqu'elles étaient distribuées gratuitement par l'armée à partir du fort d'Ivry. Mais ce n'était pas les militaires qui montaient les sujets, c'étaient les Actualités.

P.F. Le Phnom Penh que vous avez filmé n'existait pratiquement plus quand je suis arrivé en 1979, au départ des troupes vietnamiennes qui ont chassé le régime de Pol Pot une décennie auparavant. Mais l'ombre des Khmers rouges planait encore sur la ville sinistrée...

La capitale était une ville fantôme. La végétation avait envahi les jardins et les maisons étaient couvertes de mousse. La cathédrale, rasée comme toutes les églises par les Khmers rouges, avait été remplacée par une énorme antenne installée par les Soviétiques. A cette époque, le mur d'enceinte de l'ambassade était aux trois quarts abattu et le théâtre de la chancellerie transformé en salle de cinéma vidéo. Les bâtiments se dégradaient lentement et abritaient 240 orphelins. Le parc était occupé par des vaches, des poules et des porcs qui nourrissaient les enfants. Les bureaux de l'ambassadeur et de ses conseillers abritaient les services du directeur de l'orphelinat. Toute la ville était squattée. Mêmes les belles maisons du temps de la présence française étaient envahies par plusieurs familles qui avaient aménagé des poulaillers sur les balcons à colonnades. Les herbes sauvages colonisaient les terrains vagues et les arbres poussaient à l'intérieur des bâtisses. Vidée de ses habitants en

1975 par les Khmers rouges, la capitale du Cambodge était une ville de squatteurs.

L'hôpital Calmette, rebaptisé « hôpital de la Révolution », n'était pas mieux loti. Dans les salles post-opératoires, dont les fenêtres n'étaient que des trous béants, les blessés gisaient sur des lits en bois. « Nous avons trois blocs opératoires mais pas d'appareils anesthésiques ni d'électrocardiographes », m'avait confié un docteur qui avait pu échapper à la mort après l'arrivée des Khmers rouges. Sur 500 médecins, seuls 45 avaient survécu après quatre ans de règne de Pol Pot.

Le vice-doyen de la faculté de médecine fut torturé à mort parce qu'il avait « humilié » les médecins khmers rouges en enlevant une épine du pied d'un jeune garçon. Le vice-recteur m'avait raconté qu'il s'était habillé en haillons afin de passer pour un cyclopousse. Ceux qui étaient mieux vêtus étaient considérés comme des fonctionnaires, donc intellectuels et abattus. Il était devenu grimpeur de cocotiers. « Les docteurs khmers rouges étaient des aides-soignants sans qualification. Avant de faire une piqûre, ils essuyaient l'aiguille avec leurs doigts sales pour la "désinfecter". Les injections provoquaient des abcès et des œdèmes. Les seringues contenaient des mixtures qui fermentaient avec la chaleur parce que stockées dans des bouteilles de Coca. Ils n'étaient même pas capables de pratiquer une amputation. Lorsqu'ils opéraient un ventre, ils s'arrêtaient au milieu de l'intervention. "Comment va-t-il cicatriser ?" se demandaient-ils. Dès qu'une femme se plaignait de l'estomac, ils ouvraient... C'était une véritable boucherie », m'avait raconté le vice-doyen. Aussi, les gens avaient peur. Pol Pot avait repris la tête d'un maquis dans le massif des Cardamomes. Ieng Sary en commandait un autre. Un troisième était dirigé par Tamok, un boucher qui sévissait dans l'ouest.

Ma traductrice s'appelait Bophal. A 35 ans, elle était une fleur fanée. Elle avait été séparée de sa famille et parquée avec des femmes célibataires. Sa famille, Bophal ne l'avait jamais plus revue. Les Khmers rouges essayèrent de la piéger pour savoir si elle parlait le français. La jeune fille répondait toujours en khmer. Des gosses n'étaient-ils pas tués parce qu'ils avaient appelé leur père « papa » ? Bophal était jolie, fragile. Elle ne put échapper au mariage forcé. Des femmes célibataires furent exécutées sous ses yeux parce qu'elles refusaient l'union choisie par l'Angkar (le Parti).

Parce qu'à cette époque, les Khmers rouges étaient toujours dans les maquis, la visite du lycée Tuol Sleng glaçait encore plus le sang. Dans un bâtiment, les salles de classe étaient coupées en deux pour doubler le nombre de chambres de torture. Chacune comprenait un lit de fer, des tenailles, des fils électriques dénudés. Des taches de sang séché étaient incrustées dans le carrelage. L'horreur... Dehors, plusieurs portiques en bois étaient encore dressés à côté d'une jarre en terre cuite. Les détenus étaient pendus par les poignets avant d'être immergés dans l'eau. Dans une autre salle, des lits baignoires en plomb étaient alignés. Les prisonniers, attachés par les poignets, étaient plongés dans l'eau jusqu'à l'étouffement. J'étais tombé sur Wani Yata, l'un des sept survivants du bureau de sécurité numéro 21. Il avait peint les scènes d'horreur qu'il avait vécues : des gardiens sectionnant les pointes des seins des femmes avant de déposer des scorpions et des salamandres sur leurs plaies sanguinolentes. D'autres scènes montraient des Khmers rouges jetant des enfants en l'air pour les empaler sur leurs baïonnettes. Les nourrissons, eux, avaient la tête fracassée contre le tronc des arbres.

A 15 kilomètres de Phnom Penh, mon chauffeur m'avait emmené à Choeung Ek qui abritait 129 fosses communes. La numéro 6 contenait 450 victimes tuées à coups de hache, de marteau ou électrocutées. Dans la fosse numéro 7, on avait trouvé 166 cadavres découpés. Dans la numéro 5, une centaine de femmes et d'enfants, dont la plupart étaient nus. « Je suis venu ici en 1979, m'avait soufflé mon chauffeur. Il y avait des cadavres frais jusqu'au lac. L'odeur était insupportable. Le tronc des arbres était maculé de sang et de morceaux de cervelle collés à des cheveux. »

Lors de ce voyage, on devinait la présence des Khmers rouges dans les collines. Phnom Penh avait peur qu'ils reviennent. Jamais je n'oublierai mon séjour dans cette ville, dont le martyre semblait avoir cessé la veille.

La période française n'apparaissait que plus surannée. Le bon temps, en somme, au regard de ce qui s'est passé ensuite. En 1952, Phnom Penh, réputée plus « provinciale » que Saigon, offrait tout de même une vie sociale. Peut-être y avez-vous filmé pour les Actualités la vie à la cour du roi ou des réceptions mondaines qui peuvent paraître anachroniques mais qui existaient pourtant ?

P.S. Non, mais j'avais apporté un costume avec moi à Phnom Penh, que je n'ai pas porté. En opération, j'avais un treillis comme les autres soldats.

Les conditions étaient assez rustiques. Le roi prenait ses repas avec sa cour, son officier d'intendance à côté de lui. Il n'y avait rien de fastueux. Sur le terrain, Sihanouk était assez fruste et le protocole était allégé. En opération, au milieu de ses villageois, il n'était pas le roi. Plus tard, quand le général Salan a quitté l'Indochine, il est allé faire ses adieux à Sihanouk. Je l'ai filmé. A ce moment-là, j'étais en blanc. Les danseuses du palais en tenue traditionnelle étaient le clou de la cérémonie. Salan était bien aimé par ses copains indochinois. En 1924, il était déjà chef de poste au Tonkin. Il a été ensuite commissaire du gouvernement, chef de la province du Haut-Mékong, aux confins de la Chine, de la Birmanie et du Siam. Capitaine, il avait rédigé un « Manuel de lecture des langues de "sa" région » et l'avait fait traduire en laotien. Bref, il était élégant. Et le roi pour ses adieux l'a très bien reçu. Il avait été aussi accueilli par Sisavang Vong, le roi du Laos.

P.F. Après la période indochinoise, ces pays ont subi la terrible guerre américaine et le Cambodge un génocide perpétré par les Khmers rouges. Au début des années 90, ils sont encore retranchés dans leurs sanctuaires et commettent des embuscades meurtrières. Ils attaquent régulièrement le train qui relie la capitale à Battambang, la deuxième ville du pays. A chaque voyage, on risque sa vie mais c'est le moyen de transport le moins cher. Pour raconter le calvaire des voyageurs, j'avais pris rendez-vous à la gare avec Koeut Vorn, un conducteur de locomotive. Au Cambodge, c'était un métier à risque. 100 cheminots et 850 passagers étaient déjà morts en empruntant la voie unique des chemins de fer royaux, non pas à cause d'accidents mais parce que ce train était la cible favorite des Khmers rouges. Koeut Vorn avait déjà failli passer de vie à trépas une demi-douzaine de fois. Sa locomotive avait sauté sur des mines, sa cabine avait été criblée de balles. Il avait réussi à fuir dans les rizières sous les tirs mais plusieurs de ses collègues avaient eu moins de chance que lui. Pour 25 euros par mois, Vorn jouait le salaire de la peur. J'étais arrivé tôt. Pas assez cependant pour trouver une place dans l'une des trois voitures rescapées d'un autorail allemand. Les trois autres avaient été brûlées par les Khmers rouges. Des wagons à bestiaux composaient le reste du train de « voyageurs ». Devant une vieille B.B. française Alsthom, était placé un wagon plateau censé exploser en premier. Ce qui n'empêchait pas des kamikazes de voyager dessus. Pour eux, le transport était gratuit. Un petit jeu de roulette russe qui coûtait parfois très cher. « La puissance des mines antichars était si forte que j'ai vu ce wagon projeté à 5 mètres de hauteur. Les gens qui étaient dessus n'ont pas survécu », m'avait dit, un brin fataliste, Koeut Vorn. Notre escorte était chargée de nous protéger, après coup. C'est que les maquisards ne se contenaient pas de faire sauter le train. Ils l'attaquaient ensuite, massacrant cheminots, soldats et voyageurs sans distinction.

Dans la cabine de la locomotive, on pouvait se croire dans un bunker. Des plaques d'acier de 13 millimètres soudées les unes aux autres doublaient la carrosserie et le pare-brise. Deux meurtrières permettaient de voir dehors. « Ce blindage arrêtait les balles d'AK 47 mais pas les munitions de lance-roquettes B40 », m'avait soufflé Chun, l'aide-conducteur, qui avait lui aussi essuyé plusieurs attaques dans sa carrière.

A Bat Deeng, des coolies, suant à grosses gouttes, hissaient des sacs de 100 kilos de sucre de palme, mou comme du caoutchouc. A partir de là, la zone était dangereuse. « Les pol-potistes s'infiltrent depuis la montagne », me dit Koeut Vorn, en désignant des collines qui dominaient la plaine. La voie traversait de hautes herbes propices à des embuscades. Le conducteur ralentissait avant les tronçons de ballast blancs qui se succédaient sur plusieurs kilomètres. Chacun marquait l'explosion d'une mine. Toutes n'étaient pas automatiques. Elles pouvaient être télécommandées. Les Khmers rouges se cachaient à une centaine de mètres de la voie. Ils attendaient que le wagon démineur passe et faisaient exploser la charge sous la motrice. Malgré ses 60 tonnes, une B.B. était soulevée d'un mètre avant de retomber sur le côté. A l'intérieur de la cabine, les conducteurs étaient projetés contre les parois. « A chaque fois, je reste sourd pendant plusieurs semaines. Dès que les mines ont sauté, ils attaquent à la mitrailleuse, m'expliquait Koeut Vorn. Ils donnent l'assaut en tête et en queue de rame. Notre seul salut est de fuir du côté opposé, même s'ils ont placé des mines antipersonnel en bordure du ballast. Dans ces cas-là, on ne réfléchit pas... On court. A chaque fois on entendait les gens crier, hurler de douleur ou pleurer de peur. J'ai vu un passager décapité par une roquette... il y avait du sang partout. Quand les combats cessent, les maquisards de Pol Pot pillent le train. Ils emportent aussi les vaches qui sont dans les wagons à bestiaux. »

Plus loin, Koeut Vorn réduisit sa vitesse pour franchir un pont ou plutôt ce qu'il en restait. Faute de traverses, plusieurs rails, jouxtés en largeur et en épaisseur, supportaient le poids du train, donnant la désagréable impression quand on roulait dessus de s'enfoncer dans le vide. Jusqu'à Battambang, tous les ponts avaient sauté. Les équipes d'entretien ne s'y aventuraient plus. Afin de limiter leur poids, les wagons-citernes n'étaient remplis d'essence ou de gasoil qu'à moitié. De véritables bombes ambulantes. Plusieurs avaient déjà explosé sous le coup d'une roquette.

« Les Khmers rouges sont à une dizaine de kilomètres, mais ils s'aventurent de moins en moins souvent ici », m'avait dit pour me rassurer le chef de l'escorte, avant d'ajouter : « On riposte toujours mais comme on est plus faibles qu'eux, on se sauve. Ces salopards sont mieux armés, ils attaquent parfois au mortier. »

Après Mowung, nous roulions en parallèle du massif des Cardamomes, fief des Khmers rouges. A la gare de Kas Char, je descendis pour soulager un besoin naturel. « Reste sur le ballast. Ne marche pas dans les herbes. C'est plein de mines ! » me cria l'aide-conducteur.

Plus loin, sans aucune raison apparente, Koeut Vorn mit son volant de vitesse au point mort. « Un barrage de militaires », me souffla-t-il. Au milieu de la voie, des hommes armés nous faisaient signe de nous arrêter. Caché dans les herbes, l'un d'eux, lance-roquettes calé sur l'épaule, était prêt à nous expédier en enfer. Le train était racketté. Dix paquets de cigarettes et 20 000 riels, soit environ, à l'époque, 8 euros. Entre le ballast et les rizières courait une bande de terre herbeuse de 3 ou

4 mètres. « Surtout, ne t'y aventure pas, c'est la mort assurée... » me répéta l'aide. « Les paysans plantent pourtant leur riz juste au bord ? » « Eux, ils savent où sont les mines... mais ils sautent quand même car, pendant la saison des pluies, l'eau les fait bouger. De toute façon, il y en a tellement que dans cent ans on en découvrira encore... »

P.S. Alors que j'avais vécu les premières révoltes au Cambodge encore indochinois, vous avez couvert les derniers soubresauts de la terreur khmère rouge. Cinq mois après la mort de Pol Pot, le 15 avril 1998, vous essayez de rencontrer ses lieutenants, complices du génocide d'un million et demi de leurs compatriotes.

P.F. Exactement. Je pars sur la trace de Ieng Sary, beau-frère de Pol Pot et ministre des Affaires étrangères des Khmers rouges en allant, à l'automne 1998, dans son fief de Pailin, où il contrôle l'exploitation du bois précieux et des mines de rubis. Un voyage qui est aussi une remontée dans le temps, pas si lointain, où le Cambodge était un champ de mort.

Battambang, la deuxième ville du Cambodge avait été longtemps le terminus des voyageurs qui se rendaient dans le nord du pays. Une petite centaine de kilomètres la séparait de la frontière thaïlandaise, mais personne ne pouvait s'aventurer au-delà. Pendant une décennie, les bodoi vietnamiens s'y étaient cassé les dents. A chaque saison sèche, les forces royales cambodgiennes lançaient leur traditionnelle offensive, sans résultat. Pailin, le fief des Khmers rouges, était toujours restée imprenable. Ce n'était que depuis peu que le sanctuaire des Khmers rouges était accessible. Après que Ieng Sary, numéro 3 de l'organisation, avait pris ses distances avec Pol Pot, et négocié avec le gouvernement un arrangement à l'amiable : la paix contre l'amnistie et la liberté de gérer à sa guise son royaume, qualifié pudiquement de zone spéciale.

Prom, mon chauffeur, prof de maths dans un collège, arrondissait ses fins de mois en faisant le taxi. « Durant toute mon adolescence, j'ai entendu le canon tonner dans cette direction, me disait-il. Après Battambang, c'était l'inconnu, un autre pays, celui des Khmers rouges qui hantaient les campagnes. Deux mots qui évoquent un cauchemar pour moi et des millions de Cambodgiens. »

A 12 ans, Prom avait été séparé de sa famille pour cultiver les rizières. Quinze heures de travail forcé par jour, contre un bol de riz et un bourrage de crâne incessant. L'Angkar avait vidé les villes, les hôpitaux, les écoles et jeté des millions de citadins sur les routes. Les intellectuels furent abattus pour « faire de l'engrais », dans le jargon des révolutionnaires khmers. Entre-temps, Prom avait perdu son père, deux frères et une sœur. Aussi empruntait-il aujourd'hui la route numéro 10 avec un pincement au cœur. Car ses anciens bourreaux étaient au bout de cette piste de terre blanche inondée de soleil. Le village de Deng que nous traversâmes était un poste militaire assiégé par les Khmers rouges. Chacun des belligérants minait à tour de bras et aucun n'avait conservé de plan.

En quittant la plaine, la route devint plus étroite encore et moins fréquentée. Des ponts en planche, à moitié défoncés, enjambaient de petits cours d'eau. La piste taillée à coups de bulldozer serpentait entre des collines boisées, avant le premier poste khmer rouge. Les soldats, habillés de l'uniforme vert olive de l'armée gouvernementale, étaient allongés sous une toile tendue entre les arbres. Ils nous regardaient passer sans broncher. Ensuite, il n'y avait plus de villages, ni d'enfants ou de chars à bœufs. Nous croisâmes seulement deux pick-up affaissés sous leur chargement de fruits achetés en Thaïlande. Puis un vieux camion militaire kaki, de fabrication chinoise, qui transportait une demi-douzaine d'enfants soldats. Ils se tenaient aux ridelles, lunettes noires sur les yeux et krama sur la bouche, pour se protéger de la poussière. Un panneau marquait l'entrée du quartier général du camp d'infanterie numéro 2, en fait une unité khmère rouge intégrée, sur le papier, à l'armée royale cambodgienne. Les quatre mille combattants de Ieng Sary n'obéissaient, en fait, qu'à leur chef qui, sentant le vent tourner, était passé avec armes et bagages du côté de Phnom Penh.

« Pailin, nous sommes arrivés », me souffle Prom. Durant près de vingt ans, Pailin avait été coupée du reste du monde. Pol Pot, Khieu Samphan, Son Sen, le sinistre Tamok surnommé « le boucher » tant il a massacré de gens et, bien sûr, Ieng Sary. Quatre-vingt-dix pour cent des responsables khmers rouges étaient à Pailin. Ils y avaient enterré Mao, le collectivisme et la vertu révolutionnaire.

P.S. Une volte-face qui paraît à peine croyable après avoir perpétré le génocide de leur propre peuple. Une ruse, je suppose, pour gagner de l'argent afin d'échapper à la Justice.

P.F. Exactement, car la zone spéciale de Pailin, en fait, se résumait à des night-clubs et des maisons de passe, à peine déguisées en guest-houses, qui fleurissaient autour du marché. A la nuit tombée, les guirlandes multicolores illuminaient les façades bétonnées des gargotes qui abritaient des entraîneuses fardées à outrance. La chasteté révolutionnaire où l'amour était prohibé, si ce n'est pour procréer l'homme nouveau, était jetée aux oubliettes. Pailin, fief des Khmers rouges, ressemblait désormais à ces villes frontières louches qui attirent aventuriers et trafiquants. Le riel, la monnaie cambodgienne, était remplacé par le dollar et le baht thaïlandais. Les derniers tubes de Bangkok hurlaient à tue-tête dans les bastringues éclairés par le tournoiement des spots. Cartouches de cigarettes de contrebande, cartons de whisky et de cognac étaient empilés devant les échoppes ouvertes tard le soir. A l'entrée du *Holiday Club*, de la *Paillote* ou d'*Amusement Club*, des filles juchées sur des talons attendaient le client pour le pousser à boire de la bière chaude rafraîchie par des glaçons. Pailin ne possédait plus de centrale électrique depuis belle lurette. Seuls des groupes électrogènes permettaient d'éclairer les établissements de nuit. Les premiers salons de massage avaient aussi vu le jour. A croire qu'il n'y avait rien de plus subtil que de se faire masser la nuque par les mains d'une fille de Khmers rouges.

Outre celles du cru, des prostituées de Battambang et même de Phnom Penh avaient pris le chemin de Pailin. Un casino venait en effet d'ouvrir ses portes dans la cité de Ieng Saring. Le *Caesar Palace* et ses soixante-dix employés accueillaient les joueurs de 8 heures du matin à 9 heures du soir avec un objectif : attirer les amateurs de roulette de la province thaïlandaise voisine de Chonburi. Le jeu étant strictement interdit dans leur pays, ils avaient pour habitude de venir claquer leurs bahts à Psah Procum, le marché des trafiquants érigé sur la frontière, côté cambodgien. Derrière un mur de terre élevé au bulldozer et une entrée en chicane dissimulée par une tôle, une demi-douzaine de paillotes abritaient des salles de jeu en plein air. Depuis que le casino de Pailin avait ouvert, elles étaient fermées. Sous un hangar de tôle, on pouvait seulement parier en jouant au billard. A côté, les Thaïs pouvaient se procurer des armes, des antiquités ou des cornes de benteng, un petit buffle sauvage, aux vertus aphrodisiaques. Une loi protège cette espèce mais, vues de Pailin, les directives des fonctionnaires de Phnom Penh restaient abstraites. On y proposait aussi des dents d'ours et des défenses d'éléphant dont quelques spécimens survivaient dans la province de Battambang. Sur la piste qui mène à Pailin, la forêt était coupée sur plusieurs hectares. Des troncs numérotés attendaient d'être emportés vers la frontière. L'exploitation du bois par une dizaine de sociétés thaïes rapportait un million de dollars par mois aux dirigeants khmers rouges.

Tous ces derniers dignitaires kmers rouges avaient suivi Pol Pot avant de se rallier : Chan Youran, le ministre des Affaires étrangères, les ambassadeurs Kor Bun Heng et In Sopheap, un centralien, et le docteur Thiounn Thioeunn, également formé à Paris. Ils restaient pour le moment discrets. Seul s'affichait Mey Meakk, directeur du cabinet du maire. Pendant treize ans, de 1980 à 1993, il avait été le secrétaire particulier et le conseiller militaire de Pol Pot. Il ne croyait d'ailleurs pas à la mort du dictateur. « Il souffrait seulement d'un peu de malaria et du cancer de la prostate comme Sihanouk et Mitterrand, m'avait-il dit en roulant des yeux malins. J'aime le français, je l'ai appris à l'école, mais je ne l'ai pas beaucoup pratiqué. J'ai rejoint la guérilla en 1970. A Phnom Penh, je m'occupais du trafic de l'aéroport. Rien d'autre, ajouta-t-il, voulant dégager sa responsabilité du génocide. Pol Pot était intelligent. Il avait beaucoup de mémoire, poursuivit-il, apparemment encore fasciné. Il me dictait des discours, des slogans, appris par cœur partout. "Le peuple aime les phrases courtes, faciles à comprendre", me répétait-il. Plusieurs fois, j'ai essayé de le contredire, mais c'était dangereux. "Tu es un défaitiste", me répondait-il. La démocratie, les élections, il ne voulait pas en entendre parler », se plaignait Mey Meakk pour tenter de me convaincre de sa bonne foi. Mey Meakk minimisait son rôle, comme tous les autres leaders khmers rouges. Il avait abandonné Pol Pot, mais ne s'était jamais rendu. Il habitait à côté du City Hall, dans une maison en bois. Sa femme tenait une école de langue anglaise, comme il y en a partout au Cambodge. Mey Meakk jouait les modestes. Il obéissait, selon lui, aux ordres, et Pol Pot, étant mort, avait bon dos.

« Les Khmers rouges ne pensent plus qu'à l'argent et à devenir présentables », me souffla un marchand de pierres précieuses derrière la table de sa boutique ouverte sur la rue. Jusqu'à l'année précédente, il exerçait son activité à Battambang. Les rubis et les saphirs, il allait les chercher en Birmanie ou en Thaïlande, alors que le plus gros gisement du Cambodge se trouvait à côté de chez lui. Dès que le fief khmer rouge avait entrouvert sa porte, il était venu s'installer à Pailin. Lui, comme tous les intermédiaires khmers, ne voyait pas passer les belles pierres. Il se contentait de marchander les petites, trouvées par les centaines de chercheurs qui s'étaient rués sur la région. Il sortit de sa poche une liasse de petites pochettes en plastique transparent renfermant des pierres rouges et bleues. Certaines étaient taillées, d'autres non. Il les trempa dans de l'eau, mélangée à du lait, chargée de glaçons, pour les faire briller. Il n'était pas le seul. Les rues poussiéreuses étaient peuplées de marchands. L'extraction des pierres précieuses restait aux mains des ex-Khmers rouges qui concédaient, moyennant finances, le permis d'exploiter à des compagnies thaïlandaises. Aucun endroit n'échappait à leur prospection. Chaque nuit, une énorme pelleteuse de fabrication japonaise creusait, à la lumière de ses projecteurs, la rue centrale, devant le commissariat nouvellement construit. Le matin, le trou était rebouché pour ne pas gêner le trafic ! La terre était transportée en camion 500 mètres plus loin, sur un grand tamis mécanique arrosé par un puissant jet d'eau. Une fois par jour, les représentants de la compagnie venaient ouvrir le gros cadenas qui bloquait le tamis grillagé, pour récupérer les rubis. En fonction de leur nombre, ils étaient accompagnés de soldats khmers (l'adjectif rouge n'était plus employé) chargés de protéger le précieux chargement jusqu'au poste frontière distant d'une vingtaine de kilomètres. Conducteurs d'engins, mécanos, soudeurs, qui travaillaient dans la boue au milieu d'un capharnaüm de moteurs et de ferraille, étaient thaïs à 80 %. Plus loin, les coolies khmers descendent des sacs de terre jusqu'au bord d'un immense trou d'eau saumâtre. Ils tamisaient à la main le sable rejeté par la machine, afin que la plus petite pierre ne puisse leur échapper. Plans d'eau et monticules cernaient la ville, augmentant au gré des prospections. Ce commerce rapportait 100 millions de dollars par an aux dignitaires khmers rouges comme Kah Kan, le vice-gouverneur de Pailin. A 45 ans, cet ancien officier de la division khmère rouge 415 ressemblait à un adolescent. A croire que vingt-quatre ans passés à se battre dans la jungle et les rizières maintiennent en forme. Il y a peu, il serrait encore un AK 47 dans sa main, était habillé du large pantalon noir que portaient les révolutionnaires dans le maquis. « Je suis né à Siem Reap et je me suis engagé dans la résistance à l'âge de 20 ans, me dit-il l'air crispé. A l'époque, le peuple voulait la guerre. Aujourd'hui, il désire la paix, estime-t-il. Le gouvernement nous combattait, il fallait bien se défendre. » Il me fallut poser deux fois la même question avant qu'il aborde le passé. Les atrocités, les centaines de milliers de morts ? « C'était la faute de Pol Pot. Je regrette ce que sa ligne politique a provoqué. Ce régime a fait de mauvaises choses. Nous nous en excusons auprès du peuple », me dit-il en se déchargeant de toute responsabilité sur le frère numéro 1, mort cinq mois plus tôt.

Chapitre VI

Le baptême du feu

Pierre Schoendoerffer. Après le reportage sur Sihanouk, j'ai été affecté à Hanoi où le Service presse information avait une villa pour ses équipes. A côté, il y avait des bureaux réservés à la presse, en plein cœur de la ville, entre le palais du gouverneur et la citadelle. L'endroit offrait des chambres pour les journalistes civils, mais aussi un bar et un restaurant. La presse caressait le général de Lattre dans le sens du poil. Le « roi Jean », comme le surnommait Lucien Bodard, aimait la gloire.

Après les défaites de la route coloniale (R.C.4), les tragédies de Cao Bang et Lang Son, son arrivée en décembre 1950 avait donné de l'espoir au corps expéditionnaire. Nous, les gars du Service presse information, habitions donc cette maison. Cameramen et photographes, nous partagions les frais d'une boyesse qui lavait nos treillis et nettoyait les chambres. Le bureau était au camp militaire. C'est là qu'on recevait nos ordres. Le bar et les repas étaient chers. On avait une petite solde. Alors on allait sur les trottoirs manger une soupe chinoise, comme tout le monde.

Un jour, je suis tombé devant un boui-boui sur Serge Bromberger du *Figaro*. « Je vous remercie de votre papier, lui dis-je. Je suis enchanté de vous rencontrer. Je vous dois ma présence ici, et je suis l'homme le plus heureux de la Création. » Quelques jours après, je suis envoyé en haute région. Au même moment, le bruit court qu'un cameraman dont on ne dit pas le nom est tué en opération. Dans le groupe des journalistes civils, Serge Bromberger s'émeut en pensant qu'il s'agit de moi : « Quoi ? Ce jeune homme si joyeux, qui était venu dès son arrivée à Hanoi me remercier de l'article que j'avait écrit sur Kowal, ce cameraman abattu dans les rizières quelques semaines auparavant... Ce jeune homme se serait fait tuer dès son arrivée ? Lui qui s'était engagé dans l'armée comme cameraman à cause de moi ! »

Un photographe qui faisait son deuxième séjour au Service presse information, Jean Péraud, était venu engueuler le responsable des missions : « Alors, on envoie les bleus au carton dès leur arrivée, c'est scandaleux ! » Deux jours après, je me pointe, caméra à l'épaule, sans me douter qu'on me croyait mort. Le responsable appelle Péraud qui l'avait engueulé et lui dit : « Vous allez prendre Schoendoerffer sous le bras, et vous lui apprendrez la guerre ! » A partir de ce moment-là, une amitié très forte s'établira entre Péraud et moi. Nous naviguerons en binôme pendant deux ans et demi. Nous nous évaderons ensemble après la chute de Diên Biên Phú. Je serai repris. Lui a disparu dans la jungle à jamais...

PATRICK FORESTIER. Avec Péraud, le courant passe tout de suite.

P.S. Il était photographe mais il avait déjà fait un séjour en Indochine comme soldat. Il avait son franc-parler. Ça me plaisait. En opération ou à Hanoi, on était presque toujours ensemble. Mais comme caporal, je n'avais pas beaucoup de moyens pour sortir. Aussi m'a-t-on nommé caporal-chef. En opération, on était nourris et logés par l'armée. Et comme on était la plupart du temps en opération, on ne dépensait rien. Tout l'argent qu'on gagnait, c'était pour se nourrir à Hanoi avant de repartir pour une autre opération. On n'était pas riches mais je n'ai jamais eu l'impression d'être un pauvre qui ne pouvait pas se payer une bière. J'envoyais aussi une partie de ma solde à ma mère. J'ai donc signé une « délégation de solde ». J'avais promis à ma mère de lui donner des nouvelles, je lui écris donc le plus souvent possible. Je lui raconte ma vie, ce qui se passe, ce que je vois, ce que je découvre. Souvent, ce sont de petites lettres très courtes. Sinon, c'est le contraire. J'essaie qu'elles soient plus détaillées... quand je peux !

P.F. Etes-vous en contact avec les grands reporters qui viennent en Indochine couvrir la guerre ?

P.S. Oui, bien sûr, ils étaient très limités dans leurs déplacements. Quand nous revenions d'opération, ils nous posaient des questions à nous, les photographes et les cameramen, pour savoir comment ça s'était passé. En règle générale, ils nous offraient à boire ou nous invitaient à dîner. Ils avaient besoin de nous pour mettre de la couleur dans leurs reportages. Il y avait Lucien Bodard, Max Clos, Jean Lartéguy... et d'autres...

Un certain nombre a fait carrière par la suite, dont Henri Amouroux du journal *Sud-Ouest*. Il a été élu à l'Institut de France. Je l'ai vu jusqu'à sa mort, en 2007. Des journalistes et des photographes de *Paris Match* venaient aussi. Parmi eux, Jean Roy, tué plus tard en Egypte. C'était un sacré personnage, haut en couleur. Il avait une plaque en or sur le crâne parce qu'il avait été blessé au Débarquement en 44. Il y avait aussi un photographe qui s'appelait Jacques de Potier, qui a été blessé. C'est Péraud et moi qui lui avons porté secours en le transportant sur notre dos. Il a ensuite été évacué dans le Hiller du médecin-capitaine Valérie André, seule femme pilote d'hélicoptère en Indochine.

P.F. Jacques de Potier boitait mais jamais je ne l'ai entendu se plaindre de ses blessures quand je le croisais au journal où il affichait la bonne humeur, l'élégance, la discrétion des hommes courageux. *Match* et les journaux de l'époque en général aimaient les fortes personnalités. Jean Roy est mort près de Port-Saïd pendant l'opération de Suez. Il occupe la première page du numéro 398 du samedi 24 novembre 1955, assis, la cigarette au bec, vêtu d'un treillis et coiffé d'un béret rouge. Sur le pare-choc de sa Jeep, il avait peint le drapeau français et le numéro de téléphone de *Paris Match* : BAL 00 24. « Notre reporter Jean Roy est tombé sous les balles égyptiennes, près d'El Kantara, écrit le journal. Il était parti le 10 novembre vers 12 heures (trois jours après le cessez-le-feu), en compagnie du photographe américain David Seymour, dans une Jeep. Ils dépassèrent le dernier poste britannique sans voir les signaux que leur faisaient les sentinelles et pénétrèrent dans le no man's land. Les Anglais, qui les suivaient à la jumelle, virent la voiture zigzaguer et tomber dans un canal d'irrigation, en même temps qu'ils entendaient une rafale. C'est le lendemain qu'un officier de liaison égyptien confirma la mort des deux reporters. »

Quelques jours avant, *Paris Match* avait déjà été endeuillé par la mort d'un autre de ses photographes, Jean-Pierre Pedrazzini, fauché par les tirs de la mitrailleuse d'un char soviétique pendant l'insurrection de Budapest. Blessé aux jambes, au dos et au ventre, il avait été rapatrié dans un avion affrété par le journal, le dernier qui put quitter la Hongrie désormais sous la botte soviétique.

Ces photographes et ces reportes sont les « pères fondateurs » du reportage moderne, à l'époque où la télévision balbutiait et où Internet n'existait pas. *Le Figaro*, *France-Soir* publiaient des récits écrits par des journalistes qui étaient écrivains et vice versa. Idem à *Paris Match* qui a couvert la décolonisation et toutes les guerres qui l'ont accompagnée. Pendant la guerre d'Algérie, les envoyés spéciaux étaient *embedded* au sein d'unités en opération aussi bien qu'à Alger au moment du putsch et de l'O.A.S. Ce mot, *embedded*, être « embarqué » en français, provoque parfois des remarques acides chez les bien-pensants qui confondent leur sensibilité politique avec la couverture d'un événement. L'invasion de l'Irak en 2003 par les troupes américaines a provoqué les plus grandes critiques. C'était faire de la propagande à « l'armée de Bush » que de couvrir l'avancée des Marines dans le désert. Les critiques se poursuivent régulièrement à propos de l'Afghanistan. Couvrir les opérations menées par les militaires américains ou français serait presque une entorse à la déontologie !

La guerre est un combat contre, au minimum, un ennemi. Impossible de la couvrir sans être avec les combattants d'un des camps. On peut toujours relater les faits sans être *embedded*, dès lors qu'il s'agit d'un conflit sans armées régulières. Au Liban, en Bosnie, au Tchad, au Nicaragua, à Gaza, en Libye, en Somalie, et j'en passe, cela a été le cas, pour moi et pour d'autres. Difficile de relater la guerre au plus près sans être avec un des protagonistes. Sinon, le grand photographe Robert Capa ou Ernest Hemingway auraient pu louer un bateau en Angleterre pour traverser la Manche le 6 juin 1944 afin de couvrir le Débarquement et éviter ainsi d'être *embedded* avec les troupes américaines ! A propos de l'Afghanistan, j'ai entendu des « purs » revendiquer, pour garder leur indépendance, que « eux » avaient couvert les populations civiles comme s'ils avaient inventé l'eau chaude. Comment, en effet, couvrir un conflit sans parler des civils qui, en général, subissent la guerre ou bien sont impliqués, comme les insurgés afghans ? En trois décennies de voyages dans ce pays, j'ai l'impression de n'avoir fait que ça. Contre les Soviétiques, avec les moudjahidin, contre les talibans, j'ai toujours vécu et relaté les souffrances des populations. Rien n'empêche de continuer aujourd'hui, sauf que les talibans n'accueillent pas, en règle générale, de journalistes occidentaux. On peut toujours prendre des photos des drogués afghans de Kaboul, faire un reportage sur les écoles de filles, les mariages forcés, les hôpitaux insalubres, la corruption endémique. La couverture des opérations menées par les soldats alliés m'apparaît incontournable. C'est ce que vous faisiez en Indochine où vous êtes tombé sur les grandes figures du journalisme de terrain de l'époque.

P.S. Ils déboulaient tous au moment des grandes opérations. Après, ils retournaient à Hongkong ou Bangkok dans leurs bureaux respectifs ou rentraient carrément à Paris. Leurs missions étaient un peu chaotiques, suivant l'importance des événements. A l'époque, je découvre ce monde-là et des relations d'amitié se créent. Certains sont plus âgés que moi. Ils ont affaire à un officier de censure qui veille au grain. Les papiers qu'ils écrivent sont lus par lui. Ils sont coincés. Moi, je pouvais raconter ce que je voulais, mais ils ne pouvaient pas utiliser ce que je leur disais. Quand les informations leur semblaient vraiment importantes, ils allaient passer 48 heures à Hongkong pour transmettre leurs articles. Mais en même temps, ça leur retombait sur la figure parce qu'ils étaient lus par l'état-major à Paris et ils devenaient, dans la foulée, *persona non grata* à Hanoi.

P.F. Quelle est la première mission de guerre où vous devez, avec votre caméra, accompagner une unité française en opération ?

P.S. C'est de suivre un commando qui doit aller de l'autre côté de la rivière Noire pour déceler les infiltrations Viêt-Minh dans la région. Il est dirigé par un lieutenant, un ancien du 1er Bataillon de Corée, un gars plutôt sympathique que j'ai revu par la suite plusieurs fois. Avec lui, je découvrais la progression en jungle, avec la menace d'une embuscade. Nous sommes en 1952, on sent les prémices, les premiers frémissements d'une grande offensive Viêt-Minh. Notre commando, composé de 45 hommes, est parti d'un poste installé sur la rivière Noire, tenu par des légionnaires du 3e R.E.I. Nous traversons la rivière avant de nous aventurer à pied dans la jungle, une trentaine de kilomètres plus au nord. Notre objectif est un village où, selon nos renseignements, un commissaire politique créait de l'agitation. Ma mission était d'accompagner le commando, de voir ce qui allait se passer, de témoigner avec ma caméra de la vie quotidienne des soldats en opération. J'ai filmé la traversée en pirogue de la rivière, puis l'infiltration dans la jungle, le lieutenant qui monte sur un arbre pour voir de loin le village. Soudain, au moment où on arrive près des maisons, les Viêts tirent pour donner à leurs copains le temps de filer : ce sont, en fait, des éléments retardataires qui ont pour mission de permettre au plus gros de la troupe de décrocher, parce qu'ils ignorent combien nous sommes. Ils ouvrent le feu au fusil-mitrailleur. (D'après l'équipe qui est avec moi, au bruit, c'est un fusil-mitrailleur anglais. Les Britanniques avaient participé en 1945 à un contrôle du 16e parallèle pour arrêter les Chinois. Que des armes anglaises circulent depuis n'avait rien d'étonnant. Elles avaient dû être volées...) C'est mon baptême du feu. Pour la première fois, j'entends des balles siffler. En toute innocence. Nous répliquons. Je ne sais pas encore faire la nuance entre une balle qui arrive et une qui part. La détonation du départ m'impressionne autant que le claquement des projectiles Viêt-Minh autour de nous. Pendant que nous ripostons avec notre fusil-mitrailleur, on essaie de les coincer. Le lieutenant est avec nous. En entendant les premiers tirs, je me planque. Ensuite, je n'ai pas le choix : je suis les gars qui manœuvrent pour tenter de couper la retraite des Viêts. Ça va vite. Il faut suivre... On ne sait plus très bien qui tire sur qui. Surtout quand la végétation est dense.

P.F. Pour mon baptême du feu, j'avais quasiment votre âge quand vous êtes arrivé en Indochine. (Je suis né en 1954, l'année de la chute de Diên Biên Phú.) C'était en Afrique. Un choc. En 1975, après la fin du régime de Saigon, la guerre Est-Ouest se transporte sur ce continent. Apparaissent en Ethiopie, en Angola, dans plusieurs autres pays du continent des rébellions, des guerres de libération et des régimes marxistes. On voit arriver des Cubains, des Allemands de l'Est et des Soviétiques. C'est à cette époque, en 1979, que je me rends au Cabinda, une enclave qui regorge de pétrole, annexée quatre ans auparavant par l'Angola.

Pour obtenir leur indépendance, les va-nu-pieds du F.L.E.C. (Front de libération de l'enclave du Cabinda) sont à la peine face au rouleau compresseur soviétique, qui soutient alors l'armée angolaise.

P.S. Comment vous y prenez-vous pour rejoindre ce maquis ?

P.F. Je vais d'abord au Zaïre, gouverné d'une main de fer par Mobutu, au sommet de sa puissance. Un émissaire vient me chercher à l'aéroport de Kinshasa avec une Renault 5 et deux militaires en civil du Front de libération. Nous sortons de

Kinshasa et prenons la piste de Matadi, le grand port sur le fleuve Congo. Le chauffeur conduit très vite. Il fait très chaud et au bout de deux heures de trajet, les pneus sont brûlants. Soudain, un bruit sourd me fait sursauter. C'est un pneu qui éclate, puis un second. Première embardée. Le type lâche le volant. Il ne sait plus quoi faire... D'une main, j'essaie de remettre la voiture droite parce qu'il est complètement paniqué. On va à droite, à gauche, en zigzag, en travers... Le temps me paraît interminable. Je vois arriver l'énorme parapet en béton armé d'un radier. On le percute de plein fouet... Premier, deuxième, troisième tonneaux... La voiture est sur le toit. J'ai eu le réflexe de mettre le sac qui était à mes pieds sur mes genoux et j'ai enfoui ma tête dans cet airbag improvisé qui a amorti le choc. Mon voisin a cogné le volant et a le visage tuméfié. Les deux combattants qui sont derrière ont cassé la vitre de leur portière avec leur tête. Le plus grand a le visage couvert de sang avec des petits morceaux de verre plantés sur le front, les joues et le nez. Je suis à moitié groggy, j'ai mal aux épaules, au cou, mais je m'en sors plutôt bien. Les trois autres, eux, sont quasiment assommés. Le moteur continue de tourner. L'essence peut couler sur le moteur bouillant... La peur de l'incendie me donne des ailes. Je coupe le contact et je me glisse à l'extérieur par ma vitre ouverte. J'ouvre ensuite les portes. Mes compagnons de voyage sortent à quatre pattes en gémissant. Cet accident est très ennuyeux. Nous sommes clandestins au Zaïre. Si on se fait contrôler par l'armée ou la police, même si elle est corrompue jusqu'à la moelle, on ne pourra pas s'en sortir. Que fait ce toubab, ce Blanc avec ces types qui viennent du Cabinda ? Heureusement, on n'est pas loin de Matadi. Moyennant quelques dollars, un Zaïrois nous emmène dans une maison occupée par des complices des deux militaires. Celui qui a le visage complètement hérissé de verre doit souffrir le martyre. Sa tête tuméfiée a doublé de volume. Il nous abandonne pour aller se faire soigner. A l'aube, on repart. Un guide nous accompagne. On franchit le Congo sur un pont, pas loin des rapides où, quelques années plus tard, disparaîtront Philippe de Dieuleveult et son équipe, dont Richard Jeannelle, le photographe de *Match*, qui couvrait l'expédition.

J'aperçois le Chicoango en écarquillant les yeux. Quelque part dans le Bas-Zaïre, ce cours d'eau sert de frontière entre l'ex-Congo pro-occidental et le Cabinda marxiste. Soudain, je distingue une pirogue qui approche de la rive. Deux hommes en armes en descendent. Embrassades, court dialogue à voix basse et nous embarquons dans l'esquif. « Reste accroupi et surtout ne bouge pas. Si nous chavirons, c'est plein de crocodiles », me chuchote le guide.

Le jour commence à poindre entre les feuillages. Pieds nus, vêtus de haillons, une quinzaine de rebelles des F.A.C. (Forces armées cabindaises) attendent pour m'escorter jusqu'au président du mouvement, Henriques Tiago Nzita. Deux heures de marche, à monter et à descendre dans la jungle du Mayombe, à se frayer un passage entre la végétation luxuriante, à traverser des arroyos sur des troncs d'arbres abattus. Au sommet d'un petit promontoire rocheux, quatre cabanes, un mât et un drapeau rouge, jaune, bleu, avec une étoile blanche. Devant, un homme, petit, assez rondouillard, habillé en treillis militaire, pistolet au côté, face à une poignée de gamins, le cou raide, les yeux fixes, au garde-à-vous avec des fusils aussi grands qu'eux. A la manière portugaise, tapant du pied et sautillant sur place, la garde personnelle du président hausse les couleurs.

Agés de 10 à 15 ans, les « pionniers » composent la garde personnelle du président du F.L.E.C. Agiles comme des félins, ils sont de redoutables combattants. « A l'assaut, ils ont l'esprit libre, m'explique Henriques Tiago Nzita. Ils ne pensent pas à leurs familles, ce sont les plus farouches. »

Bien qu'ils ne reçoivent plus aucune aide de l'extérieur, les 5 000 guerilleros du F.L.E.C. évoluent dans la forêt comme des poissons dans l'eau.

Six heures du matin. Les rayons de soleil n'arrivent pas à percer les gros nuages qui obstruent le ciel. L'air est chargé d'humidité dans les sous-bois de la forêt équatoriale. Devant moi, la colonne de 45 combattants s'ébranle pour partir au combat. Après quelques minutes de marche, la chemise mouillée colle déjà la peau. La moyenne d'âge des soldats est à peine de 20 ans. Pieds nus ou chaussés de rangers éculés récupérés sur les Cubains, la chemise déchirée ou le pantalon rapiécé, la colonne transporte un armement disparate : mitraillettes Uzi israéliennes, Kalachnikov et lance-roquettes RPG 7 russes, G3 allemand, FAL belge, lance-grenades américains.

A raison de huit ou dix heures par jour, nous nous enfonçons dans la forêt sur une piste de cinquante centimètres de large. Lorsque le passage est difficile, les hommes de tête se frayent un chemin à coups de machette. La pluie rend le terrain glissant et gonfle les petits cours d'eau qui serpentent entre les collines. Dix fois, vingt fois, il faut retrousser le pantalon pour traverser. Chaque soir, nous dormons dans un village. Au troisième jour, je vois des combattants partir, en avant-garde, pour assurer notre sécurité. Da Silva le commandant est parmi eux. Quand j'arrive, il me dit : « Il faut que tu parles aux habitants. Prononce un discours. Aucun Blanc n'est venu ici depuis des lustres. Ils espèrent beaucoup de toi. » Je n'ai pas le choix. Ils sont peut-être 250, 300, à attendre, en silence, les yeux écarquillés, que je parle. On me fait monter sur un fût d'essence. Comme les villageois ne comprennent pas le français, Da Silva traduit.

Evidemment, je dis que je suis journaliste, que je ne représente pas le gouvernement français. Je ne veux pas donner de faux espoirs à ces pauvres gens qui sont en train de crever dans cette zone libérée, à la merci des combats qui peuvent éclater à tout moment. « Il est blanc, il est français, donc il va nous aider », pensent-ils. La France va les sauver. Je tourne autour du pot. Je dis quelques mots, quelques phrases encourageantes. « Il faut garder le moral, croire en son idéal, au Cabinda. » En haillons, les yeux noirs comme brûlants de fièvre, tous me regardent et ils applaudissent. Je suis ému car je sais que ces quelques phrases anodines leur ont fait chaud au cœur. Ils savent qu'il y a cinq ans, des « soldats », en fait des mercenaires soutenus par les services de renseignements français, ont tenté de leur donner l'indépendance et ils croient que je suis l'avant-garde d'une nouvelle opération. Da Silva ne traduit pas exactement ce que je dis. J'ai l'impression qu'il leur donne de faux espoirs. Que faire ? Le soir, les femmes nous apportent de la viande, les chauves-souris grillées habituelles, le bifteck local, dont la chair rappelle un peu celle du lapin. Quant à la tête, je la refuse poliment... On dirait celle d'un chaton... En vivant avec ces guerilleros, je découvre l'Afrique puissante, forte, une nature vierge, des contrées où les gens n'imaginent même pas ce que peut être la vie en Europe. Pour eux, la civilisation se résume à la traînée blanche du passage des avions dans le ciel. Je repense à *L'homme qui voulut être roi*, le roman de Kipling. Ici, je ne suis pas au Kafiristan, mais, cette nuit-là, je comprends Daniel Dravot qui accepte d'être pris pour le dieu Sikander, fils d'Alexandre le Grand, par les villageois naïfs qui l'entourent. Au Cabinda, à la tête de « mon armée », je suis moi aussi fêté comme un libérateur par ces pauvres bougres. J'ai sympathisé avec plusieurs jeunes combattants. J'ai remarqué qu'à coups de machette, ils coupent des lamelles d'écorce de certains arbres pour en faire provision. Ils me font comprendre que c'est de l'écorce de « bois bandé » comme ils disent. En fait, un stimulant sexuel. Partout, ils ont des femmes ou ils connaissent des filles peu farouches avec les combattants de la liberté...

Nous traversons encore un grand plateau pour descendre dans une plaine marécageuse inondée par la rivière Luali. Mes chaussures s'enfoncent dans la boue et l'eau glauque m'arrive parfois bien au-delà de la ceinture. Je n'ose pas penser aux crocodiles et aux serpents. Trois heures de marche encore, et nous atteignons la route goudronnée qui traverse le pays. De Tchiowa, la capitale, cette route suit la côte et les installations pétrolières pour s'enfoncer plus au nord vers Dinge, Buco-Zau, Belize et Miconje. L'embuscade aura lieu là, sur cet axe entre les villes de Dinge et Buco-Zau, à une dizaine de kilomètres à peine de Safika, une ancienne exploitation forestière portugaise transformée en une des plus importantes bases militaires angolaises. Mais ils ne veulent pas passer à l'action la nuit. « L'ennemi nous repère à chaque coup de fusil à cause de la flamme qui sort du canon, explique un chef de groupe… Mais surtout il est très difficile de savoir si tout le convoi a été "nettoyé". Profitant de l'obscurité, plusieurs éléments peuvent s'échapper et riposter lorsque nous donnons l'assaut. » Alors on se retire d'un bon kilomètre. A la tombée du jour, j'entends, au loin, un coup de feu. Peu après, deux guerilleros reviennent avec un gorille de plaine qui mesure quand même la moitié d'un homme ! Ils l'ont tué. Ils vont le manger. Un combattant saisit les pattes avant, un autre les membres arrière et ils mettent la bête au-dessus du feu pour éliminer les poils de ce qui ressemble au corps d'un enfant mort. La vue de ce barbecue improvisé est difficilement soutenable. D'autant qu'une odeur de chair brûlée empeste le campement. Ils retirent enfin le cadavre raidi par les flammes que le guerillero préposé à la cuisine pose sur un tronc. Soudain, il coupe sa tête d'un coup de machette et d'un autre même geste, la lame découpe le haut du crâne. Il fait cuire ensuite sur les braises la tête grimaçante du gorille. Avec la chaleur, le crâne semble rétrécir mais il garde toujours visage humain. Je m'efforce de regarder la scène d'un air distant, comme si, à Paris, je mangeais du gorille tous les jours… Vient l'heure de vérité. Ils se passent le crâne à tour de rôle et chacun plonge ses doigts dedans pour porter un morceau de cervelle à sa bouche. C'est mon tour. Là, je dis non. Ils se moquent de moi mais je tiens bon. Après la cervelle, viennent les membres. Manger du gorille, c'est s'accaparer sa force pour combattre demain l'ennemi avec plus de vigueur, et le terrasser. Heureusement, j'ai pris avec moi des tubes de lait Nestlé qui sont très caloriques et me calent l'estomac. Je m'endors par terre, au pied d'un arbre, épuisé par la marche et les émotions.

Au réveil, chaque guerillero noue autour de sa tête un turban rouge en signe de guerre. Nous prenons place sur un bas-côté, tout au long d'un virage serré. A 500 mètres de part et d'autre sont postés deux groupes de barrage, composés de huit combattants. Si du renfort arrive, il sera stoppé par ces hommes. Dissimulés par la végétation, les guerilleros sont tapis derrière chaque arbre, chaque inclinaison de terrain. Silencieux et immobiles, nous attendons, en vain, toute la journée. Da Silva a décidé que l'heure limite pour attaquer ne doit pas excéder 20 heures. Vingt minutes après, un bruit de moteur se fait entendre au loin. Ce sont les camions tant attendus ! Le commandant répète son ordre : « Pas un coup de fusil. Nous ne sommes pas prêts pour attaquer la nuit. » Six camions chargés de soldats passent à quelques mètres sans nous voir. Jusqu'à 2 heures du matin, pas moins de 26 véhicules circuleront sur la route pour ravitailler les bases du nord.

Au petit matin, le groupe change de côté par rapport à la route. De là nous pourrons nous replier plus facilement. Les guerilleros ont choisi cette fois-ci de tendre leur embuscade dans un véritable défilé. La chaussée passe entre deux « murs de terre ». Interminable, l'attente recommence toute la journée. Depuis 48 heures, les assaillants n'ont rien mangé. Pour se tenir le ventre, ils mâchent de la noix de kola, et moi je bois mon lait en tube. Dès 19 heures, la tension recommence à monter. Da Silva me propose une Kalachnikov pour participer à l'attaque. Lui et ses hommes ne font plus de différence entre journaliste et combattant. Dans la tension qui règne avant l'embuscade, ils me considèrent comme un des leurs. Da Silva me tend un FAL, un fusil d'assaut de fabrication belge. Si je le prends, je serai « L'Homme qui voulut être roi », celui qui a le pouvoir de donner la mort à des hommes qui ne sont même pas ses ennemis... Surpris, je ne sais vraiment pas quoi répondre. « Allez prends-le ! » me dit-il. Pour lui, un combattant de plus, c'est important car on ne sait sur quel type de convoi on va tomber. Pendant un instant, j'hésite. Je suis tellement en osmose avec ce groupe qu'il me serait facile de passer « de l'autre côté ». Le plus terrible, c'est que j'en ai envie, pour me prouver que je suis capable de réussir ce que j'estime à ce moment-là être une épreuve de vérité. Mais c'est mon premier reportage de guerre et je ne veux pas me perdre. Je choisis le témoignage plutôt que le combat.

« Ce soir, l'ennemi sera beaucoup moins méfiant, me chuchote Da Silva. Hier soir, ils n'ont pas été attaqués. Alors ils s'imaginent que la voie est libre. » A peine termine-t-il sa phrase que des vrombissements de moteurs se font entendre au loin. Chaque changement de régime résonne de colline en colline. Les phares percent enfin la nuit qui vient juste de tomber. Ils sont trois. Un camion à ridelles rempli de soldats, une Land-Rover châssis long et un camion militaire de ravitaillement. Dans un bruit assourdissant, les deux lance-grenades et le lance-roquettes tirent presque en même temps. C'est le signal de la curée. Un déluge de feu s'abat sur les trois véhicules. Dans la Land-Rover, plusieurs hommes hurlent de douleur. Mais le conducteur réussit à déboîter et à doubler le camion stoppé devant lui. Il ne s'arrêtera que plusieurs centaines de mètres plus loin, derrière un virage, pour appeler du renfort. Pendant ce temps, les hommes du camion tirent encore mais ils seront tous abattus. Ils ont eu à peine le temps de riposter, surpris par la rapidité de l'attaque. Leurs corps tachés de sang sont enchevêtrés comme des pantins désarticulés.

Dans la cabine, les guerilleros trouvent deux miraculés, deux enfants qui n'ont même pas été blessés. Leur mère est mourante. Une balle l'a traversée de part en part. Elle est cabindaise. Son mari est un officier angolais. Devant ses enfants pétrifiés, elle a le temps d'expliquer qu'il avait été nommé dans la garnison de Buco-Zau. « Il croyait que pour aller nous installer, nous serions plus en sécurité dans un convoi militaire », murmure la femme, ensanglantée. Les guerilleros la sortent et lui posent un garrot sur le bras droit. Mais elle se vide de son sang par le côté sous les yeux de ses deux fils, âgés d'à peine 3 ans. Les hommes l'assoient sur des feuillages, mais elle s'affaisse lentement après deux convulsions... Deux guerilleros emportent les gosses terrorisés qui pleurent en se frottant les yeux.

Maintenant, c'est au tour de la Land-Rover de riposter. Elle a mis en batterie deux petits mortiers de 60 et pilonne le côté de la route. Au loin, d'autres vrombissements sont perceptibles. Ce sont les renforts. « Il faut se replier », crie Da Silva. On abandonne la mère, moribonde et intransportable. Avec des tisons incandescents qui éclairent nos pas, nous nous enfonçons dans les profondeurs de la forêt. L'ennemi maintenant en grand nombre tire au hasard dans les feuillages. Un court moment, nous sommes obligés de stopper notre progression car ils bombardent au gros mortier, presque dans l'axe de la piste. On entend des feulements, puis des explosions autour de nous. Les renforts sont arrivés avec des pièces plus grosses. Les obus explosent, heureusement, en haut des arbres. La canopée, *a priori*, nous protège mais on presse le pas parce que c'est de plus en plus dangereux. Un obus peut toujours passer à travers les frondaisons. Les guerilleros qui ont pris les deux enfants ouvrent la marche. Ils portent des morceaux de bois au bout incandescent. Le mouvement du bras en marchant suffit à éclairer la terre, deux mètres devant soi. C'est mieux qu'une lampe électrique, toujours dangereuse car on perçoit sa lumière de loin. Personne ne panique mais notre petite troupe s'enfuit maintenant en courant. Soudain, la colonne s'arrête. Chacun essaie de se protéger sous un arbre abattu par la foudre ou cherche un abri derrière un mouvement de terrain. Le pilonnage est intense. Les coups de mortier sont de plus en plus nombreux et semblent se rapprocher. Les obus tombent autour de nous dans un bruit sec. Puis soudain, le silence. Sur la route, les soldats gouvernementaux ont-ils jugé que c'était inutile de continuer à tirer ? Ou ont-ils décidé de nous poursuivre et ne veulent-ils pas prendre le risque de tuer leurs camarades ? On attend cinq minutes. Puis on reprend notre marche, encore plus vite. Je sens mon cœur battre fort dans ma poitrine car je comprends que les Angolais sont peut-être à nos trousses. Une colonne peut même essayer de nous couper le chemin du repli en nous tendant une embuscade à son tour. Heureusement, une dizaine de combattants sont restés derrière nous, en arrière-garde, pour observer leur mouvement. « Ils ne nous suivront pas. Ils ne vont pas prendre ce risque », me dit Da Silva. Ils ont eu de la chance. Si tu n'avais pas été là, on aurait attaqué les renforts avant de nous éclipser ! » Derrière nous, les types qui protègent notre fuite sont en train de piéger la piste avec des grenades dégoupillées. Si elles explosent, on entendra le bruit.

Dès l'aurore, nous sommes debout pour reprendre la progression. On ne sait jamais. Une fois que nous avons retraversé la rivière sur le gros tronc, le commandant hésite. Normalement, la prudence voudrait qu'il jette l'arbre à l'eau pour stopper la piste. Il réfléchit quelques secondes puis explique : « Non, il va servir une dernière fois. Comme ils passent maintenant la nuit, il faut frapper un grand coup. Nous reviendrons dans quelques jours à 150 pour tendre une autre embuscade. » Les deux gosses récupérés à l'ennemi ouvrent grands leurs yeux apeurés. Ils ne quittent plus le combattant qui les a recueillis. « Par leur mère, ils sont cabindais, explique-t-il. Si nous les rendons, ils seront envoyés en Angola ou peut-être à Cuba. A partir d'aujourd'hui, ils grandiront avec leurs frères. Plus tard, ils comprendront. » La colonne est maintenant sur le chemin du retour. Les maquisards exultent. Chacun explique à haute voix son exploit de la nuit. Ce soir, ils prieront ensemble pour demander à Dieu de les aider à libérer le Cabinda qui, une trentaine d'années après, est toujours une province de l'Angola.

Sur le retour, je suis tombé malade mais j'ai pu marcher jusqu'à la frontière du Zaïre. Là, je suis resté trois jours dans une cabane, perclus de fièvre. Impossible que mes jambes me portent davantage. J'étais « rincé » mais heureux. J'avais réussi. Je m'étais prouvé quelque chose à moi-même. Seul. Sans témoin. Si je n'avais pas ramené mon reportage, j'aurais presque pu dire que c'était un acte gratuit, pour la gloire, la mienne, celle qui est au fond de moi, parce que j'avais repoussé mes limites.

Aujourd'hui, quand je regarde les photos de cette aventure, je ressemble à un gamin. J'ai les cheveux mi-longs, un visage enfantin. Parmi les moments les plus intenses, il y avait eu la solitude de l'envoyé spécial qui a pratiquement disparu de nos jours. Pour rejoindre ces guérillas, à l'époque, il fallait s'engager dans un véritable périple. Rien à voir avec les combats urbains d'aujourd'hui où la bataille, comme pendant la révolution libyenne, ressemble parfois à une guerre de gangs couverte par une meute de journalistes, plus ou moins expérimentés, qui traitent ces événements comme des faits-divers ou un jeu de cache-cache... Internet n'existait pas, ni les téléphones portables. Aussi fallait-il avoir un bon moral et du caractère pour s'engager, souvent tout seul, dans ces aventures au long cours. En sachant qu'être blessé grièvement, sans médecin, ni médicament, ni secours, c'était s'exposer à une mort à peu près certaine dans le désert ou les tréfonds de la forêt tropicale. Et vous, Pierre, que ressentez-vous dans la jungle du

Tonkin lorsque, pour la première fois, le Viêt-Minh vous tire dessus, au cours de cette opération, après la rivière Noire ?

P.S. Je ressens des montées d'adrénaline. En même temps, je sais que ce n'est pas sérieux parce qu'il n'y avait pas vraiment de combat. Ils tirent pour nous retarder, pour laisser le temps à leur commissaire politique de prendre ses petits bagages et de filer.

P.F. Il aurait pu vous piéger, en laissant des grenades à moitié dégoupillées devant vous...

P.S. On ne leur en a pas laissé le temps ! Au bout d'une dizaine de minutes, on a essayé de cerner le village, de le fermer complètement. Mais ils étaient déjà partis. Après qu'on est entrés à l'intérieur, les Vietnamiens qui étaient avec nous ont posé des questions pour savoir ce qui s'était passé. C'était bien un commissaire politique qui s'était installé là pour rayonner dans la région et préparer les Thaïs à la grande offensive Viêt-Minh.

P.F. A ce moment-là, vous vous rendez compte où vous avez mis les pieds... Vous étiez parti de Paris quelques semaines avant. Après une halte à Saigon et une « promenade » avec le roi du Cambodge à Angkor Vat, vous touchez du doigt la réalité de l'engagement français en Indochine.

P.S. Oui. Là, c'est sérieux ! Je découvre dans quelles conditions se déroulent les combats. Et je comprends qu'il faut que je m'adapte, très rapidement. Les gars ont l'habitude de marcher dans la jungle. Surtout qu'on est pressés ! On progresse dans un terrain difficile, en tentant d'aller vite. Notre mission était de contrôler le village et de repartir après... Le retour s'est donc fait beaucoup plus lentement. On a dormi une nuit dans le village et en revenant, une seconde fois dans la jungle avant de repasser la rivière Noire et de retrouver la légion.

P.F. Ne craigniez-vous pas une contre-offensive ? Le Viêt-Minh aurait pu aussi vous tendre des embuscades sur le chemin de retour.

P.S. La nuit, on mettait évidemment des sentinelles autour de notre bivouac. Les gens du pays venaient nous renseigner. On avait des informations parce que tous n'avaient pas été convaincus par le commissaire politique. Les villageois n'étaient pas en majorité acquis à sa cause. Pour moi, c'est une première expérience de la guerre, avec le bruit et l'angoisse de se dire : attention l'ennemi est là, autour. Mais cela me convient. C'est un petit examen de passage et je l'ai réussi ! Les anciens de la section en font des plaisanteries. Un sous-officier du bataillon de Corée, qui se battait encore sous mandat de l'Onu avec les Américains contre les Coréens du Nord et les Chinois, me dit : « J'ai reçu un coup de sabre d'un Chinois. Je vais te le faire voir. » Il baisse son pantalon et me montre la raie de ses fesses ! Il charriait le bleu que j'étais ! Naïf et innocent, je croyais un peu tout ce qu'on me disait. Mais il n'y avait là rien de bien méchant ! Les soldats vietnamiens qui nous accompagnaient étaient sympathiques avec moi. Il y en avait un qui filmait aussi. Cette mission n'était pas véritablement dangereuse. J'ai fait des opérations par la suite où, vraiment, on y allait dans une grande tension. Tandis que là, il y avait une certaine tranquillité parce qu'ils savaient que la zone n'était pas tenue par les Viêts. Il y avait seulement quelques petits éléments isolés qui protégeaient le commissaire politique. Aussi notre nuit dans la jungle a-t-elle été plutôt tranquille. On dormait par terre. Heureusement, il ne pleuvait pas. C'était la saison sèche. Je n'avais même pas pris de toile de tente. Personne n'en avait. On dégageait une petite clairière au coupe-coupe et on se relayait pour prendre un tour de garde. Moi, je n'en avais pas, même si à partir du moment où il faisait nuit, je n'avais plus de mission ! A l'époque, il n'existait pas de pellicule sensible. Mon travail s'arrêtait et je parlais avec le lieutenant ou avec les soldats de l'infanterie coloniale.

Quand je rentre à Hanoi, grosse surprise : c'est à ce moment-là que je tombe sur les gens qui me croyaient mort et qui se réjouissent de me voir vivant ! En premier, Péraud. C'est lui qui était allé voir notre capitaine pour lui dire qu'un bleu comme moi, qui ne connaissait rien à l'Indochine et à la guerre tout court, pouvait se faire buter tout de suite.

En fait, Péraud m'a appris la guerre. Son expérience m'a plusieurs fois été utile. Un jour, on se retrouve sur une route, obligés de passer par un endroit où il y a, sur une petite colline, pas très loin, une arme automatique qui tire. Elle prend la piste en enfilade, mais il faut passer, il n'y a pas d'autre chemin. Je dis à Péraud : « On y va. » Avant nous, un type avait déjà été tué et plusieurs autres blessés. Pour limiter les risques, on traversait par petits paquets. Je lui répète : « On y va. » « Non, attends ! » me répond-il. Quelques minutes s'écoulent, scandées par le staccato de l'arme. Il avait compris, au bruit, que le fusil-mitrailleur était en fin de magasin au bout de 25 cartouches. Il me dit : « Allez ! Vite ! » Le temps que le Viêt change de chargeur, on est passés sans coup de feu. C'était une première leçon. Il avait à peu près compté les coups, on le sent au rythme de l'arme.

P.F. Quand vous revenez à Hanoi, les missions se succèdent-elles rapidement ou y a-t-il des temps morts ?

P.S. Il existe des périodes plus calmes. Cette fois-là, je ne suis reparti en opération que quatre ou cinq jours plus tard. A Hanoi, je vais au camp de presse pour prendre les ordres du capitaine qui commande le Service. Par la suite, il arrivera qu'on ne passe qu'une nuit à Hanoi avant de repartir sur une autre mission. Peu à peu, je découvre une très belle ville qui m'enchante, avec sa cité, les gens, les bistrots vietnamiens et les cyclopousse. Dans certains, on a ce qu'on appelle le *ke bout* : on signe un papier, une sorte de reconnaissance de dette, qui signifie qu'on paiera quand on aura perçu notre solde. Les patrons de ces bouis-bouis savaient très bien quel jour on la touchait ! Ils savaient même à peu près ce qu'on gagnait. Donc les notes ne dépassaient jamais ce montant. Ils nous faisaient confiance. Mais si on était tué en opération, c'était tant pis pour eux ! Du coup, on ne comptait pas les soupes chinoises et surtout la bière. On ne mangeait jamais à l'ordinaire. Il fallait rester avec les militaires de la compagnie, dans la citadelle, et ça m'emmerdait. J'aimais mieux mes bouis-bouis. J'étais aussi invité, à l'occasion, par les journalistes. Quand Serge Bromberger a cru que j'étais mort, il était tellement content de me voir vivant qu'il m'a invité à boire et à manger...

P.F. Il était beaucoup plus âgé que vous à l'époque ?

P.S. Je ne sais pas quel âge il avait. Pour moi, c'était un vieux !

P.F. Il avait 40 ans en 1952, soit seize ans de plus que vous. En septembre 1945, il avait publié dans *Le Figaro* une enquête bouleversante sur les camps français de prisonniers allemands où la mortalité était effrayante à cause de la malnutrition. Il avait interviewé le général Buisson, chargé de ces camps. La nourriture représentait 1 000 calories par jour, « juste assez pour qu'un homme couché, ne bougeant pas, ne meure pas trop, trop vite ». En janvier 1962, il sera blessé dans un attentat de l'O.A.S. qui a plastiqué son appartement et celui d'autres personnalités. C'est lui qui dénoncera dans les premiers, dès mai 1974, les déportations massives et la terreur instaurée par les Khmers rouges au Cambodge.

P.S. Il y avait aussi Bodard, Max Clos... Lartéguy était déjà venu en Indochine. Lucien Bodard était en poste fixe. Il passait une partie de son temps à Saigon et une autre à Hanoi. Il préférait Hanoi parce que c'était quand même plus « chaud », plus près de la guerre, des endroits où les choses se passaient vraiment. Il était toujours égal à lui-même. C'était un homme curieux. Il essayait de savoir comment on vivait sur le terrain. Je lui racontais les opérations que je suivais, expliquant ce qui s'était passé. Il pouvait ensuite glisser des nuances dans son article, au lieu d'écrire seulement un rapport tiré de l'Agence France Presse. Ses papiers étaient un peu plus poussés car il y mettait de la couleur locale. Partir en opération, je vous l'ai dit, c'était difficile pour les correspondants de guerre. Ils étaient emmenés dans des convois de journalistes sous contrôle. On les faisait arriver le matin avec le Dakota et repartir le soir... Ils ne restaient pas sur le terrain. Il n'y avait que les militaires du Service presse information qui le pouvaient. Ils essayaient de tricher. Quelquefois, ils faisaient exprès de rater le dernier avion pour Hanoi. Mais le coup ne marchait pas très bien... Ils se faisaient mal voir. Ce dont ils se méfiaient surtout, c'était la censure. Elle était exercée par un lieutenant de cavalerie du 1er Chasseur qui avait été blessé. Il avait été mis à ce poste pendant sa convalescence. Ses ordres étaient simples : « Il ne faut pas contrarier Paris. » Les journalistes ne devaient pas non plus donner les positions exactes, des informations purement militaires comme le nombre de morts par exemple.

P.F. Au fur et à mesure que la situation militaire se dégrade, les opérations se multiplient pour tenter d'endiguer la poussée du Viêt-Minh. Est-ce que vous ressentez cette pression de plus en plus forte sur le corps expéditionnaire ?

P.S. Oui, à tel point qu'on avait deviné que les Viêts préparaient quelque chose. Ayant subi des échecs stratégiques dans le delta avec de Lattre au cours de plusieurs batailles, ils ont pensé que la bonne technique serait d'encercler le dispositif français par la montagne, et d'aller vers le Laos par un mouvement tournant, afin de conquérir toute la haute région. Il s'y déroulait un grand nombre d'opérations pendant que d'autres se poursuivaient dans le delta. A cause des régiments viêts qui y étaient infiltrés, la guerre était beaucoup plus cruelle d'une certaine manière dans le delta parce que, entre un paysan et un partisan, on ne sait pas qui est qui. Il y avait, comme on dit aujourd'hui, des « dommages collatéraux » et c'était douloureux à voir. On découvrait tout à coup des villages qui avaient été bombardés par l'artillerie, avec des civils, des femmes, des enfants, morts. Tandis qu'en haute région, c'était soldat contre soldat. La population y était moins importante que dans le delta.

Chapitre VII

Les opérations militaires au Tonkin et les dernières fumeries d'opium d'Hanoi

Pierre Schoendoerffer. Un bataillon, c'était 900 hommes au départ. Mais cet effectif n'était jamais atteint car les pertes n'étaient pas remplacées. Tous étaient des engagés volontaires. C'étaient de jeunes hommes qui avaient trouvé en Indochine ce qu'ils cherchaient. D'une certaine manière, ils n'avaient pas le sentiment d'avoir à subir quelque chose qu'ils n'avaient pas choisi. Ils savaient que le prix à payer était peut-être la mort, la blessure ou la captivité. Ils le savaient, donc ils ne pleurnichaient pas là-dessus, ça faisait partie de leur contrat. Il y avait des jeunes qui trouvaient la métropole emmerdante. On disait à ceux qui étaient recherchés par la police pour des choses pas trop graves : « Allez vous faire oublier en Indochine... » Mais, une fois arrivés, il y avait cet esprit du corps expéditionnaire qui les prenait, qui m'a pris moi aussi. C'était quelque chose de très particulier. On savait que la France ne s'intéressait pas à nous et, d'une certaine manière, on s'en moquait. On en tirait même une certaine fierté.

Patrick Forestier. Mais ces jeunes ne s'engageaient pas forcément pour maintenir la France en Extrême-Orient, ni pour perpétuer les colonies d'un empire finissant ?

P.S. Non, mais il y avait quand même le drapeau français, auquel nous étions attachés. On n'avait pas l'impression que c'était comme la fin de la Seconde Guerre mondiale, où il fallait vraiment que les Allemands « se barrent » de chez nous. En Indochine, le cas était différent. De Lattre avait bien fait comprendre que ce n'était pas une guerre de reconquête du pays, mais qu'on se battait pour le Viêtnam. Quand son fils unique est mort au combat, il a dit : « Bernard n'est pas mort pour la France. Il est mort pour le Viêtnam », pour bien nous faire comprendre qu'on était ici au service de ce pays. Et quand il est allé voir à son arrivée l'empereur Bao Dai, le chef de l'Etat vietnamien, il a prononcé devant lui cette phrase : « Mon épée est au service du Viêtnam. »

P.F. C'est un message qui était passé côté français. Côté vietnamien, c'était moins le cas. Les maquisards communistes Viêt-Minh, soutenus par Mao, qui vient de prendre le pouvoir en Chine, étendent peu à peu la guerre à tout le pays.

P.S. Pour les Vietnamiens, c'était une guerre civile. Pendant un certain temps, ils avaient tous adhéré au mouvement de Hô Chi Minh parce qu'il avait créé une sorte de Front populaire. Les communistes ont voulu ensuite durcir la situation pour que leur mouvement soit vraiment communiste. Ils ont écarté un certain nombre de personnages. Certains ne l'ont pas supporté et ont rallié le combat que la France menait avec les Vietnamiens. Le fait est que, quand on a quitté le Nord-Viêtnam jusqu'au 17e parallèle, il y a eu énormément de boat people. Plus d'un million de Vietnamiens sont partis dans des conditions abominables, en mer, sur des radeaux de fortune. Les navires français et américains les ramassaient pour les descendre vers le sud. Après la chute de Saigon, en 1975, d'autres boat people ont fui leurs pays par crainte du Viêt-Minh. Cela signifie qu'il n'y avait pas une unité absolue au sein du peuple vietnamien. Le projet de Hô Chi Minh n'était pas partagé par toute la population. On le ressentait puisqu'on était dans les unités mêlées avec les Vietnamiens. Grâce à ces rapports, on comprenait un peu plus le pays. Même si on ne les cherchait pas, on trouvait des justifications à notre présence et à la manière dont on faisait la guerre.

P.F. Grâce à votre caméra, vous fréquentez aussi bien le soldat que le général... vous filmez les grandes figures, celles qui ont marqué l'Histoire contemporaine. Comme dans une chanson de geste, ce sont vos preux chevaliers !

P.S. On parle de Bigeard, mais je voudrais aussi citer Bréchignac, un type exceptionnel, ou le capitaine Cabiro, un commandant de compagnie des Bataillons étrangers des parachutistes. A 37 ans, il affichait 5 blessures et 18 citations et avait été fait commandeur de la Légion d'honneur. De nouveau blessé à Diên Biên Phú, il perdra une jambe mais survivra par miracle. Ce sont des gens qui avaient une belle manière d'être. Ils avaient du panache, une gueule, du courage. Pour moi et les petits jeunes de 20 et 24 ans qui servaient en Indochine, c'étaient des chefs, des meneurs d'hommes qui nous ont marqués. Ils étaient parfois à peine plus âgés que nous, de cinq ou dix ans maximum, mais la plupart avait déjà fait la guerre contre les Allemands. Certains avaient même un lourd passé de combattant. Et ils vont continuer avec l'Algérie. Il y a des soldats qui ont connu plus de vingt années de guerre, de 1940 à 1962.

En Indochine, ils ont une réputation. On se dit : celui-là, c'est un grand. On choisit sa compagnie ou son bataillon à cause de lui, pour servir sous ses ordres. Bigeard, l'ancien résistant, qui s'était déjà illustré en Indochine en accumulant plusieurs séjours, était de ceux-là. J'ai plusieurs fois filmé les opérations de Bigeard. Je le suivais mais c'était surtout sur ses hommes que je tournais.

P.F. Racontez-moi la première opération avec son unité que vous avez couverte avec votre caméra. Bigeard aimait-il être filmé ?

P.S. La présence de la caméra ne le braquait pas. Au contraire, il aimait ça. La première fois que je l'ai rencontré, c'était pendant la bataille de Na San, à la fin 1952. Il venait d'achever sa retraite depuis Tu Lê. Il avait été parachuté dans un endroit vraiment pourri, dont il s'était extirpé après une longue marche d'une bonne centaine de kilomètres. Je l'ai vu arriver à pied à la rivière Noire. Il avait eu des pertes mais il avait ramené son bataillon. A l'état-major, ils avaient eu peur que ce bataillon ne disparaisse, ce qui aurait été une catastrophe pour le moral des troupes et pour la suite des opérations. A cette époque, je voulais être une éponge. Je me disais qu'ensuite je la presserais et que je verrais bien ce qu'il en résulterait ! « Ce n'est qu'après que j'étudierai les tenants et les aboutissants de cette guerre. » Je côtoyais des personnages exceptionnels. Ils restent encore des références pour moi, quand je pense à des choix que j'ai envie de faire ou des comportements que j'ai envie d'adopter. J'ai des références. Je me dis : « Tiens, ça, il ne le ferait pas »... Et j'essaie de ne pas le faire ! Ces hommes m'ont marqué profondément. J'ai perdu mon père très tôt, je vous l'ai raconté, et j'ai cherché des pères de substitution.

Quand j'ai fait du cinéma comme metteur en scène, j'avais le sentiment d'être un capitaine commandant une compagnie. Ma « section de voltigeurs », ce sont les acteurs, souvent fragiles. Ce qui va rester dans le film, c'est leur comportement. Ma section lourde est avec la caméra. Mon autre section lourde avec l'ingénieur du son et ma section logistique est représentée par les assistants et les directeurs de production. L'organisation d'un tournage de film me fait penser un peu à l'armée. Avec moi, comme capitaine. Je désigne l'objectif en donnant les moyens de l'atteindre. Quelquefois, au début d'une journée, je me dis : « Qu'est-ce que je vais tourner ? » Il ne faut jamais laisser planer le doute. Je prenais donc une décision, qui n'était pas toujours la meilleure, mais qui permettait de débloquer les choses. Dans l'armée, quand vous êtes devant une situation imprévisible, qui n'était pas dans le plan, il faut savoir improviser et décider. On peut douter et hésiter mais il ne faut pas le montrer. Il ne faut surtout pas faire partager votre hésitation aux autres parce que sinon l'ensemble du groupe se délite.

J'ai reçu ces leçons quand j'étais en Indochine. J'avais une petite responsabilité : ma mission était de rendre compte de cette guerre, d'être un témoin et de faire partager cette réalité à des spectateurs de cinéma en France. Le sacrifice de nos soldats au cours de la bataille de Diên Biên Phú dans un camp retranché a provoqué une véritable prise de conscience en France.

Dès qu'on avait terminé une opération, on rentrait à Hanoi donner nos pellicules et dès qu'une autre opération était envisagée, on repartait. On ne restait jamais longtemps à Hanoi. C'est pour cela qu'avec la petite solde qu'on percevait, au lieu du mess on allait en ville, dans de petits bistrots... On y trouvait des dancings et des petites fumeries d'opium. Les soldats n'y allaient pas. En opération, il fallait qu'ils soient en forme. Comme on ne buvait pas sur le terrain, quand on retrouvait Hanoi, on prenait parfois une bonne « cuite ». Le commandement veillait à ce que les hommes ne déconnent pas. Bigeard tenait très bien ses troupes. Bréchignac aussi. Ils avaient le respect du pays. Il faut dire aussi qu'en Indochine, on avait en face de nous une civilisation universelle qui était aussi vieille que celle d'Europe. En Indochine, il y avait une fraternité qui s'était créée. La guerre d'Indochine ne ressemble pas à la guerre du Viêtnam parce que la France était là depuis plusieurs siècles.

P.F. Après le départ des Français et des Américains, les bars de Saigon s'étaient multipliés tandis qu'Hanoi, la prude, qui héberge les grands responsables du Parti, apparaissait, même après la réunification, beaucoup plus austère. C'est pourtant à Hanoi que j'ai trouvé au début des années 90 des fumeries souvent sordides, fréquentées par des Vietnamiens. La soi-disant orthodoxie du Parti ne peut pas grand-chose face à une jeunesse qui n'a pas connu la guerre et vit à l'heure d'Internet et de la musique américaine. J'ai néanmoins découvert à Hanoi, grâce à un intermédiaire bien introduit, Nguyen, une fumerie. Nguyen était un dur, un membre de la « Vie noire », la mafia d'Hanoi. Trafics, contrebande, recel, prostitution, rien ne lui échappait dans son secteur. « T'emmener dans une fumerie, c'est risqué. La police est sur les dents. Un étranger, ça se repère tout de suite. Si au moins tu étais japonais ou coréen, passe encore, mais un Européen... »

Nguyen ne mentait pas. Le gouvernement prend le trafic de drogue et d'opium très au sérieux. Depuis la dernière décennie, 5 500 kilos d'opium ont été saisis et sur 69 condamnés à mort en 2011, 27 l'ont été pour trafic de drogue. Au milieu des années 90, le Viêtnam ne produisait plus, cependant, que 10 tonnes d'opium annuelles. Mais Hanoi la puritaine, siège du Comité central, préservée pendant cinquante ans des travers de « la société capitaliste », était devenue presque aussi dévergondée que Saigon.

Nguyen avait accepté de m'emmener dans une fumerie derrière sa moto japonaise. On roulait dans le quartier qui était peuplé, avant l'exode, essentiellement de Chinois. Les caractères qui ornaient les façades témoignaient encore de leur présence et un restaurant était resté réputé pour sa spécialité : le serpent. Devant le client, les serveurs décapitaient une couleuvre ou un cobra, dont le sang était immédiatement versé dans un verre d'alcool de riz. Le cœur encore palpitant était haché menu et glissé dans le même verre. Les Vietnamiens avaient appris auprès des Chinois à aimer ce cocktail. C'est très bon, paraît-il, pour la virilité... Le reptile était ensuite grillé, présenté sous forme de soupe ou de pâté. En tout, sept plats succulents défilaient sur la table.

Nous empruntâmes l'ancienne rue des Pavillons noirs et je pensais à l'homme d'affaires français que j'avais rencontré la veille, au bar du *Métropole*. L'homme, un Corse, approchait les 70 ans. Depuis près d'un demi-siècle, il n'était pas revenu à Hanoi. Son père y avait été militaire. Jeune capitaine, il avait été chef de poste dans la province de Cao Bang. Vous l'avez peut-être croisé, Pierre, au cours d'une opération dans ce bastion du Viêt-Minh à l'époque. « Je revois encore ma mère tirer à la mitrailleuse sur les Pavillons noirs, ces bandes de brigands chinois qui franchissaient la frontière pour piller les villages du Tonkin. Mon père a été ensuite muté à Hanoi. » « Et l'opium ? » « Les fumeries étaient tolérées. Il y avait celle de Cipriani, au fond d'une ruelle de la vieille ville. On y jouait au poker, à la roulette, aux dés. Les Chinois étaient les plus assidus. Je me souviens d'un piano-bar confortable. Derrière, il y avait la fumerie. Mais beaucoup de Français fumaient chez eux. Les généraux et les hauts fonctionnaires n'étaient pas en reste. Les Mandarins non plus. Devenu colonel, mon père était parfois invité à leur table. Ils recevaient dans des pièces tendues de brocart. Ils étaient vêtus d'une robe de soie de couleur, toujours autre que le jaune qui était la couleur impériale. Ces robes étaient ornées de boutons de jade dont le nombre définissait l'importance du personnage. On n'y mangeait jamais moins de quarante-trois plats et tous étaient opiomanes. L'opium, c'est bon pour la santé, à condition, bien entendu, de rester raisonnable », m'avait soufflé le Corse avec un sourire entendu.

Sur sa moto, Nguyen me disait à peu près la même chose. « Moi, je fume une ou deux pipes toutes les semaines. Après, j'y vois plus clair... Je suis plus en forme », affirmait-il. Juché sur notre engin, nous dépassâmes la dernière porte de la vieille ville qui ait résisté au temps pour emprunter l'ancienne rue des Nattes.

Nguyen tourna une dernière fois et s'arrêta devant une maison qui fermait l'impasse. Nous étions attendus. A peine le moteur fut-il arrêté que la porte s'ouvrit. L'homme qui nous accueillit était voûté par l'âge mais souriait tout le temps. La maison était remplie de meubles anciens.

Au dernier étage, le propriétaire poussa une porte. A l'intérieur, trois hommes, allongés sur une estrade couverte de carrés de joncs entrelacés, fumaient l'opium. A notre arrivée, les deux premiers sortirent. Ce qui frappait le plus en entrant, c'était d'abord l'odeur. Cette odeur très caractéristique de l'opium, qui ne ressemblait en rien à celle, forte et entêtante, du haschisch. Plongée dans la pénombre, la pièce baignait dans une ouate invisible au parfum subtil, léger, mais tenace. Au milieu trônait le nécessaire du fumeur d'opium, posé en désordre sur un plateau. Il y avait la lampe, couverte d'une enveloppe de verre tronconique, percée d'un simple petit trou chargé de concentrer au maximum la chaleur. Effilée comme la pointe d'un canif, la flamme semblait ne consommer que de l'air tant elle restait inodore. Le réservoir contenait de l'huile d'arachide. « La graisse de porc ou de chien, c'est encore mieux. Ça sent très bon », précisa Nguyen. L'inconnu tira légèrement la mèche, régla la flamme. Il saisit ensuite sa pipe, un tube en bois sculpté de Mandarins barbus et de caractères chinois. Sur la circonférence de la pipe, une garniture métallique entourait le trou qui recevait le fourneau, véritable galet octogonal noir et mat. Pour les nouveaux arrivés, le préparateur cura les orifices avec des aiguilles et des grattoirs rangés dans un pot d'étain. L'inconnu écrasa sa cigarette dans un cendrier plein de mégots pour tirer une bouffée d'un tuyau en caoutchouc qui prolongeait un narguilé local, une sorte de bouilloire où se consumait du tabac brun. L'homme était décontracté et questionna Nguyen à mon sujet. J'avais confiance en lui. Ce soldat de la « Vie noire » avait trop l'habitude de mentir pour dire la vérité. Avouer que j'étais journaliste aurait provoqué un malaise, si ce n'est mon départ immédiat. J'imaginais que le patron de la fumerie pensait que j'étais un original, en quête de sensations fortes. Il ne semblait pas, toutefois, surpris par ma présence. « Les Français aiment l'opium. Avant, ils fumaient beaucoup. Cette pipe a cent ans. Elle est en bois précieux et en argent. Dans le temps, elle a été utilisée, à coup sûr, par plusieurs de vos compatriotes », m'avait-il dit avec un sourire qui laissait apparaître des chicots noirs. Plusieurs décennies après leur départ, la réputation des Français d'Indochine amateurs d'opium ne s'était pas estompée. L'officier de marine Frédéric-Charles

Bargone, qui signait ses livres « Claude Farrère », obtint, en 1905, le prix Goncourt pour *Les Civilisés*. En décrivant les mœurs des Européens de Cochinchine et du Tonkin, amateurs de femmes et d'opium, il déclencha le scandale. « C'est un livre de diffamation indochinoise », concluait la presse de Saigon. Ce qui n'empêcha pas Farrère d'être élu à l'Académie française contre Paul Claudel. Un demi-siècle auparavant, Baudelaire avait déjà provoqué un semblable tollé en publiant *Les Paradis artificiels*. « [...] Vous fumez ; vous croyez être assis dans votre pipe et c'est vous que votre pipe fume ; c'est vous qui vous exhalez sous la forme des nuages bleuâtres », écrivait-il. A voir la tête du vieux Vietnamien qui me faisait face, c'est exactement ce qui était arrivé !

D'un tube en plastique, il sortit une petite bille noire. Il l'écrasa avec une spatule sur l'orifice, puis il chauffa la pipe avant de me la tendre. Allongé sur le côté, la tempe posée sur un appui-tête rectangulaire, je calai à mon tour le fourneau juste au-dessus de la lampe. Il fallait agir lentement, sans à-coups, dans une longue inspiration qui amenait la fumée au plus profond des poumons. Aussi longtemps que grésilla la bille sur la flamme, la fumée pénétra dans mon corps et sembla se lover partout à l'intérieur... Pour les « accros », une pipe, ce n'est rien. Il faut en fumer une dizaine pour être bien et le salaire finit par partir en fumée. Pour du mauvais opium. « Celui-ci provient du Viêtnam, de Lai Châu. C'est de la première qualité. Il est meilleur que celui du Laos », me chuchota mon hôte.

« Quand tu as fumé, la vie est belle. Tu es optimiste », confiait l'inconnu. « Et la police ? Elle n'a jamais fait de descente ici ? » « Non, non, répondit mon hôte. Ce sont les gens riches qui viennent chez moi. Dans ma maison, il n'y a jamais eu d'histoire. Il suffit de payer et les inspecteurs ferment les yeux. »

L'ambiance était détendue. J'éprouvais un bien-être qui s'était installé en chacun de nous. En tout cas, c'était l'impression que j'avais.

CHAPITRE VIII

Mourir sous les obus en Indochine et les bombardements au Liban

PIERRE SCHOENDOERFFER. En temps de guerre, la discipline reste essentielle. Pour que ses troupes restent en forme, Bigeard avait décrété le cross obligatoire. On appelait son unité le « Bataillon Zatopek », du nom du coureur plusieurs fois champion du monde dans les années 50. Bigeard donnait l'exemple : il courait tous les jours plusieurs kilomètres. Pendant les périodes où il y avait moins d'opérations, je préférais me concentrer sur un objectif qui me tenait à cœur : devenir pilote comme, je crois, c'était également votre souhait depuis votre adolescence. J'avais commencé dans un petit aéroclub. Mais j'ai dû arrêter. Je n'ai pas passé mon brevet à cause des départs précipités sur le terrain qui ont recommencé. J'ai pu continuer à monter dans un avion, mais pour une autre raison : sauter en parachute pour pouvoir participer aux opérations aéroportées. Je n'ai pas eu le brevet parce que je n'ai fait que trois sauts. Le premier, c'était sur un Junker 52, un avion allemand en tôle ondulée propulsé par trois moteurs aux cylindres en étoile. Pendant la guerre, les

Allemands le surnommaient « Tante Ju ». La version française, en Indochine, était baptisée « Toucan ». La porte était très basse et l'avion volait très lentement. Quand on saute, on descend d'un coup... Les deux autres sauts, je les ai faits depuis des Dakota, le bimoteur de transport des Alliés pendant la guerre. Là, on sort presque horizontalement, au ras des ailerons et de la queue. En fait, j'ai pu effectuer trois sauts opérationnels, et le dernier sur Diên Biên Phú dans la nuit du 18 au 19 mars 1954. Jusqu'au dernier jour de la bataille, il y a eu plus de volontaires pour sauter qu'il n'y avait de places dans les avions. Ils ont sauté sur le champ de bataille, dans les barbelés, sur le camp retranché, au milieu des trous, des abris, même des mines... Et plus il y avait de places dans les avions, plus les soldats français ont sauté. Grâce à ces renforts, Diên Biên Phú a tenu quelques jours de plus. Ces hommes n'étaient pas fous ! Ils savaient qu'ils étaient condamnés et qu'en sautant là, ils risquaient évidemment de se faire tuer. Et que, blessés, ils seraient prisonniers. Il n'y avait pas d'autre alternative... C'était l'état d'esprit qui régnait à ce moment-là.

Le problème, c'est que, à peine arrivé, je me suis très vite rendu compte que dès qu'on sortait, on était accrochés. La piste Pavi, du nom d'un grand explorateur de l'Indochine, entre Lai Châu et Diên Biên Phú, était régulièrement attaquée par les Viêts. Un jour, nous sommes passés par les crêtes pour aider des camarades qui étaient pris à partie. A un moment donné, on est tombés sur du très dur. Les tirs de grenades à fusil et d'obus de mortier au phosphore ont mis le feu aux hautes herbes. Toute une section a été décimée. Ceux qui n'ont pas été tués par balles ou blessés ont été brûlés vifs... Avec Péraud, nous avons réussi à passer entre les flammes. Sans ça, nous aurions été grillés nous aussi. Par chance, il y avait en recueil trois compagnies du 1er B.E.P. (Bataillon étranger de parachutistes). Elles nous ont appuyés, ce qui nous a permis, à la nuit, de filer entre les lignes des Viêts. Là encore, on a eu des combats assez durs.

PATRICK FORESTIER. Vous avez réussi à filmer ?

P.S. Là, j'ai tout fait, oui ! J'ai réalisé un reportage impressionnant. Après plus d'un an de présence, je connaissais ce qu'on peut filmer dans la guerre. Au départ, on se dit : « Tiens, il faut filmer l'ennemi. » Non, l'ennemi, il ne faut pas le filmer. Il faut filmer les gens avec qui l'on est. L'ennemi, si on le voit, il vous voit. Et il tire le premier ! Les accrochages duraient plusieurs heures. C'était vraiment dur. Quand ces types ont brûlé, on a essayé d'éteindre le feu. On a fait une manœuvre par le côté pour essayer d'empêcher les Viêts de leur tirer dessus, pendant qu'on éteignait le feu avec des bâtons. C'était terrifiant ! On entendait nos camarades crier quand ils brûlaient vifs. Ceux qui n'étaient pas blessés ont réussi quand même à se sauver. Je ne sais plus combien il y a eu de morts. Après un premier séjour à Diên Biên Phú, j'ai rejoint l'opération *Shake Hand*. Une colonne de chez nous venait du Laos et nous de Diên Biên Phú. Nous devions nous rencontrer au bout de trois jours de marche. Le chemin qu'on avait pris était vraiment rude car on descendait dans un grand cirque. On n'a entendu qu'un coup de feu, un seul.

Après, on a continué à descendre dans un silence absolu. C'était angoissant. Nous progressions dans une jungle très dense, parsemée de clairières avec des herbes de 2 mètres de haut qui coupaient comme des lames de rasoir. Les feuilles étaient larges et tellement aiguisées qu'elles provoquaient des blessures aux mains. On suivait une piste mais des camarades nous protégeaient sur les flancs en se frayant un chemin à la machette. L'endroit ressemblait à un coupe-gorge. Il n'y a rien eu, quand on est arrivés en bas, on a vu des tas d'emplacements de combat abandonnés. C'est là qu'on a rencontré cette colonne viêt venant du Laos. Les combats ont été très intenses. On est repartis pour Diên Biên Phú par un autre chemin. On s'était dit : « Les Viêts vont nous attendre. » C'était classique... On marchait toute la journée jusqu'au bivouac du soir. Il ne fallait rien allumer, ni feu, ni torche pour ne pas signaler notre présence. La nuit, des sentinelles et des sonnettes étaient disposées autour du périmètre, assez loin pour être tranquilles. Les hommes étaient relevés toutes les trois ou quatre heures, suivant leur état de fatigue.

P.F. Pendant ce temps, à Diên Biên Phú, la situation s'aggravait lentement ?

P.S. Oui, et en même temps, nos troupes étaient obligées de faire des missions à l'extérieur pour essayer de desserrer l'étau qui était en train de prendre forme. Les unités sur place installaient des points d'appui, et les soldats creusaient. Je suis retourné à Diên Biên Phú trois ou quatre fois entre novembre 1953 et mars 1954. Je venais filmer des ministres ou bien un général américain qui voulaient se rendre compte de la situation. A l'époque, les avions se posaient sans problème.

Les postes les plus lointains, c'étaient « Anne-Marie » et « Béatrice ». Ils étaient très éloignés du terrain. Les Viêts comptaient sur l'effet de surprise, alors ils ne tiraient pas pour ne pas se dévoiler et les nôtres étaient fatigués après leurs patrouilles à l'extérieur. Quand la bataille a commencé, Diên Biên Phú était plus un décor de théâtre qu'un véritable camp retranché. Les abris ne pouvaient pas résister à l'artillerie, aux obus de 105 ou aux mortiers de 80. Il y avait des rondins, de la terre dessus, mais ce n'était pas assez épais. Il y avait bien une compagnie de Génie qui travaillait sans relâche mais elle renforçait d'abord les P.C. et l'hôpital. C'étaient les unités elles-mêmes qui installaient leurs points d'appui.

Ce n'est que le 11 mars que les Viêts ont tiré quelques coups de feu, sans doute pour régler leurs canons, et le 13, la bataille a commencé. Je n'étais pas là à ce moment, j'étais à Saigon. J'avais été blessé à la jambe à Diên Biên Phú le 8 mars.

P.F. Vous connaissez par cœur cette cuvette, la vallée, la route, les positions. Vous avez filmé un peu partout, en y étant allé trois ou quatre fois. Quand vous êtes à Saigon, que vous entendez que l'offensive Viêt-Minh a débuté, comprenez-vous que la bataille est engagée ?

P.S. Oui. Péraud m'a envoyé un télégramme : « Je saute. Démerde-toi ! » Je connaissais un certain nombre de pilotes. Malgré tout, même avec le Système D, ce n'était pas gagné ! Il me fallait d'abord l'autorisation de mon commandant à

Saigon. Le cameraman Lebon avait perdu une jambe. Le photographe Martinov avait été tué deux jours après. Il ne restait donc que deux photographes : Camus et maintenant Péraud. Il s'était arrangé avec Bigeard. Pour moi, c'était évident de les rejoindre. D'abord parce que tout simplement Péraud y était et que je ne voulais pas le laisser tomber ; ensuite parce que c'était un gros coup. Arrivé à Hanoi, j'intrigue pour pouvoir embarquer sur un Dakota. Déjà, les avions ne se posaient plus. Ne restait que le saut en parachute. Je finis par trouver une place avec les renforts du 5e Bataillon parachutiste vietnamien commandé par un officier français... Une figure. Il s'appelait André Botella, un ancien commando des S.A.S. qui avait été largué dans la nuit du 5 au 6 juin 1944 dans les Côtes d'Armor pour perpétrer des coups de main contre la Wehrmacht. Lui et ses hommes étaient déjà à Diên Biên Phú sur « Eliane 4 ». Les renforts étaient des types qui n'avaient pas pu sauter parce qu'ils étaient en permission ou Dieu sait quoi... J'ai pu avoir une place car j'avais déjà sauté en opération.

Chaque matin, le rendez-vous était toujours aux aurores, à 5 heures. Et on attendait, on attendait... La météo n'était pas bonne. Deux fois, j'ai embarqué. En vain. Trop de nuages. On nous disait : « On recommence demain. » On allait au-dessus de Diên Biên Phú et on revenait. Cinq ou six heures de vol pour rien à cause de ces nuages. Dans mon paquetage, j'avais surtout des pellicules. Pas trop cependant car je me disais que je pourrais en avoir de nouvelles. Plus tard, je m'en suis fait d'ailleurs parachuter. Pendant toute la bataille, j'ai tourné 35 ou 36 bobines d'une minute. Pour sauter, j'avais un sac à dos à la place du parachute ventral de secours. Je l'avais enlevé parce qu'on sautait à très basse altitude. Si mon parachute principal se mettait en torche, je n'aurais pas eu le temps de l'ouvrir car on était déjà au sol. On sautait entre 120 et 80 mètres. Les premiers avions volaient plus bas. Ils s'étageaient ensuite pour éviter que les parachutistes se percutent. Ces parachutes étaient automatiques. C'était ce qu'on appelle des « voilure d'abord », dans le jargon militaire. Il y a deux systèmes : « suspendre d'abord », c'est-à-dire qu'il y a un déroulement qui ralentit la chute avant que le parachute ne s'ouvre. Et « voilure d'abord », quand la voilure s'ouvre d'un seul coup. C'est un choc assez violent qui peut faire mal aux épaules... Les nôtres claquaient vraiment ! On descendait vite, ce qui était préférable parce que les Viêts nous tiraient dessus depuis les collines avec de grosses mitrailleuses. Parce qu'elle était assez loin, la piste d'atterrissage n'était pas touchée mais ils tiraient sur les parachutistes et les avions.

A la quatrième tentative, mon avion a décollé vers 9 heures du matin. C'était le 18 mars. Deux heures et demie de vol après, il ne devait pas être loin de midi, on est arrivés au-dessus de Diên Biên Phú. Il y avait des nuages. La météo n'est pas la même qu'à Hanoi. Dans l'avion, je me concentrai. On accrocha nos mousquetons. Je basculai. Au sol, le comité d'accueil était là : tirs, obus de mortiers, qui ne tombaient pas très loin. Il y avait des morts et des blessés. Par terre, je voyais des casques percés, des douilles, du matériel épars, à moitié détruit... C'est là qu'on parachutait les gars.

Je retrouvais les traces de ceux qui avaient sauté les jours précédents : flaques de sang séché, pansements souillés, armes brisées... Je compris tout de suite la situation et je me dis : « Dans quelle merde je me suis fourré ! » Les parachutistes, quand ils sautent, se regroupent. « Un type tout seul n'excitera pas les Viêts », me dis-je. Donc, je suis resté cent mètres derrière la section avec laquelle j'avais sauté et ça s'est très bien passé. Dès que je suis arrivé, je suis allé me présenter au colonel de Castries (ses étoiles de général lui seront parachutées plus tard). Après m'être présenté, je lui demandai où était Péraud. Il était dans le coin, pas très loin. « Tu en as mis du temps ! » s'esclaffa-t-il. C'était son humour... « Ici, c'est chez nous. C'est notre petit trou », ajouta-t-il. C'était notre petite maison de presse. On l'appelait le « Stand Presse », pourtant c'était une simple cavité avec de petites alvéoles pour pouvoir dormir. Il y avait deux lits picot pliables, en toile. Comme on était trois, on alternait. Au-dessus, c'était couvert par de la terre, des sacs de sable. Pas assez cependant pour un coup de 105. Il se trouve qu'un obus n'est jamais tombé pile sur nous. Il y en a un qui a explosé quand on binait, tout près, vraiment. Le Vietnamien qui nous servait était dans un autre trou, juste à côté. Une tranchée nous séparait. Il a été tué. Je ne suis pas allé voir parce que je suis tombé dans les pommes... Il était mort. On entendait le gargouillis de son sang qui coulait, tout ça noyé dans la poussière et la fumée de la poudre. C'était le soir, au moment du dîner. Il faisait nuit. La déflagration a tout ébranlé et j'ai fait un petit malaise. Et puis c'est passé. Je me suis remis sur pied.

Parmi les conflits que vous avez couverts, Patrick, quels sont vos souvenirs les plus marquants, qui concernent des situations similaires où l'artillerie a joué un grand rôle ?

P.F. Le siège de Sarajevo, bien sûr, où pour arriver à l'hôtel *Holiday Inn*, Q.G. des envoyés spéciaux, il fallait remonter Sniper Alley sous le feu des tireurs serbes. Mais c'est surtout Beyrouth qui me revient à l'esprit pendant les bombardements du réduit chrétien par l'armée syrienne. La méthode soviétique que Bachar el-Assad appliquera contre ses opposants à Homs et Alep. A Beyrouth-Est, c'était un vrai déluge de feu qui s'abattait sur les maisons, les carrefours, les hôpitaux. Pour pénétrer dans cette nasse, il n'y avait qu'un moyen : la mer.

A l'époque, le départ s'effectuait de nuit à partir de Chypre. Après, c'était l'inconnu. La lueur blafarde de la lune éclairait la mer. A bord du *Santa Maria*, la lumière avait été coupée. Une courte annonce du commandant nous avait prévenus : « Par mesure de sécurité, éteignez vos cigarettes. » L'hydroglisseur filait à plus de 38 nœuds (70 km/h). Nous venions de pénétrer dans les eaux territoriales libanaises à la vitesse d'un hors-bord. Depuis quelques semaines, les deux ferries qui effectuaient le trajet entre le port chypriote de Larnaca et celui de Jounieh, au Liban, avaient arrêté leurs navettes. Ils offraient une cible facile aux artilleurs syriens. Le seul cordon ombilical qui reliait désormais l'enclave chrétienne au monde extérieur restait le *Santa Maria*. Son commandant, un Norvégien d'origine américaine, ancien de la guerre du Viêtnam, était un kamikaze. Sur l'hydroglisseur, la pénombre avait amené le silence parmi les 105 passagers. A travers les vitres, une langue de feu jaune était perceptible à l'horizon, à intervalles réguliers. C'était un canon qui tirait sur Beyrouth depuis le bord de mer. La vitesse décrut. Sur les flancs de la montagne que l'on devinait dans une brume chargée d'humidité, quelques lampes dispensaient un maigre halo de lumière. Le reste du pays chrétien était plongé dans le noir, faute de carburant pour alimenter la centrale électrique. Arrivé à quai, l'équipage nous demanda de débarquer rapidement. Une précaution qui n'était pas inutile. A peine la moitié des passagers avait-elle pénétré dans la salle de transit que tomba le premier obus. Il était moins de 1 heure du matin et l'enfer allait durer jusqu'à l'aube. Les passagers attardés sur le quai s'engouffraient dans le bâtiment. Une explosion sèche et très courte retentit à nouveau. A l'intérieur, un vent de panique poussa la foule vers le fond de la salle. Des cris fusaient de partout, des femmes se jetaient sur le sol, des militaires s'interpellaient. Ils couraient vers la sortie en remontant sur leur nuque leur gilet pare-éclats vert olive. Ils allaient chercher un employé du port qui avait été touché. La cadence des tirs augmenta alors. Les obus tombaient autour du bâtiment dans un bruit assourdissant. Il y avait des explosions parfois bizarres. Certaines étaient très violentes. D'autres, plus molles, ressemblaient au bruit d'un baigneur qui plonge dans une piscine alors que vous nagez sous l'eau. Ce sont en fait les déflagrations des projectiles qui tombaient dans les bassins du port. A côté de moi, un officier demanda à la foule de s'éloigner des bouches d'aération fixées au plafond. La salle de transit n'était pas un abri. Des sacs de sable protégeaient les murs et le toit mais il suffisait qu'un obus explosât dans la bouche d'aération pour que ce fût un massacre. Depuis dix minutes, c'était le silence. Nous attendions tous, espérant que les tirs avaient cessé définitivement. Soudain, un, deux, trois feulements. Dans un même cri, tout le monde se jeta à nouveau sur le carrelage. Certains se protégeaient en collant une chaise en plastique au-dessus de leur tête. Tous avaient compris. Ces feulements annonçaient une salve de Graad qui explosèrent en rafales autour de nous, tirés par des orgues de Staline. Une arme de saturation avec des fusées qui inondaient non seulement leur objectif mais terrorisaient leurs victimes en émettant un son aigu très long, qui annonçait l'enfer que nous allions vivre. « Maintenant, les Graad alternent avec les obus de 130 millimètres », disaient les connaisseurs autour de moi. Soudain, une nouvelle déflagration, très près, et un grand fracas de vitres. Malgré le mur de sacs de sable qui protégeait la sortie, le souffle pulvérisa les glaces de la porte. Deux hommes, blessés par des éclats de verre, avaient le visage en sang. Dehors, le projectile était tombé à une dizaine de mètres, sur une voiture qui s'était mise à brûler. La jeune femme qui était à côté de moi sur le bateau serra sa petite fille contre elle en pleurant doucement, pour ne pas effrayer davantage l'enfant. Son mari venu l'attendre embrassa la seconde, plus grande. A côté, un autre couple ne parvenait pas à calmer un bambin de 2 ans, qui hurlait à chaque explosion. « Pourquoi les Syriens bombardent-ils les femmes et les enfants ? Nous sommes des civils, et le *Santa Maria* ne transporte pas d'armes ! » s'insurgeait un passager.

Dès le premier obus, l'hydroglisseur avait filé vers le large, emportant tous les bagages et même deux employés du port qui n'avaient pas eu le temps de descendre. Les passagers qui s'apprêtaient à partir étaient parqués dans un bâtiment voisin, prisonniers eux aussi des obus. Ils étaient quittes pour revenir le lendemain soir. La plupart attendaient leur place depuis un mois, car le *Santa Maria* n'embarquait que 325 passagers, alors que chaque jour mille candidats au départ se précipitaient dans les agences de voyages. Vers 4 heures du matin, la cadence des tirs diminua. Les obus continuaient de pleuvoir, mais par intermittence. Certains choisissaient de quitter l'abri pour rentrer chez eux. L'accalmie pouvait durer mais aussi se transformer en un déluge de feu au cours duquel Beyrouth subissait des bombardements ininterrompus pendant 36 heures. « Je n'en peux plus ! » me souffla une femme avant de partir avec son mari. Je décidai de les suivre. Mon chauffeur de taxi, qui s'était réfugié dans le bâtiment, préférait lui aussi quitter l'endroit pendant que c'était encore possible. Nous courûmes jusqu'à sa vieille Mercedes. Un obus explosa non loin de là. Nous démarrâmes en trombe dans les rues de Jounieh. Klaxon bloqué et vitres baissées pour éviter les éclats de verre, il fallait vite sortir du périmètre pour, peut-être, retrouver le calme. Soudain, dans une petite rue du port bordée de vieilles maisons en pierres, un nuage de poussière opaque nous aveugla. Un obus venait de tomber sur un immeuble et des gravats barraient la chaussée. Tant pis. Le chauffeur fonça. Le lourd châssis cogna sur les pierres et les éboulis. Mais nous passâmes.

Lorsque je suis arrivé à l'hôtel *Alexandre*, je bus un arak bien tassé, c'est-à-dire sans beaucoup d'eau...

P.S. Passer à travers un barrage d'artillerie est une expérience qu'on n'oublie jamais. Pour les militaires, c'est déjà traumatisant. Mais pour les civils, ces explosions sont encore plus terrifiantes car ils se sentent démunis face à ces obus tirés de plusieurs kilomètres. A Beyrouth, les plus grosses pertes devaient être parmi la population de ces quartiers chrétiens pris dans la nasse syrienne.

P.F. Oui, car depuis bientôt six mois, les habitants vivaient sous le feu. Seuls les rats se complaisaient dans les rues désertes, encombrées de détritus et d'immondices qui dégageaient une odeur pestilentielle dans la chaleur moite de l'été. Côté musulman, les habitants avaient fui vers le sud, hors de portée des tirs. Ceux qui restaient rejoignaient les abris comme la totalité des chrétiens de Beyrouth-Est, prisonniers dans leur enclave. Tout près du port de Jounieh, les belles marinas de Kaslik étaient vides. En descendant la rampe d'accès d'un parking, on pénétrait dans un autre monde. Un monde de troglodytes qui sentait le moisi, la misère, le désespoir. Huit cents personnes vivaient sous terre pour se protéger des obus qui tombaient régulièrement sur le littoral. Pour certains, cette situation durait depuis le premier jour de la guerre de libération contre la Syrie, déclenchée par le général Michel Aoun. Matelas, couvertures, jerricanes d'eau et réchauds à gaz remplaçaient les voitures. Deux W.C. et un seul robinet permettaient à ces taupes de survivre. Au deuxième sous-sol, les gens dormaient dans cette odeur âcre qui caractérise les caves mal aérées. L'obscurité aggravait l'impression d'étouffement.

A Beyrouth, l'Hôtel-Dieu n'acceptait plus que les blessés et les urgences médicales. Situé près de la ligne de démarcation, à Achrafieh, cet hôpital moderne avait reçu 26 obus en une seule journée. Sœur Albine, de la congrégation des Saints-Cœurs de Jésus et de Marie, m'entraîna au rez-de-chaussée. Une centaine de malades étaient allongés sur leurs lits, dans les couloirs, dont les murs offraient une garantie supplémentaire contre les obus. Dans les étages, les chambres, vides heureusement, avaient été dévastées. Depuis, les couveuses étaient installées dans le bureau des achats, alimentées par des prises électriques collées avec du Chatterton. Le docteur Ghoser venait de pratiquer une ponction lombaire sur deux petits leucémiques qui dormaient en face de l'ascenseur alors que, pestait-il, « ils devraient être dans des chambres stériles, aujourd'hui trop exposées ». Plus loin, une femme enceinte avait été amputée de ses deux jambes, déchiquetées par des éclats. Mais l'enfant avait été sauvé. « L'aide humanitaire, nous n'en voulons pas. Nous n'en avons pas besoin, avait ajouté le père Joseph, du collège Saint-Antoine. Quand nous entendons ce mot, nous sommes vexés. Ce que nous demandons, c'est que la France sauve notre pays avec une intervention plus ferme, en mettant au ban des nations le régime de Hafez el-Assad », le père de Bachar, qui a fait tirer au canon sur son propre peuple pour se maintenir au pouvoir.

P.S. Quand j'ai sauté sur Diên Biên Phú, j'avais sur moi une bouteille de cognac comme cadeau d'arrivée. Ce n'était pas grand-chose mais on est toujours mieux reçu avec une bouteille que sans rien. Péraud était content. Lui aussi avait été largué avec une bouteille de cognac. C'était classique. Le jour même, on s'était pointés au P.C. des parachutistes. C'est là que se déclenchaient les offensives ou contre-offensives. C'était notre source de renseignements. On les connaissait presque tous. Ce n'était pas chez de Castries qu'on allait : c'était chez les paras. On y était bien reçus et on avait tout de suite les renseignements. Si ce n'était pas Bigeard qui les donnait lui-même, c'était son radio ou son secrétaire qui nous disait : « Demain matin, à telle heure, il y aura un coup à tel endroit. » Il fallait y aller à pied. On avait eu une Jeep, mais elle avait été détruite au bout de quelques jours par l'artillerie. Depuis, on circulait à pied dans le labyrinthe du camp retranché. Les Viêts nous harcelaient en permanence. Il y avait toujours des explosions, des obus par-ci, d'autres par-là. Ce n'était pas un bombardement intense. Ils nous tenaient sous pression. On ne marchait donc pas en surface, mais dans les tranchées en suivant des itinéraires tortueux. Les tranchées ne sont jamais alignées parce que, dans ce cas, elles sont faciles à prendre. Elles sont toujours creusées en zigzag, ce qui multiplie les distances. Quelquefois, on en avait assez. Alors on montait à l'extérieur. Il n'y avait pas beaucoup de monde dehors. Nous, par défi et un peu par inconscience, on remontait à la surface et on trottinait dans la direction où nous devions aller.

Le 22 mars, on participa à une opération avec le 1er B.E.P. « Loulou Martin » et quelques chars ouvraient la route pour reprendre « Gabrielle » qui était tombé. Les Viêts avaient déplacé leur artillerie. Ils creusaient déjà des tranchées pour menacer à la mitrailleuse, voire au fusil, le terrain d'aviation. Leurs canons nous tiraient dessus.

P.F. Là où j'ai vu déployer le plus de batteries de canons de tous calibres, c'est pendant la guerre Irak-Iran, qui a fait près d'un million de morts (on ne connaît pas le bilan exact dans les deux camps). Au milieu des années 80, l'armée irakienne nous avait emmenés en première ligne pour montrer qu'elle tenait le choc face aux offensives iraniennes. Dans une tranchée, j'étais tombé sur un soldat qui s'appelait Rachid. Il avait les yeux rougis par la fatigue. Depuis trois jours, il ne dormait pas. La Kalachnikov posée sur le remblai de terre, il scrutait l'horizon avant la tombée de la nuit. Le casque lourd accentuait encore davantage ses joues creuses noircies par une barbe naissante. D'un geste de la main, il me fit signe d'approcher en baissant la tête. A 800 mètres, les snipers iraniens tiraient sur tout ce qui bougeait. Ayant aperçu la poussière soulevée par notre véhicule à notre arrivée, ils arrosaient nos positions de courtes rafales. On finissait presque par s'habituer à ces détonations qui troublaient à peine le silence. Rachid appuya sa main sur mon épaule pour m'obliger à m'accroupir. A travers une meurtrière aménagée entre deux sacs de sable, il me montra une demi-douzaine de soldats iraniens enchevêtrés dans les barbelés, figés dans des postures désarticulées. Ils avaient été abattus au lever du jour. Personne n'allait les enterrer ni même ramasser les armes qui étaient éparpillées autour d'eux. Depuis le matin, ils pourrissaient au soleil dans les sables du Khouzistan. Derrière eux, le terrain était plat comme la main. Quatre ou cinq carcasses de Chieftain témoignaient de la violence du combat. A une centaine de mètres sur ma gauche, une tranchée était éboulée depuis l'explosion d'un obus. Les sacs de sable éventrés ensevelissaient une dizaine de soldats de la dernière offensive iranienne. Avec leurs jambes et leurs bras tordus, les cadavres maculés de sang n'étaient pas identifiables. L'un d'eux était décapité, un autre avait été littéralement coupé en deux par un éclat, certains n'étaient plus qu'un magma de chair sanguinolente. L'odeur de putréfaction empoisonnait l'air qui semblait figé dans l'attente de la prochaine explosion. En permanence sur le qui-vive, les soldats irakiens n'avaient pas toujours le temps d'enterrer leurs innombrables ennemis. Tapis dans une tranchée qui courait sur des dizaines de kilomètres, Rachid et ses compagnons s'attendaient à un nouvel assaut. « Ils attaquent en général à partir de minuit, m'expliqua un soldat avec une main bandée. C'est à partir de cette heure-là qu'il faut être vigilant. » A peine avait-il terminé sa phrase qu'un sifflement déchira le silence. Trois secondes plus tard, une explosion retentit derrière nous. Un deuxième sifflement survint immédiatement puis un troisième, encore plus près. Nous nous étions tous allongés dans la tranchée, les mains sur la tête. Des champignons de fumée noire montaient dans le ciel et des morceaux d'acier soulevaient le sable par petits paquets. Entre deux offensives, les Iraniens harcelaient en permanence les positions irakiennes afin de ne pas laisser à leurs adversaires une minute de répit.

Il fallait déguerpir. « Vite ! Vite ! » me faisait signe Rachid, la peur dans les yeux. Les Iraniens allaient attaquer telle une nuée de sauterelles. En sautant dans une tranchée voisine, je ressentis une douleur terrible à la cheville. Je m'étais foulé le pied ! Tous étaient déjà dans les 4 × 4, prêts à partir. Un ancien du journal *Le Monde* tapait sur l'épaule du chauffeur pour qu'il m'attende. J'arrivais en sautillant alors que les obus commençaient à tomber de plus en plus fort et de plus en plus près. On fila sur les chapeaux de roues, laissant Rachid face aux bassidji.

Le conflit irako-iranien était devenu une implacable guerre de position, un Verdun oriental où le sable remplaçait les coteaux humides des Ardennes. Ici, point de boue ni de neige, mais de la poussière qui séchait la gorge et brûlait les yeux. Spectacle impressionnant que cette tranchée peuplée de milliers d'hommes barrant la route aux hordes de l'ayatollah Khomeiny. Au pied du talus qui marquait la frontière, les Irakiens avaient creusé un canal rempli d'eau pompée dans les marais. Devant, des champs de mines et des kilomètres de rouleau de fil de fer barbelé dressaient un premier obstacle face aux vagues d'assaut. A coups de bulldozer, les Irakiens avaient élevé une véritable Muraille de Chine sur leur frontière. Chaque nuit, des fusées éclairantes illuminaient le glacis jonché de cadavres et d'épaves qui séparaient les ennemis héréditaires, Perses et Arabes. Quand les Irakiens remarquaient une ombre ou entendaient un bruit suspect, ils allumaient des projecteurs qui balayaient des paysages désolés. Malgré ces précautions, les Iraniens avaient réussi à percer la forteresse par vagues successives de 5 000 hommes. Débordés, les Irakiens s'étaient repliés pour laisser intervenir les chars et les hélicoptères.

Au nord-est de Bassora, l'armée irakienne avait aménagé un labyrinthe truffé d'abris souterrains. Un travail de taupe qui s'étendait sur une quarantaine de kilomètres, jusqu'au Chatt al-Arab, confluent du Tigre et de l'Euphrate. Jamais peut-être depuis la Seconde Guerre mondiale autant de matériel n'avait été rassemblé sur un même champ de bataille. Des centaines et des centaines de chars d'assaut, de fabrication soviétique, attendaient leur heure, disséminés dans le désert. Pour atteindre la première ligne, j'avais emprunté, assis à l'arrière d'une Jeep, la route qui menait avant guerre à la ville iranienne d'Ahwaz. Les uns derrière les autres, des chars revenaient ou montaient au front en roulant à toute allure, une chenille sur le goudron défoncé et l'autre sur le bas-côté. Debout au sommet de la tourelle, les chefs de char, blancs de poussière, ressemblaient aux soldats de l'Afrika Korps avec leurs lunettes de sable en mica fumé. Les camions, les transports de troupe blindés, les porte-chars provoquaient un embouteillage permanent et dangereux où les véhicules essayaient de se doubler dans une course effarante. Vrai brouillard minéral, la poussière coupait toute visibilité. Comme en témoignaient les camions disloqués sur les bas-côtés, les accidents étaient fréquents. J'en fis moi-même l'expérience...

Alors que nous venions de croiser un char, un transport de troupes accrocha notre Jeep soviétique en doublant. L'accident se solda heureusement par de la tôle froissée. Alignées comme une rangée de peupliers, des batteries de 155 et 175 millimètres à longue portée profilaient leurs canons de part et d'autre de la chaussée. Plus loin, c'était une cinquantaine de chars T 62 qui n'attendaient qu'un ordre pour monter à l'assaut. Puis c'étaient des centaines, des milliers de Jeep, de citernes, d'automitrailleuses, d'half-tracks qui étaient garés à l'abri, derrière des murs de terre ou qui roulaient dans tous les sens.

Les digues qui découpaient les marais en rectangles de plusieurs kilomètres carrés étaient couvertes de cadavres. Pilonnés par l'artillerie, harcelés par les hélicoptères blindés MI 24 que les Soviétiques utilisaient contre les résistants afghans, bombardés par les Mig, des milliers d'Iraniens étaient massacrés en quelques heures. « Jamais l'Iran n'a perdu autant d'hommes, nous avait affirmé le général Maher, le patron du 3e Corps d'armée irakien. Formées de combattants fanatiques et inexpérimentés, ses forces manquent d'homogénéité. Les religieux n'ont pas confiance en l'armée régulière. Les pasdaran sont des clochards encadrés par des non-professionnels. Parce que nous n'avons pas le choix, nous sommes obligés de hacher ces hommes qui sont envoyés à la mort comme des insectes ! »

Les corps d'enfants étaient nombreux parmi les cadavres déchiquetés. L'holocauste islamique n'épargnait en effet ni les gosses ni les vieillards. A une dizaine de kilomètres de Bassora, un camp de transit parquait les prisonniers de guerre. Mohamed Abid avait 13 ans. Assis par terre, il gardait les yeux rivés au sol. C'est à Téhéran qu'il s'était enrôlé dans les bassidji, ces déshérités qui fournissaient leur contingent de chair à canon aux mollahs fanatiques. Après avoir appris pendant dix jours à tirer au fusil, il avait été envoyé sur le front. Blessé au bras par un obus, il se retrouvait prisonnier sans avoir bien compris pourquoi.

Autour du cou, il cachait une petite clé qu'il ne voulait pas montrer. Il suffisait que cette clé ait été touchée par un mollah pour que s'ouvrît la porte du paradis rendue béante par l'ampleur du massacre. « Je croyais que c'était facile, m'avait dit le gosse avec beaucoup de naïveté. On m'avait dit que les Irakiens n'étaient pas nombreux et qu'ils se rendaient parce que nous avions la foi. »

« Sur le champ de bataille, j'ai vu un jour un gamin qui avait réussi à s'infiltrer dans nos lignes, m'affirma un lieutenant irakien. Il avançait tranquillement, sûr de son impunité, un lance-roquettes RPG7 négligemment posé sur l'épaule. Il souriait tout en marchant, comme s'il était drogué. “Eh toi ! Où vas-tu ?” lui ai-je lancé. Il ne m'a pas répondu et a continué à sourire en avançant vers nous. Un de mes hommes a tiré et j'ai moi-même creusé sa tombe. Les mollahs disent à ces gosses : “Si vous réussissez à passer les lignes irakiennes, vous pourrez aller prier à la ville sainte de Nadjaf et si vous êtes tués, vous irez tout droit au paradis.” » Sur le champ de bataille, des milliers de foulards rouges entouraient les têtes des cadavres avec l'inscription « Rendez-vous à Qodz », le lieu saint de Jérusalem. « Les mollahs sont capables de toutes les mises en scène pour galvaniser leurs troupes », expliquait un officier irakien. Un prisonnier m'a raconté qu'il était chargé, vêtu d'une tunique blanche, de monter un cheval blanc. « Je galopais à bonne distance des bassidji, disait-il. J'étais censé incarner le douzième imam qui doit revenir pour indiquer aux fidèles le chemin des villes saintes irakiennes. » Hallucinés de visions mystiques, les « sans-culotte » de Khomeiny attaquaient n'importe comment avec un armement dérisoire. On avait même vu des pasdaran affronter les chars irakiens juchés sur des motos japonaises de trial !

Avec le Viêt-Minh, rien de tel, mais en revanche vous vous êtes retrouvés confrontés à une artillerie qui a pilonné Diên Biên Phú pendant des mois...

P.S. D'un coup, ce n'était plus la guerre avec seulement de l'infanterie, mais avec des moyens lourds. On avait en face de nous, non plus une guérilla, mais une véritable armée. La seule chose qu'ils n'avaient pas, c'était l'aviation. Le camp retranché ressemblait à Verdun. Des canons et des tranchées. Avant que je saute, l'état-major à Hanoi disait : « C'est foutu. Il y en a tout au plus pour trois ou quatre jours. » Moi, je voyais les choses autrement. Je me disais : « De toute façon, il faut y aller. Il faut qu'il y ait un témoin. Il n'y a pas de cameraman. C'est donc à moi de me porter volontaire. » J'avais réussi à les convaincre. Et quand je suis arrivé à Diên Biên Phú, Bigeard venait de sauter et Bigeard avait la réputation d'avoir la baraka. Tout à coup, sa venue remonte le moral des troupes. Les soldats disaient : « S'il a sauté, c'est qu'on n'est pas foutus. Il a été coincé plusieurs fois mais il s'en est toujours sorti. Avec lui, on va s'en tirer. » C'était comme si on avait pris de la vitamine C. On avait de l'espoir, contre toute raison. Une part de notre cerveau disait : « C'est foutu, mais allons-y quand même ! » et l'autre pensait : « Ce n'est pas possible. Quelque chose va se passer ! »

P.F. Mais vous espériez quoi ? Qu'est-ce qui pouvait vous sortir de ce piège ?

P.S. Je ne sais pas ! Un appui aérien français et américain. Un tapis de bombes aurait quand même changé les données du problème. On a pensé aussi, puisque la conférence de Genève avait commencé, que si on tenait, un cessez-le-feu serait sans doute proclamé... En attendant, on ne baissait pas les bras. On lançait même des contre-attaques. On a repris « Dominique 2 » mais on a été obligés de l'abandonner. Il n'y avait pas assez de troupes pour tenir le point d'appui. On a repris « Eliane 1 ». Mais on l'a reperdu trois jours après et on l'a repris à nouveau au bout de cinq jours et ainsi jusqu'au 1er mai au prix de pertes très lourdes. C'était l'agonie de ces bataillons de parachutistes, légionnaires ou non, qui étaient vraiment ce qu'il y avait de plus solide. Il y avait aussi une ou deux compagnies de tirailleurs marocains qui ont été très bien. Deux bataillons thaïs se sont également très bien battus. Chez les autres, il y avait des déserteurs qui s'étaient planqués. De toute manière, on ne sortait pas. On restait dans la tranchée. Tous les jours, on allait cependant prendre des images. Ce qui était embêtant, c'était de traverser la rivière Nam Youm. Il y avait bien sûr un pont, mais il était visé évidemment. Un peu plus loin, un autre pont était à moitié submergé mais on pouvait courir dessus. Des cadavres flottaient dans la rivière, les berges étaient habitées par les rats de la Nam Youm. C'était le surnom des déserteurs thaïs et nord-africains qui s'étaient réfugiés là. Pour la douche et pour boire surtout, il fallait aller à la station d'épuration d'eau. A la fin, elle était sous le feu des Viêts. On peut dire que chaque verre d'eau était un verre de sang. Beaucoup sont morts pendant la corvée d'eau qu'il fallait distribuer dans les hôpitaux et les postes. La plupart étaient des « P.I.M. » (prisonniers internés militaires). Ce sont les mêmes qui creusaient les tranchées. Avec Péraud, on allait souvent manger chez eux parce que les Vietnamiens savent cuisiner avec rien. Ils faisaient griller des sardines en boîte qu'ils accommodaient avec du riz. C'était très bon. Et ils se débrouillaient toujours pour avoir un petit stock d'herbes odorantes et délicieuses. Ils auraient pu s'évader mais ils se méfiaient de leurs camarades viêts. Ils ne leur faisaient pas confiance. Ils connaissaient l'état d'esprit « soviétique » du Viêt-Minh. En 1945, les Russes qui avaient été faits prisonniers ont été internés dans des camps de concentration quand ils sont rentrés dans leur pays, les fameux goulags. Chez les Viêts, c'était pareil. Ils se méfiaient des prisonniers qui avaient côtoyé les « impérialistes ». Ces malheureux risquaient de finir, au mieux, en camp de rééducation.

Chaque jour, mon travail était différent. J'allais filmer les blessés et les combattants dans les postes avancés, pour montrer comment ils vivaient. Un travail de reportage classique, en fait, qui n'était pas de tout repos.

Au fur et à mesure que le temps passait, les opérations devenaient très compliquées. Les postes étaient plus ou moins coupés les uns des autres et c'était très difficile de les atteindre à cause des tirs Viêt-Minh.

P.F. Une expérience terrible qui vous a marqué à tout jamais. La différence entre les soldats et les journalistes, c'est que les reporters se font tirer dessus sans pouvoir riposter. Parfois, ce n'est pas l'envie qui m'a manqué. A Gaza, pendant la seconde Intifada, j'étais avec Patrick Chauvel, votre neveu, véritable maestro couvert de cicatrices, à l'image d'un matador. Cet épisode est sans aucune mesure, bien entendu, semblable à ce que vous avez vécu à Diên Biên Phú, mais courir sous les balles provoque en général, chez tous les humains normalement constitués, la même sensation. Moi, j'ai le cœur qui cogne dans la poitrine, la rage après le type qui me tire dessus et l'impression qu'en rentrant ma tête dans les épaules, un tic comme un autre, je vais être mieux protégé.

Ce jour-là, l'histoire commence au carrefour de Netzarim.

« Allah Akbar ! » hurlent les assaillants quand un cocktail Molotov enflammé se brise sur le béton du poste israélien. La tension monte et les tirs à balles de caoutchouc deviennent plus fréquents. Soudain, ils changent de nature. Ils sont plus secs, moins « ronds ». Près d'être submergés, les soldats ouvrent alors le feu à balles réelles. Un vent de panique souffle sur les insurgés. Derrière moi, à l'intérieur du bâtiment désaffecté, allongé sur un tas de sable, Patrick Chauvel voit le jeune, qui s'est levé pour lancer une pierre, retomber comme une masse. La douleur mêlée à la stupeur défigure le visage du blessé, qui se tient la poitrine avec ses deux mains. Ses camarades l'emportent dans la foulée, mais c'est déjà un pantin désarticulé. Je vois du sang imbiber sa chemise à carreaux, qui coule sur son côté, au moment où il est glissé dans l'ambulance. A coup sûr, la mort est déjà entrée dans son cœur. Cette nouvelle victime ne calme pas ses camarades. Au contraire. Que leur ami soit tombé au combat ôte toute prudence chez ceux qui restent. Comme si ce maudit poste militaire était un monstre qui se nourrissait du sang de ces victimes, les jeunes Palestiniens fous de rage et de désespoir semblent attirés par l'odeur de la mort qui règne sur le carrefour. Cocktails Molotov, pierres et peut-être quelques tirs redoublent contre Tsahal. La réponse ne se fait pas attendre : le staccato d'une mitrailleuse lourde déchire le crépuscule de cette veille de Kippour. A 300 mètres de là, sur les contreforts de la colline où s'étend la colonie, les soldats de l'unité Golani tirent des rafales de quatre ou cinq balles. De leur point haut, rien ne leur échappe. Les hommes du poste vident à leur tour leurs chargeurs de M16 dans un tir coordonné par radio. Ils sont, paraît-il, enfermés depuis une huitaine de jours sans avoir été relevés. « Un souterrain les relie à la colonie », me soutient le Palestinien qui s'est jeté au sol à côté de moi. La fusillade enfle au point de devenir un vacarme assourdissant. Les jeunes se bousculent pour approcher au plus près le mur de parpaings, seule protection contre les balles vraisemblablement de calibre 50. L'une d'elles ricoche près de Patrick et vient mourir à côté du bras de son voisin, qui l'a saisie avec son drapeau pour ne pas se brûler. Tout le monde est couché et la peur se lit dans les yeux. Les adolescents me marchent dessus, se croyant à l'abri en changeant de position.

S'enfuir maintenant est courir à coup sûr à la mort. Personne, d'ailleurs, n'y songe. Nous sommes serrés les uns contre les autres, l'estomac noué par le bruit infernal qui retentit autour de nous. Stridents, graves, les sons changent de gamme suivant que les projectiles touchent une brique, de l'acier ou du béton. Les rafales atteignent maintenant le pylône électrique qui est planté à côté du hangar.

Les balles ricochent dans un bruit métallique sur les croisillons et dans le transformateur qui est fixé au sommet. Des étincelles jaunes courent sur le fer à chaque impact. « Ils veulent faire tomber le poteau sur nous pour que nous soyons électrocutés ! » me gueule un homme, accroupi. Les impacts se sont transformés : ils sont au coup par coup. Un tireur d'élite a pris le relais avec un fusil de style Barrett qui tire des munitions de 12,7 millimètres, capables de perforer un mur à un kilomètre. A Sarajevo, les soldats français utilisaient cette arme pour faire taire les snipers serbes. Ici, l'Israélien arrive à ajuster son tir sur les câbles de la ligne. A chaque impact, l'acier produit une espèce de feu follet et un grésillement sinistre. Croyant couper le courant, un adolescent appuie en bas du pylône sur la grosse manette. Le transformateur dégage un véritable feu d'artifices...

Il faut partir en courant sur la route qui traverse un champ. Je me lance dans un sprint désespéré. Derrière moi, d'autres tentent leur chance, se disant peut-être que les Israéliens n'oseront pas tirer sur un journaliste. Il n'en est rien. Des traçantes rouges ricochent à intervalles irréguliers sur le goudron. On entend le claquement sec du projectile qui arrive à la vitesse du son, suivi du bruit du coup de feu, plus long et plus sourd. Patrick filme avec sa caméra. Je sens les projectiles se rapprocher, le couinement des balles sur le béton. Cela va mal finir. Le ridicule ne tue pas, alors je me jette contre le trottoir qui fait 20 centimètres d'épaisseur ! Je rampe comme un ver de terre en pestant contre les « Shlomo ». Plus que 100 mètres... Des heures à cette allure. Tant pis, je me lance en priant que le colon ou le soldat israélien perde un peu de temps à ajuster son tir. Les rafales continuent de claquer. Raté ! Je suis enfin en sécurité. A bout de souffle, mais vivant !

P.S. A Diên Biên Phú, je ne sortais jamais tout seul. Je me déplaçais avec la troupe mais bouger était toujours très dangereux. J'en ai fait l'expérience le jour où j'ai accompagné un convoi d'obus et de cartouches vers le nord. C'était une véritable opération militaire qui a consommé presque autant de munitions qu'on leur en a apporté ! Du coup, l'état-major a ordonné de ne plus y aller parce que ça coûtait trop cher. Il a réduit le périmètre de Diên Biên Phú à une peau de chagrin. Les blessés étaient toujours plus nombreux. Il y en avait partout. Ils auraient dû être évacués par avion. Ils étaient traités mais beaucoup mouraient car il n'y avait que les blessés très graves qui allaient à l'hôpital. Les autres retournaient dans leur compagnie. Ils étaient gardés dans des trous par l'infirmier ou le médecin de l'unité.

Se rendre compte de la gravité des blessures de ses camarades n'encourage pas. C'était la première fois que j'en voyais autant. C'était énorme. On n'avait même plus de cognac pour essayer d'oublier les souffrances des hommes qu'on côtoyait tous les jours. Avec Péraud, il y avait longtemps qu'on avait fini la bouteille... Il n'y avait plus rien de toute manière à Diên Biên Phú.

Chapitre IX

Ma blessure à Diên Biên Phú et celles d'Adèle, la petite orpheline de Beyrouth

Patrick Forestier. Dans une unité militaire, c'est l'esprit de corps qui prime souvent. La solidarité d'un groupe de combattants ne joue-t-elle pas naturellement face à l'adversaire ? Une espèce d'instinct grégaire qui pousse les soldats d'un même camp pris sous le feu à se rassembler, à adopter le même comportement, à pousser la cohésion à son paroxysme pour emporter la bataille ou, comme à Diên Biên Phú, à se sacrifier plutôt que d'abandonner ses camarades ?

Pierre Schoendoerffer. Oui. C'est général, je crois, chez les soldats en guerre. La guerre, on ne la fait pas seul. A la guerre, on est un groupe. Et la survie des uns dépend de la qualité des autres. Il faut cette solidarité. Elle est instinctive.

Au fil des mois, je prenais beaucoup plus d'assurance, alors que je ne voyais jamais ce que j'avais filmé.

Néanmoins, je me suis amélioré. Mes premiers films ne sont pas de la même qualité que mes derniers reportages. Dans un cinéma d'Hanoi, j'ai vu une fois avec Péraud une opération à laquelle on avait participé qui passait aux actualités. La séquence durait deux ou trois minutes, pas plus, avant le film. Ça m'a fait un tel effet qu'on est sortis ! Dehors, on s'est dit : « Nous reviendrons à la prochaine séance. » On n'a même pas vu le long-métrage. On a payé deux fois pour voir seulement les actualités ! J'étais content et Péraud était épaté de voir nos images d'une opération sur le RC 4, qui montrait deux unités qui avaient réussi à se rejoindre. C'est la seule fois où j'ai vu un de mes films. De France, on recevait des télégrammes disant : « Félicitations. Toutes les actualités ont présenté vos images. Elles ont été vendues à l'étranger. » On ne me donnait pas les détails, mais je savais que c'étaient les miennes.

En 1953, j'ai dû m'arrêter de tourner quelque temps à cause d'une crise de paludisme et de dysenterie. J'ai été envoyé à Dalat, une station balnéaire des Hauts-Plateaux du Centre. A 1 500 mètres d'altitude, la « ville de l'éternel printemps » affichait un climat tempéré et abritait un sanatorium. J'y ai passé une dizaine de jours pour me retaper et je suis reparti.

P.F. Ne vous envoyait-on pas parfois filmer à Saigon ?

P.S. Si, pour suivre la tournée des généraux en chef. Je portais ma tenue blanche pour les grandes réceptions. J'y retrouvais le roi Sihanouk du Cambodge et je rencontrais le roi du Laos, Sisavang Vong, ainsi que l'empereur Bao Dai du Viêtnam. J'étais avec le *nec plus ultra*, le gratin de l'Indochine : les généraux en chef, deux rois, un empereur et un ministre qui, à l'occasion, venaient prendre le pouls de la guerre et que je suivais parce qu'ils voulaient être filmés pour que ça se sache... J'étais avec la troupe quand il y avait de grandes opérations. J'ai été blessé. Je subissais les mêmes affres de la guerre que les soldats. Et puis, comme prisonnier, j'ai connu le fin fond de la misère humaine. Et tout ça en trois ans : de quoi remplir toute une vie, c'est quand même formidable !

P.F. Grâce à votre caméra, vous avez eu une vue à 360 degrés sur l'Indochine.

P.S. Grâce surtout à beaucoup de marche à pied ! C'est une bonne manière de connaître un pays. Il y a deux sortes d'hommes qui connaissent la terre : le paysan et le soldat. Le soldat creuse son trou dans la terre. Quand il y a des dangers, la terre devient protectrice. On s'allonge, on voudrait entrer dedans, qu'elle soit boueuse, qu'elle soit caillouteuse, qu'elle soit dans la jungle, c'est quand même la terre. C'est quelque chose qu'on aime et qu'on connaît.

P.F. Cette terre protectrice n'a pas pu vous protéger totalement puisque vous avez été blessé, à Diên Biên Phú, juste avant que la grande bataille ne commence, le 8 mars, par un pilonnage d'artillerie du général Giâp.

P.S. J'ai été blessé le 8 mars 1954, pendant une opération où l'on tentait de sortir du camp retranché pour localiser plus précisément les canons du Viêt-Minh. On savait à peu près dans quelle direction ils étaient dans les collines. J'étais avec la compagnie de Cabiro, qui a été blessé beaucoup plus gravement que moi. On est allés si près des canons qu'à un moment donné, on est tombés sur du tellement dur qu'on n'a pas pu passer. On a perdu pas mal de monde. Je filmais. Et une balle est entrée dans ma botte et a atteint mon mollet, mais pas dans l'os. Ça saignait pas mal quand même ! Je suis néanmoins retourné à pied, en boitillant, au camp retranché. Le médecin du bataillon m'a soigné. Un pansement, une injection antitétanos, un calmant pour la douleur et j'ai été évacué, d'abord sur Hanoi, puis sur Saigon.

P.F. Un blessé de guerre, quel qu'il soit, m'a toujours inspiré de la compassion même si la veille ses camarades, soldats, rebelles, miliciens... avaient bombardé le camp où je me trouvais et donc failli me tuer. Souvent il a subi un enrôlement auquel il ne pouvait pas échapper. Il est aussi victime, en quelque sorte, d'une guerre ou d'un affrontement qu'il a rarement souhaité.

Mais les blessés qui sont les plus difficiles à accepter, ce sont évidemment les civils, ceux qui sont pris entre deux feux. J'ai beaucoup de mal aujourd'hui à regarder les enfants blessés dans des bombardements. A Benghazi, en Libye, en voyant dans les hôpitaux les yeux terrorisés de gamins brûlés par les explosions, parfois des bombes alliées, difficile de ne pas penser à mes fils, Louis et Adrien. Ce mimétisme permet en tout cas d'appréhender à sa juste mesure la souffrance de ces familles décimées par les obus. Les habitants de la Vieille Europe aujourd'hui en paix doivent se sentir concernés par la douleur des victimes broyées par les conflits qui perdurent sur presque tous les continents. En pensant tout simplement que ces enfants qui meurent pourraient être les nôtres.

En 1989, au plus fort des bombardements syriens du réduit chrétien, j'avais été bouleversé par une petite fille de 2 ans qui ressemblait à ma fille, Diane, qui avait le même âge. « Je ne pourrai jamais oublier le regard d'Adèle, empli à la fois de terreur et de tristesse, et ses grands yeux marron mouillés par de grosses larmes », écrivis-je. Adèle avait 2 ans et son corps était déjà marqué par la guerre. Ses cheveux châtains étaient collés sur sa nuque par une plaque de sang. Son dos, son ventre, ses épaules étaient criblés de petits éclats noirs qui pigmentaient son épiderme. Couvert de bandages, son bras semblait encore plus fragile. Tandis qu'une autre bande blanche formait un chausson autour de son pied droit. Ou plutôt ce qu'il en restait. Car Adèle avait été amputée. Ses orteils n'étaient plus que de la bouillie et les chirurgiens de l'Hôtel-Dieu de Beyrouth avaient dû sectionner les trois quarts de son pied. « Adèle ne sera plus jamais une enfant comme les autres, pensais-je en essayant de faire bonne figure. Non seulement parce qu'elle devra marcher toute sa vie avec une prothèse, mais encore parce qu'elle ne comprend pas pourquoi ses parents ne sont pas à son chevet. » De temps en temps une grimace déformait les traits de son joli visage. Puis elle balbutiait « Mamma » et éclatait en sanglots en poussant de petits cris. Angèle, sa cousine, tentait de la réconforter en la prenant dans ses bras. Mais rien n'y faisait. Adèle voulait sa mère. Alors l'adolescente pleurait à son tour car elle savait qu'Adèle ne reverrait jamais plus ses parents, morts la semaine précédente sous les bombardements de Beyrouth. « Elle se réveille la nuit en larmes, me confiait Gisèle, une puéricultrice du service de pédiatrie. Elle fait des cauchemars et réclame ses parents. Je l'embrasse, je lui parle doucement pour la réconforter et elle se rendort. »

Le dimanche précédent, Adèle était chez ses grands-parents avec son père, sa mère et ses tantes. Il y avait, ce matin-là, une accalmie et le déjeuner dominical en famille n'avait pas été annulé. Depuis quinze jours, les batteries syriennes ne commençaient à tirer sur le secteur chrétien qu'à la nuit tombée. Aussi étaient-ils réunis à Aïn el-Remmaneh, dans la maison des grands-parents, une modeste bâtisse qu'ils habitaient depuis qu'ils avaient fui. Avant de se mettre à table, Adèle jouait dans la salle à manger. Au loin, des coups espacés se laissaient entendre mais rien sur Aïn el-Remmaneh, quartier populaire de Beyrouth-Est qui touchait la ligne de démarcation. Puis, soudain, ce fut l'apocalypse. Le premier obus qui est tombé sur le quartier a été pour eux. Des décombres, les sauveteurs ont retiré deux survivants, Adèle et son grand-père. Tous les autres étaient morts. Au deuxième étage de l'Hôtel-Dieu, le grand-père ne savait pas que sa femme, ses trois enfants et sa belle-fille n'étaient plus de ce monde. Quand il demandait pourquoi ils ne venaient pas le voir sur son lit d'hôpital, les infirmières lui répondaient que c'était à cause des bombardements. Elles n'osaient pas lui dire la vérité.

Le malheur de cette famille m'avait tellement touché que je voulais adopter Adèle. Je ne voulais pas la laisser sous les obus qui pouvaient tomber n'importe quand, n'importe où, suivant le bon vouloir des artilleurs syriens. Je suis retourné voir Adèle une autre fois à l'hôpital. Je m'étais attaché à elle, peut-être parce qu'elle ressemblait à ma fille Diane qui avait le même âge et avait les mêmes cheveux châtains. Quelques mois plus tard, grâce aux médecins de l'hôpital, je l'ai retrouvée chez des parents. En fait, sa famille l'avait récupérée. Elle était appareillée et semblait apaisée dans sa nouvelle vie. J'ai laissé une enveloppe pour qu'on lui achète des cadeaux et je suis parti, abandonnant mon idée d'adoption. Adèle n'était qu'une des nombreuses victimes du bombardement syrien sur le réduit chrétien.

A l'hôtel *Alexandre*, il fallait parfois quitter les chambres en pleine nuit pour attendre à côté de la réception, plus abritée, que cesse le déluge de feu. Chacun émettait un avis sur l'endroit où tombaient les obus. L'un d'eux avait explosé si près que le souffle avait pulvérisé les vitres de la salle de restaurant. Un couple de Libanais était venu se réfugier à l'hôtel, pourtant pas plus à l'abri que leur immeuble. Ils habitaient à côté, mais la femme, à bout de nerfs et sous tranquillisant, se sentait plus rassurée avec nous.

P.S. Les combats en milieu urbain sont les plus terribles. En Indochine, ce n'était pas le cas mais cela n'était pas mieux pour nous car dans la jungle, l'ennemi peut se cacher autant qu'en ville. Dans les villages, les civils subissaient la guerre mais la densité démographique était sans commune mesure avec celle d'une ville.

P.F. Beyrouth-Est était une nasse. « Devant les enfants, les adultes ne doivent pas paniquer, m'avait confié Amal, une amie. Malheureusement, les gosses comprennent très vite. On a beau leur dire que le bruit des obus est le tonnerre, un feu d'artifice, les coups de fusil des chasseurs qui tirent des oiseaux, ils ne le croient pas. J'ai acheté des chaussures à ma nièce. Elle n'en a pas voulu. "Il y a des trous d'obus dessus !" criait-elle, parce qu'elles n'étaient pas fermées. Un autre jour, pendant un bombardement, elle m'a dit : "Ils vont casser les nuages." Avant d'ajouter : "Quand est-ce que le Père Noël devient président ?" » A Diên Biên Phú, heureusement, il n'y avait pas d'enfants ! Les combats se déroulaient entre militaires.

P.S. C'est exact. C'était la troisième ou quatrième fois que j'y allais. Tout avait commencé en fait le 20 novembre 1953. Je n'étais pas dans ce saut. C'était Millet et Camus qui avaient sauté.

P.F. Daniel Camus, qui deviendra ensuite photographe à *Paris Match* après l'Indochine. Comment l'avez-vous rencontré la première fois ?

P.S. Il avait fait un premier séjour comme parachutiste et il avait été légèrement blessé, donc évacué en France. Il s'était réengagé en demandant à être photographe. Ils l'ont accepté. Je l'ai vu à ce moment-là. Il travaillait avec un autre cameraman, ou quelquefois il était envoyé tout seul. Mais je n'ai jamais fait équipe avec lui, sauf une fois, parce que Péraud était malade. C'est avec Camus que j'ai fait la route des forêts, où s'est produit un accrochage très dur. Il avait pris des photos remarquables. J'avais reçu moi aussi un télégramme de félicitations... Il était un peu plus âgé que moi, avec une expérience de la guerre.

P.F. Vous étiez devenu un combattant aguerri. Vous saviez donc ce qui vous attendait. Depuis deux ans, au cours de la plupart des missions que vous aviez effectuées il y avait, comme on dit aujourd'hui, « un contact avec l'ennemi ». Ce n'étaient pas de simples patrouilles de routine. Presque chaque fois, vous subissiez un accrochage.

P.S. Je me rappelle une opération à la frontière chinoise, dans la partie ouest, à côté de la Birmanie. On était dans un coin perdu. On a même failli passer en Chine sans le savoir parce que la frontière n'était pas balisée ! Du coup, on a eu un accrochage avec les soldats de l'Armée populaire et un Vietnamien a été blessé à la tête. C'était au début de l'opération. Le médecin a dit : « On l'emmène avec nous. » Les quatre types qui le portaient ralentissaient le mouvement. Mais le médecin ne changeait pas d'avis. « Il n'est pas question qu'on le laisse. Ce type, on peut essayer de le sauver », disait-il. Il est mort. Une blessure à la tête, c'est toujours très grave. Mes camarades l'ont porté pendant cinq ou six jours avant qu'il ne succombe. On était vraiment perdus dans la nature. Il avait été blessé au cours d'un de ces petits accrochages brutaux et soudains. Les Chinois, qui en étaient coutumiers, protégeaient certains endroits. Nous avons dû tomber sur un P.C. sans le savoir. A la fin de cette opération, qui a duré un mois, on s'est installés plusieurs jours sur un piton pour surveiller cette région frontalière avec la Chine. On est arrivés devant une clairière et soudain une rafale, et quelques morts dans nos rangs. On engage une manœuvre pour pénétrer dans la clairière par les côtés. De nouveau, une rafale de fusil-mitrailleur. On riposte. Du coup, ils ont vu nos positions et nous ont tiré dessus au mortier. Ils n'attendaient que ça ! On s'est précipités sous les arbres au moment où on recevait une volée d'obus, mais c'était trop tard : on a eu beaucoup de morts et de blessés. C'était un piège que nous avaient tendu les Viêts : les deux rafales de fusil-mitrailleur, c'était pour nous attirer...

P.F. Après des embuscades comme celle-ci, il n'y avait pas d'évacuation sanitaire, pas d'hélicoptères comme aujourd'hui, qui permettent de transporter en une demi-heure un blessé vers un hôpital bien équipé.

P.S. Pas d'hélicoptère, non. Il fallait descendre au poste le plus proche, où il y avait le médecin du bataillon. Il y avait des blessures qu'il ne pouvait pas soigner, faute d'hôpital. Il n'y avait rien. Les blessés étaient embarqués sur des pirogues et descendus jusqu'à Lai Châu, par la rivière Noire. C'était une zone dangereuse, mais où les Viêts n'étaient pas bien implantés. La descente en pirogue se faisait de nuit, on ramenait en même temps des parachutes parce qu'on avait été ravitaillés par les airs. Les blessés étaient couchés sur les toiles dans une douzaine de longues pirogues espacées l'une de l'autre, pilotées par des Thaïs. On prenait garde de ne pas naviguer en convoi : un quart d'heure séparait chaque pirogue pour que, si jamais il y avait un pépin, on l'entende et que l'on puisse prendre des précautions pour ne pas tous tomber dans le même traquenard Viêt-Minh.

Une fois, au Laos, avec Bigeard, on ne voyait rien du tout. Il y avait du brouillard. On entendait le bruit des avions qui tournaient au-dessus de nous. « On voit deux pics qui émergent dans la masse de brume. C'est où ? » disaient les pilotes à la radio. Bigeard repère et calcule la direction d'un nouveau point de largage. « Allez à tel cap... Je vous dirai quand vous serez au-dessus de nous. » J'ai filmé les avions qui volaient très bas, dans le brouillard. On les devinait, tels des fantômes. Soudain, on a vu apparaître les corolles qui s'ouvraient et qui nous tombaient dessus ! En bas, les types fuyaient en courant les parachutes qui les poursuivaient ! Heureusement, ils ont été arrêtés par les arbres, sinon ils les auraient reçus sur la tête... Les caisses renfermaient beaucoup de munitions et côté nourriture, surtout du riz et du poisson séché. Bigeard a fait le menu. « On ne va pas compliquer les choses. Ce sera poisson et riz. » Il estimait que ce n'était pas la peine de perdre du temps à cuisiner. Avec deux sacs de riz, vous nourrissiez une compagnie pendant plusieurs jours. Avec le poisson séché, c'était parfait. Chacun faisait sa tambouille. Dans ce type de guerre, il n'y a pas de ligne de front. Il y a donc des moments où on peut manger, même si on sent le danger rôder. Quand il devient plus pressant, on est alertés grâce à une sorte d'intuition. On se dit tout à coup : « Attention, là, on est dans un endroit merdique. Il faut redoubler de vigilance ! »

P.F. Ce sont toujours les maquisards du Viêt-Minh qui ont l'initiative du harcèlement ou réussissez-vous à monter à votre tour des attaques surprises ?

P.S. Nous leur tendions aussi des embuscades qui ne fonctionnaient pas à tous les coups. Mais quand ça marchait, ils subissaient des pertes de leur côté. Le problème pour moi était de filmer la nuit, car ma pellicule n'était pas assez sensible. Et puis, l'action va très vite et la jungle cache tout. J'ai filmé un jour une embuscade : les Viêts passent et, tout à coup, on leur tire dessus. On voit la récupération des armes et la découverte de quelques corps... Eux comme nous étaient à pied. On avait repéré le sentier qu'ils avaient l'habitude d'emprunter. Ce sont, de toute manière, des voies un peu obligées. S'aventurer dans la jungle, c'est se frayer un passage avec un coupe-coupe. Pour faire un kilomètre, vous mettez plusieurs heures. Tandis que lorsque vous pouvez profiter d'une piste, vous marchez plus vite. C'est l'erreur qu'ils ont commise. Les Vietnamiens ne sont pas les Thaïs. Nous, on avait des Thaïs qui connaissent évidemment très bien leur région. Mais les Viêts étaient moins à l'aise dans la haute région. Ils avaient un peu peur de la jungle. S'ils disposaient de régiments et même d'une division, qu'ils avaient entraînée spécialement pour la haute région, tous leurs éléments n'avaient pas bénéficié de cette formation. De plus, les Vietnamiens n'aimaient pas tellement les Thaïs...

En couvrant les opérations pour le Service presse information, j'en apprenais tous les jours. Le système était bien huilé. On faisait des rotations pour garder toujours l'œil neuf. On partait du principe que si on reste dans le même endroit pendant trois mois, on ne sait plus ce qu'on a déjà filmé. On a l'impression de faire toujours la même chose. C'était assez juste. On ne restait donc que quinze jours, trois semaines dans la même zone. Lorsque la relève arrivait, elle avait un regard inédit. Le cameraman et le photographe découvraient de nouveaux « personnages », une nouvelle situation.

P.F. C'est ce que vous constatez au cours de votre premier séjour à Diên Biên Phú, qui n'est pas encore un camp retranché ?

P.S. Au début, Diên Biên Phú, avant que ce nom devienne mythique, était un point d'appui qui défendait un endroit stratégique. Les Japonais s'y étaient installés. Les Viêt-Minh l'avaient pris parce que c'est la porte du Laos. A partir du Tonkin, le chemin passe obligatoirement par Diên Biên Phú. Le Laos ayant reconnu l'appartenance à l'Union française, les Viêts voulaient casser cet accord que nous étions obligés de défendre puisque les Laotiens étaient les premiers à avoir accepté le principe de cette Union. En 1952, un poste sur la RC 41 comptait une petite garnison d'Africains qui ont été évacués en raison de la menace viêt. On n'avait pas défendu Diên Biên Phú à ce moment-là. Quand nous y retournons, c'est à la fois pour verrouiller l'entrée du Laos et avec l'idée d'attirer les Viêts pour les casser.

J'y suis chaque fois allé en avion. La piste avait été retapée. Le Dakota se posait sans encombre. Je restais une quinzaine de jours à suivre des opérations. On essayait d'aller assez loin autour de Diên Biên Phú pour voir où étaient les Viêt-Minh. A chaque patrouille, les accrochages étaient de plus en plus sévères. On sentait que l'étau se resserrait au fil des jours. Les Viêts avaient commencé par envoyer une division. Et puis, voyant qu'on s'installait, ils en ont envoyé une deuxième, une troisième, une quatrième et une cinquième. Plus des régiments indépendants. Au final, ils s'étaient renforcés avec beaucoup de monde. De notre côté, il y avait d'autres menaces qui se précisaient. Les Viêts avaient, dans le centre de l'Annam, une autre division, la 320, qui tentait de rejoindre le Laos par le sud et la route de la reine Astrid, la RC 9, vers Savannakhet pour couper l'Indochine en deux. On était donc contraints de ramener des troupes qu'on avait acheminées à Diên Biên Phú pour les envoyer plus au sud, pour barrer la route à la division 320. Moi, je filmais le renforcement des défenses de Diên Biên Phú. Le parachutage des bulldozers était spectaculaire. Il y en a un qui s'est décroché et qui a été anéanti en touchant le sol. Ils étaient supportés par cinq énormes parachutes. Un seul est arrivé intact. Il y avait des parachutages tous les jours. Parfois, c'étaient des droppings : pour économiser les parachutes les avions larguaient en rase-motte des sacs de riz, des barbelés, des choses qui ne se cassent pas. A cette époque, il n'y avait pas de bombardements. Le camp était calme. Ce n'est que lorsqu'on sortait de Diên Biên Phú et qu'on s'enfonçait dans la jungle qu'on tombait sur les Viêts.

CHAPITRE X

Prisonnier du Viêt-Minh et le camp retranché de la Case de Gaulle

PIERRE SCHOENDOERFFER. Le 7 mai 1954, j'étais dans le P.C. du colonel Langlais, le patron des paras du camp. On a vu arriver les premiers Viêts vers 17 h 30. Un jeune soldat s'est approché du P.C. Il devait avoir 16 ou 17 ans. Il faisait partie des derniers renforts que l'Armée populaire avait reçus pour cette bataille. Il tremblotait et hurlait en braquant son arme ! Bigeard est sorti sans lever les bras. On l'a tous suivi. Les Viêts nous ont mis en rang, nous ont séparés tout de suite de nos camarades viêtnamiens, nord-africains et noirs. On s'est dit, avec Péraud : « Ça ne va pas être drôle pour nous, mais pour eux ça va être terrible. » La colonne s'est alors ébranlée vers la piste qui devait nous mener dans les camps de prisonniers. Au départ, nous étions dix mille environ.

PATRICK FORESTIER. Les Viêtnamiens qui combattaient à vos côtés ont-ils tous disparu ?

P.S. Quand j'ai tourné en 1991 mon film *Diên Biên Phú*, j'en ai rencontré deux. Le premier avait passé dix ans dans un camp de rééducation avec les parachutistes vietnamiens. L'autre était resté prisonnier un peu moins longtemps, quatre ou cinq ans. On ne sait pas exactement ce que sont devenus les trois mille prisonniers d'origine indochinoise qui avaient combattu à nos côtés.

« Il faut se barrer le plus vite possible », disait Péraud. Au moment où on se préparait, depuis le haut d'une colline qui dominait Diên Biên Phú, on a eu un coup de fatigue. Trois mois de bataille, la tension, la mort de nos camarades... On était vidés. Si on avait fui cette première nuit, peut-être aurait-on pu s'évader ? La plupart de ceux qui ont essayé ont été repris très vite.

P.F. Que s'est-il passé pour les prisonniers français dans les jours qui ont suivi la fin des combats à Diên Biên Phú ?

P.S. Seuls les très grands blessés incapables de prendre la route (au nombre de huit cents environ) sont restés sur place. Les Viêts leur ont aménagé un campement en dehors de la cuvette ravagée. Le docteur Grauvin et Geneviève de Galard sont restés auprès d'eux pour les soigner jusqu'à leur évacuation pour la France, par petits groupes. L'avion de Geneviève de Galard, convoyeuse de l'air, avait été cloué au sol par l'artillerie viêt, le 29 mars, je crois. Après ça, plus aucun avion ne se posa. Il n'y eut donc plus d'Evasan (évacuation sanitaire). Geneviève de Galard se mit au service du docteur Grauvin à l'hôpital. Au début, on l'appelait « mademoiselle », ensuite tout le monde l'a appelée « Geneviève ». Elle incarnait pour moi la charité chrétienne.

On a entamé une longue marche, encadrés par des combattants Viêt-Minh. Il pleuvait. Il faisait froid. C'était dur. Ils nous donnaient du riz à manger, l'équivalent d'une boule, c'est tout. Beaucoup d'entre nous, blessés, titubaient, tombaient, s'arrêtaient, épuisés par cette marche en pleine jungle. Il a fallu franchir le col des Méos pour descendre vers Na San à 1 200 mètres d'altitude et il faisait un froid de canard. De plus, c'était un endroit où les avions français avaient lâché des bombes à retardement. A moitié enfouies dans la terre, elles se déclenchaient une demi-heure après, d'une manière aléatoire, causant des pertes parmi les Viêt-Minh qui travaillaient à refaire la route afin de faciliter le passage de leurs convois de camions. Ils étaient très énervés à cause de ces bombes et nous traitaient de salopards. Ils nous faisaient marcher lentement en nous disant : « Ça peut péter ! » On marchait en s'attendant à ce qu'à tout moment une bombe explose.

P.F. Traverser un champ de mines, cela m'est arrivé une fois au Tibesti, au nord du Tchad, pour tromper une patrouille de l'armée tchadienne qui étaient à nos trousses. Les rebelles toubous m'avaient assuré qu'ils savaient où on pouvait rouler. Sauf qu'au fil des années dans le désert, le sable, le vent, parfois la pluie, font bouger les mines. Dans les 4 × 4, personne ne parlait. Au bout d'une heure, le chauffeur a dit : « Ça y est, on est sortis ! » Chez les combattants, j'ai vu un sourire éclairer leurs visages. D'habitude, ils ne sont guère expressifs. Mais à ce moment-là, j'ai senti qu'ils étaient soulagés.

P.S. Nous aussi, on est passés en fin de compte sans encombre pendant la nuit.

P.F. Comment se déroulent ces sept premiers jours, dans cette colonne composée de camarades prisonniers comme vous ?

P.S. Au départ, quand on a été faits prisonniers, Péraud, qui avait été déporté en Allemagne, m'a dit : « Il ne faut jamais dire son nom. Il faut leur en donner un faux. » Chaque fois que les Viêts faisaient un tri, ils demandaient le nom et le grade. Nous, on mentait. On a inventé un nom que j'ai oublié. Et à un moment, ils s'en sont rendu compte, non pas parce qu'on avait été trahis par des camarades, mais parce qu'ils ont dû entendre certains nous demander : « Tu as vu Péraud ? » On disait non. Ils nous ont dit : « On sait qui vous êtes. Vous êtes du Service presse information. » Pour eux, on était des criminels de guerre aggravés. A partir de là, ils nous ont fait embarquer dans des camions avec Daniel Camus. On s'est retrouvés avec l'état-major, Castries, Bigeard et les autres officiers supérieurs.

P.F. Aviez-vous pu conserver vos films ?

P.S. Dès le 7 mai, en début d'après-midi, quand on a reçu l'ordre de détruire nos armes et nos munitions, à tort ou à raison, c'est une chose dont je ne veux pas discuter, j'ai cassé ma caméra et j'ai détruit mes films. Sauf six bobines parce que j'y tenais beaucoup. Elles étaient impressionnantes à mes yeux. Je les avais gardées dans un gros camembert que j'avais emballé dans un sac plastique prévu, à l'origine, pour des piles de radio LC A300. Je voulais que le sac soit totalement imperméable parce que nous aurions à traverser la rivière Noire pour nous échapper.

P.F. Est-ce que vous subissez la propagande du Viêt-Minh ? Qu'est-ce que disent les prisonniers ? Sont-ils tous abattus ou bien parlent-ils entre eux pendant cette marche forcée ?

P.S. Des milliers d'hommes qui marchent en même temps, cela fait du bruit. On est tous abrutis. Ils nous faisaient marcher la nuit parce que les avions français étaient à notre recherche. Ils ne pouvaient pas nous voir la nuit. Le matin, les Viêts nous planquaient dans les hautes herbes et sous les arbres et nous donnaient un bol de riz, seule nourriture pour la journée. Notre plan, à Péraud et moi, était de descendre la rivière Noire sur des bambous jusqu'à Hoa Binh. De là, il y avait 30 kilomètres à faire pour retrouver les lignes françaises. Mais il y avait une partie de ce cours d'eau qu'on ne connaissait pas. Ni Péraud ni moi n'avions arpenté la rive de la rivière Noire entre Moc Chan et Hoa Binh. On savait, en revanche, que Bigeard connaissait très bien le coin. Alors, on lui a demandé : « Est-ce que la rivière est navigable ? » Il nous a dit qu'il y avait des rapides à cet endroit, que c'était très dangereux. Lui-même avait des idées derrière la tête... Il connaissait très bien la région, beaucoup mieux que nous, puisqu'il avait déjà fait deux séjours dans le pays thaï. Mais lui voulait, avant de s'évader, être un peu plus proche de la zone où les Français se trouvaient. Péraud avait un couteau muni d'une scie qu'il avait réussi à dissimuler parce que les Viêts ne nous fouillaient pas très souvent. A chaque halte dans la jungle, on repérait un endroit. J'y planquais mon sac avec mes six bobines, dans lequel j'avais aussi du riz et quelques rations de survie. Lui cachait le sien avec son couteau. On gardait bien en mémoire l'alignement sous les arbres et on repassait sans rien dans les mains devant les Viêts. On pouvait revenir en disant à nos gardiens qu'on avait la dysenterie et on allait récupérer nos sacs en faisant semblant de se soulager. Il n'était pas interdit d'avoir des sacs. Ils y en avaient qui portaient même des valises. La garde n'était pas très pesante parce que les Viêts avaient l'impression qu'il n'y avait aucune chance qu'on puisse s'évader. Ils n'étaient donc pas très attentifs à notre comportement.

P.F. Votre tentative d'évasion, c'est après une semaine de marche et deux ou trois jours en camion ?

P.S. C'est ça. Ces camions n'allaient pas vite à cause de l'état des pistes... Ils roulaient à 20 ou 30 kilomètres heure, pas plus. Péraud et moi étions sur un véhicule qui avait été cabossé dans un accident. On embarquait toujours les premiers pour être au fond, là où il avait été cassé, derrière la cabine. Le camion était un Molotova, un camion soviétique fabriqué en Chine. Les ridelles en bois étaient déglinguées. Avec son couteau, Péraud avait élargi un trou. Le camion étant couvert de tôle ondulée, avec des branchages dessus pour le camoufler, on pouvait, en poussant une branche, sortir et sauter. Dans la nuit, les camions à la queue leu leu s'éclairaient les uns les autres. Il fallait attendre un tournant pour que celui qui nous suivait n'éclaire pas de ses phares notre camion... Péraud a sauté le premier. Moi, ma botte de saut s'est prise dans les branchages. J'avais beau tirer avec ma jambe, rien ne bougeait. Je ne pouvais même pas plier le pied à cause de la rigidité de ma botte ! Au bout d'un moment qui m'a paru interminable, j'ai enfin réussi à la dégager. Quand j'ai lâché prise pour sauter à mon tour... paf ! les branches sont retombées sur le toit en tôle ondulée en faisant du bruit... Les Viêts se sont alors aperçus de ce qui se passait. Ils ont pilé en gueulant. Péraud était devant. On a couru vers la jungle qui, malheureusement à cet endroit, était constituée d'une haie de bambous infranchissable. Les Viêts avaient aligné les camions tous phares allumés pour éclairer le paysage, afin de pouvoir nous tirer dessus. Je voyais Péraud courir toujours devant moi, le long des bambous, puis il a disparu derrière une butte. Les balles nous sifflaient aux oreilles. Les projectiles soulevaient la terre autour de moi. Soudain, je suis tombé dans une mare. Je suis resté planqué là, sur le dos. Seules mes narines dépassaient pour pouvoir respirer. Pour s'éclairer, les Viêts, partis à notre recherche, avaient allumé des torches. Au bout d'un moment, les camions ont klaxonné. Ils voulaient reprendre la route. Chacun, en passant, éteignait sa torche dans la mare avant de retourner à son véhicule. Le dernier braquait une lampe torche qu'il avait récupérée à Diên Biên Phú. Pour économiser la pile, il éclairait de temps en temps pour savoir où il allait, puis il éteignait. Du coup, il n'a pas vu la mare, sinon, il l'aurait évitée comme les autres. Et il m'a littéralement marché dessus. A partir de ce moment-là, c'est ma fête !

Deux Viêts me prennent par les cheveux et me déshabillent. Je me dis : « Ils vont me fusiller pour l'exemple, pour ôter l'envie aux autres de recommencer. » Mais ils ne m'ont pas tiré dessus alors que, vraiment, j'ai cru qu'ils allaient le faire. Autour de moi, ça crie, ça gueule partout ! Moi, je suis au milieu, nu. Quand on est comme ça, on ne sait pas s'il faut essayer de se protéger les couilles avec les mains, au risque de rappeler que c'est un endroit sensible, ou bien rester les bras ballants, sans rien faire. Je me rends compte que je vis mes derniers instants et je cherche les mots que je voudrais dire avant d'être buté... Mon cerveau a beau tourner à cent mille tours, rien ne vient. Je me dis : « Je vais chanter *La Marseillaise* ! » J'ai la gorge tellement serrée que je n'y arrive pas. A cet instant-là, ils me lient les bras et les poignets derrière le dos avec du fil électrique et commencent à m'interroger. Le plus énervé brandit un revolver, un colt américain calibre 45. Il a le doigt sur la détente et tape avec le revolver sur sa gourde. Je me dis : « Le coup va partir ! Il va me tuer sans le vouloir ! » Il parle un peu français, en y mélangeant du viêt. Je reconnais quelques mots.

P.F. Et alors ?

P.S. Il est hors de lui. Il continue de taper sur la gourde, le doigt sur la détente. A un moment, je me dis qu'il n'a en fait pas l'intention de me tuer. Mon pressentiment est le bon. Ils me jettent dans le camion. Je suis toujours nu, mis à part un caleçon qu'ils m'ont donné. Je leur ai fait perdre du temps, ils sont pressés. Ils veulent vite repartir pour ne pas rouler de jour afin d'éviter les avions français. Ils veulent savoir où est Péraud. Ils ne savent pas que leurs questions me réconfortent parce que, s'ils avaient tué Péraud, ils ne me demanderaient pas où il est ! Ils m'auraient juste dit : « Il est mort. » J'ai entendu tirer mais ils ne l'ont pas eu. En tout cas, ils ne savent pas où il se trouve. Ils ne connaissent pas ses intentions. Soudain, ils crient : « Il faut partir ! » Le chef du convoi fait klaxonner les camions. On embarque tous. Je pense que Péraud, mon camarade, mon ami, mon frère, est sauvé, qu'il a réussi à s'échapper. Mais on ne le reverra jamais. Personne ne saura ce qui s'est passé par la suite. Il a disparu. En arrivant sur la piste, la sentinelle postée à l'arrière du camion, à qui j'ai faussé compagnie, se met à ricaner en appuyant le canon de son fusil sur ma tempe. « La prochaine fois, je te tue ! » me fait-il comprendre...

Je suppose, Patrick, que vous vous êtes aussi déjà retrouvé devant des gens qui ne vous aimaient pas et qui avaient une arme entre les mains ?

P.F. Oui. A Bossaso, au Puntland, une région autonome de Somalie où je faisais un reportage sur les pirates qui arraisonnent les bateaux dans l'océan Indien. Ils ont essayé de nous enlever, ou de nous tuer, mon cameraman et moi. Heureusement, j'avais engagé une demi-douzaine de gardes du corps, des policiers somaliens qui arrondissaient aussi leurs fins de mois. Il est midi. Soudain, j'aperçois quatre hommes qui foncent sur nous en tirant des rafales. Trois de mes gardes arrivent jusqu'à notre hauteur. Ce sont maintenant de longues rafales ininterrompues qui retentissent. A peine Mohamed, le garde qui est dans ma voiture, a-t-il bondi dehors, qu'il vide son chargeur sur ceux qui nous attaquent. Le bruit des détonations est assourdissant. Pour les repousser, les policiers forment une « boule de feu », la seule technique pour casser l'offensive des pirates. Par la portière ouverte, je vois soudain Mohamed tomber en arrière, ou plutôt s'affaisser lentement, sans un cri, touché à la jambe par un projectile. Devant, Awil, le chauffeur, est tétanisé. « Go ! Go ! » lui crié-je dans les oreilles car la seule manière de s'en sortir, c'est de quitter la zone chaude au plus vite. Awil finit par démarrer en trombe au milieu du staccato des pistolets-mitrailleurs. Une sensation étrange, où se mêlent l'angoisse, l'adrénaline, et une énergie décuplée par une furieuse envie de vivre.

P.S. J'ai l'impression que le continent africain a été pour vous synonyme d'émotions.

P.F. Oui. En 1997, pendant la guerre civile à Brazzaville, être français c'était signer son arrêt de mort. A cette époque, les miliciens du président Lissouba accusent Paris de soutenir leur ennemi Sassou Nguesso, redevenu chef de l'Etat depuis. Une compagnie kamikaze, Aéro Service, desservait encore la capitale à partir de Pointe Noire, avec un vieil Antonov. Avant de partir, le secrétaire général de la présidence m'a assuré que les Cobras de Sassou ont été repoussés en dehors de l'aéroport. Mais un commando ne peut-il pas s'approcher et tirer sur l'avion avec une roquette ? « Oui, me répond-il, mais depuis trois mois, ils ne l'ont jamais fait. Pourquoi essaieraient-ils aujourd'hui ? » ajoute-t-il avec une logique désarmante.

L'atterrissage se passe effectivement bien mais, debout sur les freins, le pilote fait demi-tour dès qu'il le peut. Le bout de la piste a la réputation d'être parfois sous le feu. Nous descendons la passerelle, heureux de fouler le sol. Un bonheur de courte durée. Les yeux injectés de sang, une bande de miliciens dépenaillés, chaussés de tongs ou de baskets trouées, encerclent l'avion en braillant. Ils portent des lunettes noires ou dorées, un bandana rouge dans les cheveux et des cartouchières sur leur T-shirt. Chacun est armé au minimum d'une Kalachnikov. Deux d'entre eux arborent sur l'épaule un lance-roquettes. Ils vocifèrent et veulent rassembler les passagers dans un coin. Ils arment tous la culasse de leur arme dans un bruit sec. Du coup, les militaires venus attendre les ministres, en train de débarquer, font de même. Chacun braque l'autre, le doigt sur la détente. Au premier coup de feu, c'est le carnage. Même Quentin Tarantino dans *Reservoir Dogs* n'a pas imaginé une scène aussi délirante. Ils sont une vingtaine, face à face, à pointer leur arme quasiment à bout portant sur la tête du type qui est en face. Tous sont drogués, à moitié saouls et ont le regard chargé de haine. Jamais je n'ai connu une ambiance aussi électrique. Sur ce tarmac désert jonché de détritus, je me retrouve au milieu d'une guerre des gangs. Un mauvais geste, une insulte de trop et les pistolets-mitrailleurs se mettront à crépiter. Je suis dans le cercle : je n'y échapperai pas. Mais voilà que les militaires aboient maintenant après leurs propres ministres. C'est ce qui me sauve. Ils leur intiment de partir vers les voitures pendant qu'ils tiennent en joue les miliciens. Le Blanc ne semble pas les intéresser, pour le moment. Avant qu'ils changent d'avis, je me penche pour prendre mon sac et recule lentement vers les véhicules qui sont tous pris d'assaut. Les ministres m'abandonnent ! Un peu à l'écart, je découvre une Fiat déglinguée. Le conducteur accepte de me sortir de ce guêpier avant que les miliciens pensent à moi. Ce qui ne me dit rien qui vaille : comme Blanc, j'en suis sûr, je serais le premier à passer à la casserole.

P.S. Vous vous retrouvez seul... Que faites-vous pour sortir de ce mauvais pas ?

P.F. La ville est déserte, totalement pillée et hantée par des bandes armées. Les Européens ont été évacués par les légionnaires. Ne reste que l'ambassadeur de France, retranché dans sa résidence, la fameuse « Case de Gaulle », qui abrita le Général lors de ses séjours à Brazzaville. Construite en 1941 pour le chef de la France Libre, elle est édifiée dans le quartier de Bacongo, à l'extrémité de l'avenue Pierre-Savorgnan-de-Brazza. J'y suis déjà allé deux fois. Des claustras, une loggia, des vérandas permettent de garder la fraîcheur du fleuve Congo qui coule majestueusement en contrebas. En fait, cette grande bâtisse est la réplique du palais de Chaillot inauguré en 1937 pour l'Exposition universelle. Depuis, rien n'a changé. Les tables, les fauteuils et les buffets des années 40 sont toujours là. Une Winchester damasquinée en argent qui aurait appartenu à Savorgnan de Brazza est accrochée contre un pilier. En face, une pépite d'or de 534 grammes enchâssée dans le mur rappelle le continent africain. Dès 1940, la première portion de territoire français à refuser le joug allemand et le régime de

Vichy sera le Congo. Grâce à Radio-Brazzaville, l'Afrique équatoriale française rejoindra peu à peu la France Libre. C'est dans cette capitale que le Général présidera, en 1944, la conférence annonçant l'indépendance future des Etats africains. Je sais que la Case de Gaulle et la poignée de Français qui s'y abritent sont maintenant otages de milices sans foi ni loi. Les gendarmes parachutistes qui veillent jour et nuit sur l'ambassadeur n'en disconviennent pas. Ils me font entrer. « Dehors, vous n'allez pas rester longtemps en vie », me dit l'un d'eux. Sous la véranda, à côté des lits pliants en toile tendus d'une moustiquaire, un véritable arsenal. Pistolets-mitrailleurs HK allemands équipés de silencieux et de visée nocturne, pistolets automatiques, fusils FRF1 de tireur d'élite, fusils Barrett. Vingt gendarmes mobiles de l'escadron 11-3 de Rennes complètent le dispositif. Depuis quatre-vingt-dix jours, ils n'ont pas été relevés et mangent des rations à peine améliorées. « On n'a pas déploré de pertes, c'est un miracle », me confie le médecin principal, Bernard Sauvet. Les balles et les obus qui sifflent aux oreilles des Français peuvent à tout moment provoquer un drame. « Ces petits bouts de ferraille sont redoutables. A 1 000 mètres seconde, ils déchirent les chairs et causent de sales blessures », soupire le commandant Sauvet en me montrant une poignée d'éclats d'obus devant le perron.

Arrive le ministre plénipotentiaire hors classe Raymond Césaire. Il allait avoir 65 ans le mois suivant, c'est-à-dire l'âge de la retraite. Il pouvait décrocher et rentrer en France avec les honneurs. Mais Raymond Césaire était un têtu et il ne manquait ni de courage ni de panache. Hors de question qu'il descendît le drapeau français de son propre chef pour fuir les combats. Jacques Chirac le soutenait. Il l'appelait pour prendre de ses nouvelles : livrer la Case de Gaulle aux pillards pour un président gaulliste, c'était inconcevable.

P.S. Les ambassadeurs ont une haute idée de leur mission. Pat, mon épouse, est la fille de l'ambassadeur Jean Chauvel qui a représenté jadis la France à New York au Conseil de sécurité, à l'Onu, et a terminé sa carrière à Londres. Il était négociateur lors de la conférence sur la guerre d'Indochine à Genève en 54. Il fut consulté à Paris par Kissinger au moment de celle sur le Cambodge. C'était un grand monsieur, doublé d'un poète, qui n'était pas homme à reculer devant l'adversité.

P.F. Raymond Césaire non plus. Il avait donné l'ordre d'évacuer l'ambassade pour se replier dans sa résidence. Avec le capitaine de l'E.P.I.G.N. et plusieurs de ses hommes, ils avaient failli y passer à plusieurs reprises. Son garde du corps, l'adjudant, avait pris un coup de crosse en plein visage, qui lui cassa le nez. A moitié K.-O. les soudards lui avaient arraché son pistolet, un talkie-walkie et un porte-documents dépliable en kevlar qui servait de gilet pare-balles. L'homme était sur le point d'être exécuté avec l'ambassadeur. Les deux hommes avaient eu la vie sauve grâce à l'intervention *in extremis* d'un proche du président Lissouda. Les Kokoïs, des miliciens sanguinaires, portaient, eux, des gants roses Mapa en caoutchouc, que les ménagères utilisent pour la vaisselle. « Une vieille Mercedes 300 tourne en ville avec une bande de fêlés qui s'intitulent "commando rebelle". Sur les portières, ils ont inscrit : "le mal par le mal". Ils se baladent assis sur la portière, les jambes à l'intérieur et le buste dehors. Ils portent des bandanas noirs et des gants de cycliste. Seul problème : ils sont armés de Kalachnikov, de pistolets-mitrailleurs Uzi et de lance-roquettes », me disaient les gendarmes. Un autre dingue se déplaçait sur un mini-vélo rose de gosse, sa Kalachnikov en bandoulière dans le dos. Un autre mettait en joue une rue avec un fusil-mitrailleur, sans bande de cartouches dans la culasse. « Une fois, on s'est fait arrêter par un groupe, m'avait dit un adjudant. Leur chef arborait un téléphone portable qui était en fait un jouet en plastique. Il a "composé" un numéro à trois chiffres pour faire semblant de parler à un supérieur. Ensuite, il a passé le jouet à son copain rasta, qui s'est mis à parler à son tour. On avait envie d'éclater de rire. Mais ce n'était pas le moment. Ils nous mettaient en joue. » Influencés par des cassettes vidéo de films de karaté, les jeunes jouaient à Rambo dans Brazza dévastée. Certains s'appelaient les Zoulous en souvenir d'un téléfilm sud-africain sur le roi Chaka. Leurs adversaires s'étaient baptisés Ninjas, comme les tortues guerrières des dessins animés japonais. Il y avaient aussi les Mambas, des gamins de 12, 13 ans, qui portaient le nom d'une vipère très venimeuse, capable de tuer un homme en trente secondes.

Pour garder sa chancellerie désormais abandonnée, l'ambassadeur payait un capitaine et une quinzaine de soldats congolais. Il fallait parfois y retourner pour chercher du matériel. J'accompagnai Denis Guérard et Serge Pécout, les deux policiers de l'ambassade et le chiffreur, qui était aussi de l'expédition. On croisait des miliciens debout, à l'arrière d'un pick-up, armés d'une mitrailleuse. Il portaient des casques en plastique et l'un d'eux avait endossé un gilet de sauvetage en guise de gilet pare-balles ! Sur l'avenue Maya Maya, j'avais vu, la veille, sur un barrage, un totem planté au milieu de la chaussée. Il était censé faire peur à l'ennemi et protéger ceux qui l'avaient installé. Débris de verre, morceaux de bois noircis par les flammes, chiffons crasseux jonchaient le goudron. Le chauffeur prenait ses virages en faisant crisser les pneus. A peine arrivé, les soldats du capitaine congolais ouvrirent les grilles de la chancellerie. Ils occupèrent le bunker de sacs de sable que les gendarmes français avaient construit pour se protéger. Chaque meurtrière portait un nom de femme : Isabelle, Gabrielle, Eliane, Dominique... Dans la rue d'à côté des rafales crépitaient. Un obus explosa. Mais le drapeau tricolore flottait sur le camp retranché français de Brazzaville, dont les défenseurs avaient voulu rappeler l'esprit de sacrifice des anciens de Diên Biên Phú.

Revenons justement à l'Indochine. Après votre tentative d'évasion, votre régime a dû changer... Une fois que vous avez été repris, je suppose que vos geôliers vous avaient à l'œil !

P.S. La punition, c'était d'être enfermé dans un enclos de bambou, sous la paillote sur pilotis de Vietnamiens qui y mettaient leurs animaux, de peur que les tigres ne les dévorent. J'étais en short et ligoté. Aussi passais-je mon temps à repousser les cochons noirs avec mes pieds par crainte qu'ils ne me mangent les couilles ! Entre les cochons noirs, les buffles, les moustiques et les canards, c'était à devenir fou ! J'étais assis dans leur fiente. L'odeur était si tenace qu'il a fallu un temps considérable avant que je ne sente plus la merde.

Le lendemain de mon évasion, les Viêts m'ont attaché à un tronc, assis sur un nid de fourmis ! Comme cela, les garde-chiourmes étaient plus tranquilles pour vaquer à leurs occupations. Dans ce cas-là, le temps est très long. J'avais froid. On était en altitude. Je grelottais même un peu. Pendant le siège, j'avais perdu du poids. En captivité, je n'avais plus que la peau sur les os. En général, les gars qui étaient pris après avoir tenté de s'évader passaient un sale quart d'heure. Un camarade qui était avec Camus avait été torturé. Il hurlait ! Moi, ils m'avaient mis ces câbles électriques autour des bras, qui sont devenus violets et enflés comme des boudins. Je leur ai dit : « Vous n'allez pas me laisser comme ça ! » Mais ils n'en avaient rien à faire. Le sang ne circulait plus. Je gueulais comme un fou. Un type a fini par venir me voir. Il parlait vietnamien, je n'ai pas compris. Et j'ai recommencé à crier. Un de leurs officiers est alors arrivé, il comprenait le français. « Je vais mourir avec mes mains trop serrées... Tuez-moi tout de suite, mais ne me laissez pas dans cet état ! » ai-je lancé. Il était furieux d'entendre mes hurlements qui agitaient les autres. Il a regardé mes liens. Il a défait le fil électrique et m'a frictionné. Puis il m'a reficelé, mais beaucoup plus large. Restait les repas. Mes geôliers me donnaient à boire et à manger, sans me détacher. Alors je me mettais à quatre pattes pour laper ma pitance sur une feuille de bananier, comme un chien. J'avais le nez par terre. Pour un homme, c'est difficile. On en loupe un paquet ! Ma punition a duré trois ou quatre jours. A un moment donné, les camions ont stoppé dans une sorte de ferme. Soudain, il y a eu un bruit de moteur d'avion. Les gardiens nous ont poussés dans les hautes herbes et moi carrément dans un parc à buffles, où les bêtes pataugeaient dans une boue puante pleine de bouse ! On se disait : « Ils vont peut-être bombarder, nous confondant avec les Viêts ! » Mais c'était seulement un Dakota qui passait à très haute altitude. Alors les Viêts nous ont fait ressortir de la broussaille pour repartir.

P.F. Pendant ce long trajet il se passe quelque chose qui paraît aujourd'hui surréaliste...

P.S. Plus tard, j'apprendrai en effet que des prisonniers ont défilé pour un film de propagande. C'était pour le documentariste soviétique Roman Karmen. Il était arrivé en retard pour la fin de la bataille de Diên Biên Phú et voulait filmer les prisonniers français partant pour les camps. Il connaissait la musique. Pour obtenir un effet de masse au cinéma lorsqu'on filme une colonne, il ne faut pas qu'elle marche tout droit. Il faut qu'elle effectue un double « S » qui permet d'avoir beaucoup de monde dans le même champ de vision. C'est ce que Karmen avait demandé aux Viêts, qui étaient à la manœuvre pour que les prisonniers soient bien en rang et avancent en S. Ils avaient même monté un mirador d'où le Russe filmait des plans larges tandis qu'en bas, des petits cameramen vietnamiens tournaient les gros plans. Afin d'augmenter la dramaturgie qui sied aux vaincus, le Russe avait fait creuser des trous sur la piste, pour que la marche des prisonniers soit titubante et chaotique !

P.F. … Afin que l'humiliation soit encore plus grande et pour montrer le sort des soldats « impérialistes ». Il faut certes remettre la guerre d'Indochine dans son contexte et dans l'affrontement Est-Ouest de l'époque, mais le travail de ce réalisateur de propagande soviétique qui mettait en scène des prisonniers de guerre est une pure abjection !

P.S. Pour arriver à ses fins, il a dû reconstituer une partie de la bataille avec des Nord-Africains. Les Français, eux, ne voulaient pas participer à cette mascarade. Ils gueulaient. Avec les Nord-Africains, les Viêts avaient beaucoup plus de facilité. Ils les ont donc utilisés pour jouer malgré eux le rôle de soldats français prisonniers.

A son arrivée, Karmen avait demandé à s'entretenir avec le général de Castries, le commandant du camp retranché à qui l'état-major avait parachuté ses étoiles de général pendant la bataille, avec Bigeard qui était déjà une légende et moi, « le petit confrère », qui avait une caméra comme lui. Il ne m'a jamais emmerdé avec sa propagande. Il me parlait du Festival de Cannes, d'Hemingway qui buvait trop, de Graham Greene. C'est lui qui m'a annoncé la mort du photographe Robert Capa, qu'il avait connu pendant la guerre d'Espagne. Il venait de sauter sur une mine au Tonkin, en voulant prendre un cliché des soldats français sur la route numéro 1. Karmen parlait russe. Un interprète traduisait en vietnamien et un autre traduisait ensuite en français. On a passé trois jours ensemble. C'est seulement le dernier jour qu'il m'a parlé directement en anglais. « Ne vous inquiétez pas, m'a-t-il dit. Je vous parie qu'on se retrouvera pour boire de la vodka à Moscou et du champagne à Paris. » C'était une manière élégante de me dire que ce n'était pas si grave, que ma situation allait s'arranger. C'est ensuite qu'il a reconstitué la bataille de Diên Biên Phú.

P.F. Karmen croyait à l'idéal communiste et l'a magnifié toute sa vie. Pendant la Seconde Guerre mondiale, il a filmé le front à Moscou et la bataille de Stalingrad en tant que propagandiste en chef du régime stalinien. Sa spécialité était de mettre en scène et de mêler la réalité et la fiction dans ses documentaires, afin de présenter son sujet à la sauce soviétique. Il a apparemment reconstitué la chute du P.C. du général de Castries à Diên Biên Phú en s'inspirant de la fameuse photographie de la prise du Reichstag défendu par les S.S., symbole de la capitulation de Berlin et du régime nazi !

P.S. En 1957, au cours d'une escale à Moscou, j'ai demandé à le voir. Il est arrivé à l'hôtel *Metropol* à l'aube avec de la vodka et du caviar ! On a pris une belle cuite ensemble. Quand il est venu en France présenter son œuvre à la *Cinémathèque*, cinq ou six ans après, il a apporté beaucoup de ses films, sauf celui sur l'Indochine. Je pense qu'il ne voulait pas créer d'incident... je n'en sais rien. Il m'a fait monter sur la scène, il m'a embrassé sur la bouche, à la russe, devant une salle comble qui était stupéfaite qu'un « coco » comme lui embrasse un « facho » comme moi ! On a bu ensuite toute la nuit de ce fameux champagne dont il m'avait parlé quand j'étais prisonnier chez les Viêts. Cette cuite était encore plus merveilleuse que celle de Moscou !

Chapitre XI

Le bourrage de crâne et l'Homme nouveau

Pierre Schoendoerffer. Une fois arrivés dans notre camp de détention, les Viêts voulaient qu'on participe à ce qu'ils appelaient « le journal du camp », c'est-à-dire qu'on devait écrire des textes pour chanter notre « liberté ». Un comble ! Péraud n'était plus là, mais il y avait Camus et moi. Ils voulaient que nous soyons les scribes de la nouvelle liberté reconquise, par rapport à l'impérialisme ou au colonialisme je suppose. Je n'ai rien écrit mais j'ai prononcé un discours, à un moment donné, destiné à mes camarades. « Il faut en rajouter, m'avait dit un légionnaire. Si vous dites quelque chose qui peut sembler la vérité, ça aura du poids. Mais si vous racontez des histoires qui sont inimaginables, les Viêts ne comprennent pas. » Alors j'avais parlé du chant des coupe-coupe sur les bambous, qui était comme un hymne à la liberté. Je chantais aussi : « Vivre », un mot passe-partout qu'ils ne pouvaient pas utiliser par la suite contre nous.

PATRICK FORESTIER. Mais le commissaire politique vietnamien devait parler très bien le français et déceler votre subterfuge ?

P.S. Oui et non ! Il était surtout emmerdant parce qu'il commençait toujours sa démonstration d'une manière simple. Il expliquait qu'il vaut mieux vivre en paix que faire la guerre. C'était une idée générale acceptable, certes. Il parlait pendant une demi-heure, trois quarts d'heure. C'était le soir, avec les moustiques et la faim... car il fallait qu'il ait fini pour manger. Et puis, il disait : « Est-ce que vous avez bien compris ? » « Oui, oui, oui ! » criait-on en chœur. Au départ, on ne disait rien... Alors il recommençait ! Ce n'était jamais terminé. « Je vais en prendre un parmi vous qui va me dire ce qu'il a compris. » Et il choisissait un type au hasard, qui montait sur l'estrade et qui répétait : « Le commissaire politique dit qu'il vaut mieux faire la paix que la guerre. » « Ah non ! Vous n'avez pas compris ! rétorquait l'autre. Vous devez dire : "Moi, soldat untel, numéro matricule untel, je pense qu'il vaut mieux faire la paix que faire la guerre." » Il fallait donc s'appliquer. Tout le monde répétait car cela n'engageait à rien politiquement. Sinon que, chaque soir, le discours était un peu plus précis. On arrivait aux « crimes de l'armée française contre le Viêtnam ». Il fallait dire : « Moi, soldat, je pense que la France a été criminelle. »

P.F. Mais est-ce qu'il ne faut pas jouer la dissimulation dans ces cas-là ? Ne faut-il pas dire ce que le bourreau veut entendre ?

P.S. Oui, mais en même temps, il insistait sur des détails qu'il fallait apprendre par cœur, en répétant, par exemple, comment on violait les femmes... Il ne fallait pas dériver plus. Ce n'était plus des idées générales. Les thèmes étaient récurrents, « Oui, moi, soldat machin, je reconnais que j'ai violé... » ou bien « J'ai assisté à un viol par des soldats français qui violaient une Vietnamienne et je n'ai rien fait pour l'empêcher... » ou « J'ai tué machin ». Il fallait endosser son péché. La « rédemption » venait à la fin avec le slogan : « La révolution peut pallier toutes ces déviances ». Elle seule pouvait garantir l'avenir de l'humanité. Un autre slogan leur tenait à cœur, le fameux « Tuer le vieil homme », celui qui était colonialiste, pour devenir un combattant de la paix. L'objectif du commissaire politique était de faire de nous des combattants de la paix avec le Parti communiste vietnamien « qui va apporter la joie ». C'est en fait « Dépouiller le vieil homme », comme dit l'apôtre Paul, que vous tuez en changeant de vie afin de « revêtir l'Homme nouveau, qui a été créé selon Dieu ». Les communistes se sont beaucoup inspirés de l'Eglise catholique. Il y a l'infaillibilité du pape et l'infaillibilité du secrétaire général du Parti avec le culte de la personnalité. Il existe un certain nombre de règles chrétiennes qui ont influencé les marxistes dans leur technique de pouvoir. Prisonnier, j'étais, je me sentais chrétien, mais leur propagande entrait dans une oreille et ressortait aussi sec. On ne voulait pas être sensible à leur charabia, parce qu'on devinait que c'était très dangereux, pour soi-même. On s'était construit une espèce de carapace qui faisait que leur bourrage de crâne ne passait pas.

P.F. En 1989, j'ai commis un livre avec le journaliste Roger Auque, devenu depuis ambassadeur, qui racontait au jour le jour sa captivité au Liban : *Un otage à Beyrouth*, adapté au cinéma sous le titre *Hors la vie*, film produit par Jacques Perrin qui a reçu le Prix Spécial du jury au Festival de Cannes. Entravé pendant un an par des miliciens du Hezbollah, le Parti de Dieu libanais chiite soutenu par la Syrie et l'Iran, Roger m'avait dit qu'il avait lu le seul livre dont il disposait, la Bible, qu'il avait pratiquement apprise par cœur. C'est à ce moment-là qu'il avait découvert Dieu. Une révélation qui l'avait aidé, selon lui, à surmonter cette épreuve. Il ne savait pas comment l'expliquer.

P.S. Nous, en Indochine, notre force, c'était de dire non à ce que disaient nos geôliers viêts, mais un « non » qu'on ne prononçait pas. C'était en nous. « Vous voulez qu'on dise ça ? On va le dire. » On essayait de le formuler de la manière la plus prudente ou la plus exagérée possible pour le rendre ridicule, suivant le caractère des gardiens et la marge de manœuvre dont on disposait. Mais ça passait. Un jour, ils nous ont annoncé qu'une énorme bataille avait eu lieu, que la majorité du Groupement mobile 100 avait été complètement anéantie, avec pratiquement tous ses véhicules. Nous n'y avons absolument pas cru ! On se disait : « Ils nous racontent des coups. » C'est quand on a été libérés qu'on a appris que c'était vrai. Mais sur le moment, on a dit : « Non, c'est faux ! »

P.F. Le bourrage de crâne que vous avez subi de la part du Viêt-Minh était terrible. En matière de propagande, la palme revient sans conteste aujourd'hui à la Corée du Nord. C'est difficile d'imaginer le degré de perfidie de la machine à broyer les esprits inventée par cette dictature qui a porté Kim Jong-un au pouvoir en 2011, lequel a succédé à son père, Kim Jong-il, qui lui-même était monté sur le trône de Kim Il-sung, fondateur de la dynastie. J'avais parcouru le pays pendant deux semaines pour *Paris Match* et « 52 sur la Une », l'émission de grands reportages de Jean Bertolino sur TF1, au moment des Jeux olympiques de Séoul en 1988. Jusqu'au dernier moment, le régime avait cru que des épreuves se dérouleraient chez lui. Ce ne fut évidemment pas le cas. Du coup, j'eus droit à aller presque partout pour réaliser mon documentaire qui s'intitula *Le Roi rouge*, un titre prémonitoire qui mit les autorités nord-coréennes en rage. Nous fûmes autorisés à filmer la ligne de front, le 38e parallèle à Panmunjom où, depuis 1953, les deux camps observent une paix armée. Ce tournage fut à la fois celui de *De la Terre à la Lune*, digne de Jules Verne, car en débarquant de l'avion dans un aéroport désert nous avions changé de planète, et de *1984* de George Orwell, tant Big Brother est une réalité en Corée du Nord. J'avais trois « guides » en permanence près de moi. Afin de me casser psychologiquement, ils me réveillaient à 3 heures du matin pour parler du programme du lendemain, qui avait déjà été défini deux fois la veille. En fait, les sbires du régime voulaient savoir sous quel angle j'allais pouvoir les critiquer faute de pouvoir m'écarter des lieux et des rencontres prévus, ce qui était totalement impossible. La réponse, que je gardais pour moi, était simple : en abondant dans leur sens ! Je prenais tout ce qu'ils me disaient au premier degré. J'en faisais même plus ! Du genre « Que pensez-vous quand le leader bien-aimé, Kim Jong-il, vous demande de répéter exactement ce qu'il veut ? » demandai-je au présentateur du journal de 20 heures. « Je suis heureux que le leader bien-aimé me dise cela, car sa clairvoyance est immense et son intelligence hors du commun ! Ses directives me permettent de corriger les erreurs que je pourrais faire », répondait le journaliste. Tout était à l'avenant ! Ne connaissant pas le monde extérieur, les membres du régime ne se doutaient pas de l'effet boomerang que ces dialogues surréalistes allaient produire chez les téléspectateurs français qui découvraient pour la première fois la Corée du Nord.

P.S. Qu'est-ce que vous avez constaté au cours de ce périple dans les villes et les campagnes du pays le plus fermé au monde ?

P.F. D'abord, nous avons pu filmer en douce Kim Il-sung au cours d'un des défilés au pas de l'oie dont le régime est friand. A 77 ans, le dernier survivant des grands du communisme, issus de la Seconde Guerre mondiale, gardait bon pied bon œil. D'après les rapports de la C.I.A., il était pourtant malade. Dans les journaux, c'est son profil gauche qui apparaissait toujours. L'homme le plus secret de la planète cachait en effet une énorme boule de chair plantée derrière son cou : une grosse tumeur qui grossissait d'année en année. Les médecins à qui nous avions montré la séquence avaient diagnostiqué un lipome, une tumeur bénigne graisseuse qui pouvait disparaître après une simple opération sous anesthésie générale. Mais à Pyongyang, les dirigeants n'aiment pas être endormis ! Question de confiance : un accident sur la table d'opération était vite arrivé. Le maître de la Corée du Nord se mêlait de tout. La propagande le montrait dans les usines, au milieu des champs, dans les immeubles nouvellement construits où il vérifiait l'aménagement des salles de bains et le bon fonctionnement des fenêtres. Dans son bureau, il se faisait apporter les semences, la maquette d'une nouvelle usine ou les plans d'un immeuble. Car le grand leader possédait une « grande clairvoyance » et ses « instructions étaient toujours pleines de bon sens », à tel point que les ingénieurs étaient toujours « remplis d'émotion » devant une « telle intelligence ». Quand il visitait un hôpital ou un laboratoire, les médecins étaient confondus devant ses conseils pertinents ! A l'école, les enfants apprenaient l'Histoire à travers les « actes héroïques » du maréchal Kim Il-sung. Et tous, naturellement, l'adoraient dans une discipline de fer. Kim Il-sung est en effet le fondateur des « idées immortelles du “Djoutché” » (prononcez *Duce*, à l'italienne). En Corée du Nord, les idées du « Djoutché », c'est à la fois le Coran, la Bible, les Dix Commandements, une religion ou plutôt une philosophie directrice qui régit les hommes et le pays. Un cocktail savant, à mi-chemin entre les préceptes de Marx et ceux du *Petit Livre rouge* de Mao, qui stipule qu'il faut compter sur ses propres forces. Des idées que chaque Coréen se doit d'apprendre par cœur. Un national-socialisme qui se traduit par des manifestations rappelant les grands défilés de l'Allemagne nazie. Ces parades de nuit étaient organisées sur la place Kim Il-sung : un spectacle impressionnant, à vous glacer le sang.

Une torche dans chaque main, des dizaines de milliers d'hommes avançaient d'un pas martial, tournant la tête devant la tribune officielle en hurlant *Manzaï !* (« Vive ! »). Les slogans sont répétés, à la campagne, soit par des haut-parleurs plantés en plein champ ou bien par la sono d'un camion, qui gueule sur les routes les mots d'ordre révolutionnaires du moment. Aucun Coréen n'est à l'abri, fût-il dans un de ces abominables camps de travail ou dans l'endroit le plus isolé du pays, où on crève aussi de faim.

L'exaltation des masses, je l'avais en fait découverte le premier matin, sursautant dans mon lit aux premières lueurs de l'aube. La voix nasillarde d'un haut-parleur hurlait sous la fenêtre de ma chambre d'hôtel qui donnait sur un chantier. Dans les usines, sur le bord des routes, dans les immeubles en construction, les ouvriers de Corée du Nord travaillent en musique. Du matin au soir, des haut-parleurs diffusent des hymnes patriotiques et des chansons à la gloire du grand leader. Pour encourager les « combattants de la construction socialiste », des orchestres viennent parfois jouer des marches militaires et chaque chantier comprend une cabane munie d'un amplificateur où des speakerines transmettent des informations sur les ouvriers. « Le camarade untel a atteint son objectif avant midi, entend-on. Il a suivi les instructions du grand leader pour gagner la bataille de la construction. » Quant aux mauvais éléments, ils ont droit à la fin de la journée à une séance de « conscientisation » par le chef d'équipe.

Théologie fumeuse nord-coréenne du « Djoutché » ou idéologie Viêt-Minh, les méthodes et le vocabulaire sont identiques et destinés à lessiver les cerveaux pour construire un Homme nouveau, dévoué au Parti unique. Pour y échapper, certains se réfugient dans la religion. Quand vous étiez prisonnier dans la jungle, est-ce que vous, qui avez été élevé dans le protestantisme, la Bible, le temple, vous vous êtes raccroché à Dieu ?

P.S. Moi, personnellement, non. J'avais un acharnement animal à vivre, sans besoin d'un secours spirituel. En revanche, on dormait mal sur ces bat-flanc en bambou qu'on avait fabriqués. Alors je me levais parfois un peu plus tôt que les autres. Est-ce que ce petit moment de solitude était spirituel ? Je ne sais pas. Après, les emmerdements revenaient ! Tous les matins, il y avait l'appel, qui n'en finissait pas, et la distribution des corvées. Les groupes étaient très réduits. Camus et moi étions ensemble, avec trois autres types dont j'ai oublié les noms. On formait un petit paquet de cinq, qui s'épaulaient. Quand l'un était fatigué, l'autre l'aidait. On allait chercher le riz ensemble. Nos pantalons servaient de sacs. Les jambes étaient remplies de riz. C'était lourd. On portait sur le dos pendant une trentaine de kilomètres de gros boudins de riz qui descendaient jusqu'à la taille. Mes chaussures m'avaient largué, j'étais donc pieds nus. Quand je marchais sur des pistes de terre, ça allait. Mais quand je portais mes boudins de riz sur d'anciennes routes coloniales en gravier... alors là, c'était dur ! Ce n'est que tout à la fin, avant de nous libérer et de nous suralimenter avant de nous rendre à l'armée française, qu'ils nous ont donné de petites chaussures. C'est sur le bateau français qui nous ramenait que je me suis rasé, à ma libération. Côté vêtements, ils nous ont donné à ce moment-là un petit costume vert comme les leurs et un casque, genre casque colonial.

P.F. A partir de quel moment les pertes ont-elles augmenté parmi les prisonniers ?

P.S. Déjà, beaucoup sont restés sur la route. Au camp, j'avais à côté de moi un petit parachutiste blond qui était très jeune. Il devait avoir 18 ou 19 ans, une belle gueule. Un jour, il ne s'est pas levé. On lui a demandé : « Ça ne va pas ? » « Non, je ne me lève pas. » Il est resté comme ça un jour, deux jours, trois jours... On savait qu'il se condamnait à mort. Avec Camus, on l'a engueulé, en disant : « Petit con ! Lève-toi, marche ! » Il a dit non. Je ne sais pas ce qui lui arrivait. Il n'avait tout à coup plus le moral. On lui a dit : « Tu veux mourir ? Alors on va te noyer. » On l'a pris, Camus et moi, et on l'a descendu et jeté à la rivière. Il s'est débattu. Il est sorti de l'eau, il s'est cramponné à la berge et il est remonté pour s'allonger de nouveau. On s'est dit : peut-être que ce bain forcé l'aura réveillé. Le matin, il était froid. Il était mort. A côté de moi. C'était comme ça.

P.F. Etait-il malade ou bien avait-il lâché prise ?

P.S. Il avait lâché prise. Physiquement, il n'avait pas plus de paludisme que les autres. Il ne grelottait pas de fièvre. Il n'avait pas plus de dysenterie que nous autres. C'est le moral qui était atteint. Vivre ne l'intéressait plus.

P.F. Y a-t-il eu beaucoup de cas comme celui-ci ? Qu'est-ce qui vous déprimait le plus ?

P.S. Pour moi, la dysenterie, la dysenterie amibienne. On avait bâti des abris en feuilles en guise de toilettes. Mais j'étais tellement malade qu'à un moment donné, Camus et un camarade devaient me tenir pour que je ne tombe pas dans le trou. Puis, ça a été leur tour. C'était à moi de les soutenir... On avait tout à coup ces horribles coliques... C'était terrible parce que les gens déféquaient en marchant...

P.F. Que mangiez-vous ?

P.S. Du riz, sans sel ni rien d'autre. Normalement, c'est bon pour la dysenterie, sauf que le nôtre n'avait pas d'enveloppe, c'était du riz qui était décortiqué. Il ne renfermait pas de vitamines du tout. Du coup, on perdait le sens de l'équilibre. Pendant les corvées, on marchait comme des ivrognes, en titubant, et on tombait dans la rivière. C'est cette eau, qu'on buvait. On avait attrapé des amibes avant. Etant donné notre état de faiblesse, elles se réveillaient. La dysenterie amibienne est vraiment terrible parce qu'elle vous prend d'un coup et dure plusieurs jours. On est vidé. A peine allongé sur le bat-flanc, on était obligé de se relever pour aller de nouveau aux toilettes en se tordant de douleur. Il y avait aussi le paludisme. Quand on avait des crises, on tremblait avec une température qui montait à 40 degrés. Beaucoup en sont morts. Les trois quarts. On a enterré je ne sais combien de camarades. Cela faisait partie des corvées de les mettre en terre. Il y en avait un qui avait la dysenterie et le ver solitaire. Quand on l'a couché avant de le mettre dans le trou, qui n'était pas très profond je dois dire, mais on faisait ce qu'on pouvait, on a vu sortir un ténia... Il était très fin, comme une nouille blanche, très long... Il est sorti car il n'avait plus de quoi se nourrir... Les enterrements, c'était notre affaire. C'est assez juste, d'ailleurs. On essayait de faire ça le plus convenablement possible. Ceux qui connaissaient le défunt, qui avaient fait partie de son groupe, disaient quelques mots, et les autres se mettaient au garde-à-vous. Sur nos bat-flanc en bambou montés sur pilotis, on devait être trente ou quarante au départ. On était serrés comme des sardines. Au fur et à mesure qu'il y avait des morts, on avait de plus en plus de place. Comme le toit de notre abri était en feuilles, les fortes pluies passaient au travers. A la fin, on pouvait changer de place et trouver un endroit plus sec car la paillote ne renfermait presque plus personne.

P.F. Reste cette odeur de la mort, âcre, diffuse, prégnante, reconnaissable et identique partout. Ces champs de cadavres de bassidji iraniens que Khomeiny envoyait avec la clé du paradis autour du cou contre les lignes irakiennes dans les marais de Bassora, l'odeur des cadavres en putréfaction marque autant que la vision des corps mutilés par la machette ou la mitraille. Le pire est peut-être l'obus, qui transforme le soldat en pantin désarticulé. Dans les tranchées iraniennes, le blast des explosions des 155 de Saddam Hussein transformait les corps en poupées de chiffon. En arpentant les tranchées, je tombais sur des tas de cadavres qui semblaient être enroulés sur eux-mêmes. Des coulées de sang sortaient du nez et des oreilles. Plantées dans leurs bras, encore serrées dans une main ou dispersées entre les mottes, des seringues vertes d'atropine jonchaient le champ de bataille transformé en immense cimetière. En fournissant cet antidote à leurs troupes fanatisées décimées par les obus au gaz sarin, les mollahs pensaient remporter cette guerre Iran-Irak...

P.S. L'odeur de la mort reste dans la mémoire olfactive. Mais ce n'est pas tout. Un aumônier militaire m'a dit après notre libération : « J'ai eu beaucoup de mal à prier, parce qu'on prie quand on est libre. » Il avait envie de demander l'aide de Dieu pour surmonter l'épreuve mais il y arrivait difficilement. Il avait plus de doutes que lorsqu'il était un homme libre.

Quand on faisait la corvée de riz, des villageois laissaient des feuilles de tabac ou quelques piments pour nous quand ils nous voyaient passer. Nos gardiens viêts fermaient les yeux. Il était pourtant interdit à ces civils de nous aider. L'état dans lequel on était les touchait. Eux-mêmes menaient une vie très pauvre. Il y avait une solidarité entre misérables. On n'était peut-être plus des soldats pour eux, mais de pauvres gens au visage ravagé par la faim. Ils ne nous laissaient pas de nourriture, mais de petits pignons qui donnaient du goût au riz car le riz sans sel, c'est très fade.

P.F. Mais surtout, pour la première fois, vous n'étiez pas vus comme des occupants, des ennemis...

P.S. Non. Ils voyaient des gens aussi miséreux qu'eux. Donc ils avaient un petit geste envers ces hommes vaincus. Quand j'ai été capturé, la population était contre nous. Mais au bout de trois ou quatre mois de captivité, la guerre étant finie, on assistait à des actes de charité. Il y avait quelques cahutes le long de la piste. Le village était derrière et on n'y passait jamais. On longeait seulement quelques paillotes avec, comme toujours, des bouquets d'arbres qui les séparaient de la piste. C'était une zone Viêt-Minh mais la population n'était pas vietnamienne. Elle était « pho », une minorité qui n'était pas fanatique.

CHAPITRE XII

À Hongkong avec Joseph Kessel et au Maroc dans la révolte

PATRICK FORESTIER. Après votre libération par le Viêt-Minh, vous vous faites démobiliser à Saigon et vous faites des photos et des courts-métrages pour les médias américains, allemands et *Match* afin de gagner de l'argent et d'établir un peu plus votre réputation de cinéaste-reporter-photographe. Puis vous décidez de finir votre tour du monde et de regagner la France en passant par le Japon, Honolulu, la Californie et New York. Votre première étape est Hongkong. Vous y rencontrez au bureau de l'Agence France Presse Joseph Kessel.

PIERRE SCHOENDOERFFER. Quand je suis arrivé à Hongkong, je suis passé au bureau de l'A.F.P. Les journalistes me connaissaient de réputation. La plupart d'entre eux étaient venus à Hanoi au moment des grandes batailles. Ils savaient qui j'étais. Ils m'ont dit : « Kessel est là. Il vient tout à l'heure. » C'est ainsi qu'une douzaine d'années plus tard, après avoir vécu quelques « fortunes carrées » en Baltique et en Indochine, rentrant en France et achevant mon premier tour du monde, j'ai rencontré Kessel en chair et en os ! Il avait toutes les clés de la ville. Moi, j'étais plein d'admiration et en même temps j'avais envie de parler. Il était accompagné d'un Chinois, Georges, traducteur à l'A.F.P. et de Michèle, sa femme, une beauté irlandaise magnifique. A Hongkong, il y avait la vieille cité intra-muros. Il y adorait les endroits secrets. Kessel avait la grande curiosité du journaliste. En reportage en Allemagne, il avait rencontré beaucoup de voyous en 1933, au moment de Hitler. A Hongkong, il avait noué des contacts avec les triades... Il me parlait de Macao... J'ai passé une nuit, vraiment une nuit entière, avec lui, sa femme et ce Chinois. C'était formidable. J'ai déversé le trop-plein de ce que j'avais sur le cœur. Il m'a pris en amitié. Kessel, c'est d'abord l'amitié, ensuite, peut-être ? la musique tzigane russe qui le rendait un peu fou et me mettait les larmes aux yeux avant de trébucher à l'abus de vodka... « Nuits de princes » ! Kessel, c'est l'aventure, le grand large... Que dire ? Il était devenu mon ami. Comme un grand frère. Et un maître. Nous avons fait un film par la suite ensemble, *La Passe du Diable,* en Afghanistan. Il buvait énormément, il n'était jamais bourré et déconnait avec beaucoup de dignité. Il m'avait dit quand on s'est quittés : « On va se voir à Paris. Téléphone-moi, je connais du monde dans le cinéma, je pourrai t'aider. »

A Hongkong, Georges nous emmenait dans les bars, les dancings, nous présentait des jeunes Chinoises ravissantes. Il nous a introduits dans une fumerie d'opium réputée. Kessel n'était jamais fatigué. C'était un colosse, il avait une santé de fer incroyable. Fumer le mettait de bonne humeur. Une vraie fumerie est un endroit silencieux, où l'on peut se parler, qui est beau parce qu'il offre en général un décor chinois traditionnel. Kessel connaissait déjà l'opium. Il avait même été héroïnomane. Il le raconte dans son livre, *Le Tour du malheur*. Depuis, cet homme d'excès qui avait touché à une drogue « dure » s'était fait désintoxiquer. Il n'a plus jamais goûté à l'héroïne. Mais ça ne l'empêchait pas de boire ni de fumer de l'opium. Jeff avait fumé avec Henry de Monfreid, qui était un amateur d'opium. Plus tard Kessel m'a emmené le voir dans sa maison de l'Indre, à la campagne. Monfreid était desséché mais toujours impeccable, avec un beau visage creusé à l'image d'une momie. On le voit sur les photos de l'époque de *La Croisière du hachich* et des *Secrets de la mer Rouge*, des livres qui m'ont enchanté.

P.F. Monfreid reste pour moi l'exemple emblématique du bourlingueur. Il figure dans le panthéon des vrais aventuriers qui narrent leur vie « ordinaire », faite de situations hors du commun. Il n'appartient pas à la famille des voyageurs professionnels contemporains, version bobo-écolo, trappeur des bois ou pseudo-scientifique sur glace, sur mer ou dans les airs, qui fabriquent, sans risque et à grand renfort d'images, des aventures prétexte sponsorisées pour pouvoir ensuite « écrire », grâce à un nègre, un livre, ou « réaliser » un documentaire. Kessel, lui, était l'homme de tout les excès. Il ne trichait pas. Sa vie, ses rencontres, ont été le terreau de ses romans. Mais je suppose qu'il fallait pouvoir suivre cette force de la nature, sans y perdre sa santé.

P.S. Cette première virée ensemble à Hongkong a scellé notre amitié. Il avait vécu vingt-cinq fois ce que je venais de vivre dans ma jeune existence !

P.F. Il avait la compréhension, l'humanité, pour entendre votre vécu, les blessures qui étaient en vous à la sortie de votre captivité...

P.S. Oui, il était très chaleureux. Il ne jugeait pas les gens. Il était un peu épaté par la route que j'avais suivie.

P.F. Vous auriez pu être un de ses personnages de roman !

P.S. Il me cite et parle de moi à plusieurs reprises.

P.F. Et lorsque vous êtes arrivé à Paris, après l'Indochine, n'étiez-vous pas « catalogué » ?

P.S. Si... J'étais le mouton noir ! J'avais été volontaire pour l'Indochine. J'avais participé à la « sale guerre ». J'ai traîné cette réputation.

Je suis retourné à Paris via Hongkong, le Japon et les Etats-Unis. J'avais payé mon billet avec l'argent gagné comme photographe après avoir été démobilisé à Saigon. Je n'ai donc pas été attendu par des manifestants, comme l'ont vécu beaucoup de soldats du corps expéditionnaire, rapatriés par bateau, quand ils ont débarqué à Marseille.

En arrivant en France, je n'avais de nouveau plus un sou. Pathé-Journal m'a proposé de m'envoyer au Maroc. Il y avait des émeutes en raison du retour de Mohamed V. Il avait été remplacé par un vieux sultan installé par la France, qui s'appelait Ben Arafa. Une potiche.

P.F. Est-ce qu'avoir servi en Indochine vous a longtemps pénalisé dans votre carrière, surtout dans les années 60-70 avec l'intelligentsia du moment qui soutenait Mao, Fidel Castro et prônait la révolution à Paris ?

P.S. La vie intellectuelle, le cinéma, la littérature sont naturellement de gauche. Moi, j'étais considéré comme étant de l'autre bord. Un vilain crabe qui s'était fourvoyé dans une mauvaise cause. Kessel ne tenait pas compte de cela. Ce qui l'intéressait, c'était l'homme que j'étais, c'étaient les hommes.

P.F. Vous n'étiez pas un hors-la-loi mais presque. Des gens comme vous, dans ce contexte où les partis de gauche étaient forts, deviez être très mal considérés...

P.S. On ne me tournait pas le dos. Néanmoins, on était obligé de reconnaître que j'avais payé le prix.

Au Maroc, je suis tombé sur un grand reporter de l'Agence France Presse, Jean-François Chauvel, avec qui j'ai fait équipe, lui écrivait moi je filmais. Je ne connaissais pas ce pays, mais j'en avais beaucoup entendu parler parce qu'en Indochine, j'avais filmé des troupes marocaines. Quant aux officiers français que je côtoyais là-bas, ils avaient tous aimé le Maroc. J'avais donc une vague idée de ce qu'était ce pays qui traversait une période délicate avec des manifestations un peu partout, des assassinats. On tirait sur les soldats français. Les Français ripostaient. Il y avait des morts de part et d'autre. Si on n'avait pas fait revenir le sultan Mohamed V, je pense qu'il y aurait eu une guerre qui aurait pu durer très longtemps. Mais sur le plan administratif et politique, ce n'était pas l'Algérie, c'était un protectorat. Edgar Faure, président du Conseil, a concédé l'indépendance en 1956, grâce au rôle joué par Mohamed V de retour d'exil dès 1955. Et cela a calmé le jeu. Moi, je me baladais avec ma caméra partout. C'est à cette époque que j'ai croisé Pat, la sœur de Chauvel, on a eu un flash ! Ensuite, nous ne nous sommes jamais quittés. Elle était avec son frère, parmi tous les grands reporters qui avaient rappliqué. La plupart avait connu l'Indochine, et donc moi. Là, ils étaient au Maroc. Ils iraient en Algérie par la suite tandis que moi j'allais réaliser mon rêve : tourner des films de fiction et écrire des romans.

P.F. C'est à cette période que vous collaborerez au fameux magazine de reportage de télévision « 5 colonnes à la Une », dirigé par Pierre Lazareff.

P.S. Non, c'est plus tard, en 1959. Entre-temps, j'avais fait des tas de choses. Je suis allé en Algérie pour « 5 colonnes » en 1959, réaliser un reportage sur les opérations dirigées par le général Challe en Haute-Kabylie, l'opération « Jumelles ». Je filmais les soldats français au combat, je retrouvais certains de leurs chefs que j'avais connus en Indochine. Il y a eu un petit accrochage avec des commandos de l'armée de l'air. Un type a été blessé, très légèrement. Je suis allé le voir à l'hôpital, à Alger, et ensuite on l'a invité sur le plateau de « 5 colonnes » au moment où l'émission était diffusée. Il avait quitté l'armée, mais il avait remis son uniforme pour illustrer la préface du reportage sur le plan Challe. Pat, qui était à *France-Soir*, et une journaliste de *L'Echo d'Alger* étaient venues aussi mais ne sont pas restées, elles ont rejoint le général Gracieux, aussi gracieux que son nom l'indique ! Il commandait la 10e D.P. et s'était installé sur une plage près de Bougie. Il aimait les femmes journalistes. Je voulais aussi rencontrer Bigeard, ce qui n'était pas dans le programme. Pat est allée le voir et m'a annoncé. Je me suis rendu seul à Saïda, en Oranie. Il m'a autorisé à suivre le commando Georges, composé d'anciens fellaghas qui étaient sous ses ordres. J'étais le seul Européen parmi cent cinquante anciens rebelles qui s'étaient ralliés à l'armée française. Ils étaient commandés par le lieutenant Georges, d'où le nom du commando. La nuit, il n'y avait parfois qu'un aspirant et quatre adjudants algériens à la tête de la compagnie. Bigeard appliquait dans le djebel la tactique de la contre-insurrection qu'il avait menée en Indochine. L'homme n'avait pas changé depuis. Toujours aussi enthousiaste et meneur d'hommes.

P.F. En Algérie, l'Histoire semble se répéter. D'abord dans la violence. Pendant la guerre entre le régime et les islamistes au cours des années 90, j'ai vu des horreurs inimaginables. La plaine de la Mitidja a connu les pires massacres, commis par les groupes islamistes armés, parfois manipulés par les services secrets algériens. Une guerre où les civils étaient égorgés comme des moutons. Dans une chambre d'hôpital protégée par des policiers, des femmes m'avaient raconté leur nuit d'horreur. Les combattants islamistes enlevaient les tuiles, enfonçaient les portes, pour pénétrer dans leur ferme. Ils avaient égorgé les hommes, jeté des bébés contre les murs, éventré une femme enceinte ! Les deux rescapées avaient la gorge tailladée de part en part. Les bourreaux les avaient laissées pour mortes. A cette époque, ils ne faisaient pas bon être étranger, en particulier français. Même dans Alger, les journalistes étaient escortés par des policiers en civil, à la fois pour nous protéger et nous surveiller. Quant à l'armée algérienne, elle procédait à des ratissages dans le bled comme au temps de l'armée française. En distribuant des armes aux villageois, comme à la fin des années 50, pour qu'ils défendent leurs maisons. Vous avez peu couvert l'Algérie, sauf pour « 5 colonnes » où vous avez revu Bigeard. Mais au moment du putsch, il n'était pas sur place. Il avait été muté en Afrique...

P.S. Il avait été mis de côté parce qu'il avait donné une interview, je crois, pendant la semaine des barricades en janvier 1960, qui avait été reprise dans toute la presse. Il était à Bouar, en République centrafricaine où il commandait le 6e R.I.A.O.M. Heureusement, sinon je pense qu'il aurait été très emmerdé ! Mais je ne suis pas sûr qu'il aurait choisi la rébellion. Il adhérait à l'idée que « l'armée est au service de la toge », c'est-à-dire des politiques. La politique décide et le soldat obéit, ou s'il ne veut pas obéir, il donne sa démission. Mais on ne fait pas un putsch. D'ailleurs, la seule unité qui ait vraiment été impliquée, c'est le 1er R.E.P. Le 2e a bougé un peu, mais n'a pas agi. Tandis que les légionnaires du 1er R.E.P. ont arrêté le général Gambiez. Ils ont pris Alger en une nuit, sans coup de feu. Moi, au moment du putsch, j'étais au Laos en reportage. J'avais besoin de gagner de l'argent : soit je faisais des reportages photo, soit je filmais. Je n'étais pas à Alger pour l'indépendance, comme je n'étais pas à Hanoi le dernier jour de la présence française. J'ai préféré embarquer à Haiphong sur nos bateaux qui ramassaient, déjà, des boat people pour les amener à Saigon. J'étais civil et j'avais fait un reportage sur eux pour *Life Magazine*. Je n'ai donc pas vu la fin d'Hanoi. En 1975, quand on m'a demandé de retourner au Viêtnam pour filmer la chute de Saigon, j'ai vraiment hésité mais au fond, je n'avais pas envie d'y assister. On partait encore la queue basse en fermant la porte sur des drames humains. Ce n'était plus une histoire française mais américaine. Une fois de plus, c'étaient nos camarades vietnamiens qui étaient abandonnés. Comme je travaillais sur un roman auquel je tenais beaucoup, *Le Crabe-Tambour*, je me suis cramponné à mon livre.

P.F. Vous avez couvert une époque où la France pliait beaucoup le drapeau. C'était après la guerre, l'émancipation, la décolonisation... Un monde s'écroulait et un autre naissait où, jusqu'à la chute du mur de Berlin, la liberté n'a pas été partout au rendez-vous. Pour un jeune comme vous, qui rêve d'exploits et d'aventures, cela a dû provoquer une certaine désillusion. Même si vous aviez à cet âge-là comme objectif de découvrir le monde avec panache, en risquant sa vie s'il le fallait.

P.S. J'avais été bercé dans ma jeunesse par les livres de Lyautey, de Gallieni, la conquête... Au lieu de cela, j'ai assisté à la fin, au départ, à la honte. Sur le plan émotionnel, je n'avais pas envie de ce spectacle.

Chapitre XIII

Avec Joseph Kessel en Afghanistan et le haschisch de Peshawar

Patrick Forestier. Que se passe-t-il après votre reportage au Maroc ?

Pierre Schoendoerffer. De retour en France, je n'osais pas appeler Kessel qui, pourtant, me l'avait demandé à Hongkong. Cela m'intimidait. Pat, qui était reporter à *France-Soir*, a insisté pour que je le fasse. Elle connaissait Kessel depuis 1948 et était souvent sortie en bande avec lui à Paris. Cela se passait dans un bar, près des Champs-Elysées. L'appareil était mural. J'ai composé le numéro. C'est là que Kessel m'a dit : « Ah, je vous cherchais parce que j'ai un film à faire en Afghanistan et je veux que ce soit vous le metteur en scène. » Depuis Hongkong, je lui avais donc laissé une petite trace ! Il m'a répété : « Ce film, je veux absolument que ce soit vous. Je ne savais pas où vous trouver. » Au départ, ce devait être une sorte de documentaire. Il avait trouvé un producteur, un type de la France Libre qui s'appelait Georges de Beauregard, qui était un fou lui aussi ! Ce dernier lui a dit : « On ne va pas faire un vrai documentaire. On va faire un vrai film en cinémascope et en couleurs. » Ce fut un des premiers films français réalisés dans ce format. Beauregard, dit « Coco bel œil » ou « Bobo », a été par la suite mon producteur pour sept de mes films. Le dernier a été *L'Honneur d'un capitaine*. Il est mort après. Il m'aimait bien et en même temps on s'était disputés pour des questions d'argent après *La 317e Section*. Comme mon nom était accolé au sien, personne ne me faisait signe... je n'ai pas tourné pendant onze ans. J'ai écrit des livres et des articles pour les journaux. J'ai aussi réalisé des documentaires, courts et longs, et fait de la photo.

P.F. A propos du film avec Kessel, Beauregard voulait-il une fiction, avec des acteurs ?

P.S. Il ne se posait pas la question de cette manière. Il disait : « A Kessel de trouver le sujet ! » Il lui a aussi demandé : « Avez-vous un metteur en scène et qui prend-on comme chef opérateur ? » Impavide, Kessel a répondu : « Pierre Schoendoerffer pour la mise en scène, Raoul Coutard pour l'image. » Bobo : « Je ne les connais pas. Vous vous portez garant ? » Kessel a répondu : « Evidemment ! » J'ai envoyé un télégramme à mon copain qui tournait un documentaire au Laos. Il a répondu présent. C'est formidable parce que, à partir de la confiance qu'il avait en moi, Kessel avait confiance dans un certain nombre de mes choix. C'est quand même rare, dans la vie. Très rare ! Je suis toujours surpris des gens qui, à un moment donné, ont parié sur moi. Je vous l'ai dit, quand j'ai voulu entrer au Service du cinéma aux armées, je n'y connaissais rien. Chevreau, le loueur de caméras, m'a dit : « Vous allez faire équipe avec un de mes employés qui est le spécialiste des caméras. » Quand j'ai voulu rejoindre le corps expéditionnaire, le commandant Frois, qui dirigeait à Paris le service des relations publiques pour l'Indochine, m'a dit que j'étais « un petit con »... « De toute manière, ce sont tous des cons là-bas ; peut-être que vous serez moins con que les autres ! » a-t-il ajouté. Je me souviens de cette phrase. Il est mort maintenant, mais je la lui avais rappelée quand il m'avait remis la décoration d'officier de la Légion d'honneur. Il m'avait fait un très beau discours. Sa réflexion très ancienne le faisait rire. C'était magnifique ! Comme ma rencontre à Hongkong avec Kessel, avec qui j'allais découvrir l'Afghanistan.

P.F. Depuis votre première rencontre, votre amitié avec Kessel a duré jusqu'à sa mort, en 1979.

P.S. Exactement. Il y a eu, bien sûr, des périodes où pendant quelques mois, on ne se voyait pas. Il faisait autre chose. Il partait ailleurs et moi aussi. On n'a jamais coupé le lien. A Paris, Kessel aimait les soirées arrosées de vodka dans les cabarets russes. Il y était très connu et était reçu comme un prince. Quand il arrivait, les musiciens tziganes venaient jouer autour de la table. Et quand il n'avait pas d'argent, il écrivait sur un papier : « Kessel viendra payer demain ». Et ça marchait. Il revenait d'ailleurs toujours régler la note. Il avait les larmes aux yeux devant une interprète tzigane qui le bouleversait quand elle chantait. Les bars, les restaurants, les cabarets étaient des terreaux dans lesquels il découvrait ses personnages pour écrire ses romans. Il menait, en fait, une enquête perpétuelle.

P.F. Pour décrire un univers, il avait besoin de se nourrir de vérité, de choses vécues, du destin des hommes qu'il rencontrait aux quatre coins du monde. Le travail romanesque, aujourd'hui, paraît différent. Cette approche semble parfois avoir disparu chez les romanciers contemporains.

P.S. Ils parlent de choses qu'ils ne connaissent pas.

P.F. Oui, et le récit n'est pas toujours crédible. C'est très intimiste ou bien on voit que le sujet est survolé, manque de souffle et d'enjeu. Passer une nuit dans un poste de police ne fait pas forcément un roman, pas plus que les affres d'un dandy télévisuel. Idem pour les romans qui ne sont que du copier-coller de faits-divers ou de catastrophes, naturelles ou pas, largement couverts par la presse. Le romanesque est un agglomérat de personnages vrais et de tranches de vie reconstituées et non pas le plagiat d'un fait-divers où les noms des protagonistes sont à peine changés.

Mais revenons-en à vous. Kessel avait-il fini par vous dire quel film vous alliez tourner avec lui en Afghanistan ?

P.S. Je n'en savais rien. Kessel était une espèce d'ombre tutélaire. Je me disais que cela allait bien se passer... Et vous, c'est votre journal qui vous a envoyé en Afghanistan ?

P.F. Oui, *Paris Match*, dirigé à l'époque par Roger Thérond, un grand patron de presse qui avait ça dans le sang. Après un reportage assez éprouvant en Afrique, c'est ma deuxième mission à l'étranger, dans un pays en guerre. J'ai à peine 25 ans. Je devine ce qui m'attend mais je n'ai guère l'habitude de ce genre de situation, mis à part une expédition dans un maquis angolais. Je n'ai pas, en tout cas, l'expérience que vous avez acquise en Indochine comme cinéaste soldat. Je trouve au *Dean's Hotel* à Peshawar, Jean Bertolino, un excellent grand reporter qui n'était pas encore producteur de « 52 sur la Une ». On n'était pas nombreux, cinq ou six, à traîner là. Il n'y avait pas d'O.N.G., il n'y avait pas beaucoup de journalistes. C'était le début de la guerre d'Afghanistan. Le problème, c'était comment franchir clandestinement la frontière et d'abord les zones tribales. Existait aussi une petite concurrence entre les représentants des différents médias. On était complices mais, en même temps, chacun gardait pour lui ses contacts pour rejoindre les moudjahidin. Le matin, on découvrait que le camarade de la chambre d'à côté avait filé à l'anglaise pendant la nuit... La plupart revenaient, dépités. Pakol sur la tête, kamis et sandales n'y faisaient rien ! Ils avaient beau se déguiser en Afghans, les garde-frontières pakistanais détectaient leur présence, même dans un autobus bondé. Certains avaient même été expulsés du pays. Le soir, on se consolait au bar du *Dean's*. Il fallait acheter un permis pour accéder à la pièce interdite. Au Pakistan, à l'époque, on pouvait encore boire dans certains hôtels, à condition d'avoir ce fameux « *Special permit* », prohibé pour les Pakistanais. Le gin-tonic mettait un peu de baume au cœur. A l'extérieur, des vendeurs à la sauvette proposaient de l'opium. Avec les Pakistanais, cela ne m'a jamais intéressé. Pour financer leur combat, les moudjahidin, et plus tard les talibans, vendaient du pavot. Dans les chambres d'hôtel habitées par des responsables de la résistance, j'ai vu des sacs entiers remplis de drogue. Il y avait beaucoup de haschisch. Je confesse avoir fumé ce fameux haschisch opiacé, si prisé par les baba cool qui empruntaient avant la guerre cette route de la Soie.

Mais mon but, c'était de rejoindre la zone de guerre qu'était devenu l'Afghanistan. Depuis la Hongrie et la Tchécoslovaquie, il n'y avait plus eu de chars russes entrés dans un pays comme ça, ouvertement, pour un coup de force. C'était un très gros événement. De plus, je retrouvais Kessel, moi aussi ! Son roman *Les Cavaliers* figure parmi mes lectures de jeunesse. C'est l'un des récits qui m'ont le plus marqué. Quand je l'ai lu, jamais je n'imaginais qu'un jour j'irais dans ce pays, mythique pour moi depuis l'adolescence.

P.S. Justement, c'est important parce que c'est un lien entre nous, malgré le quart de siècle qui nous sépare. L'Afghanistan, Kessel, restent pour nous deux des références. A travers ses livres, Kessel nous unit comme l'Afghanistan que nous avons arpenté chacun à une trentaine d'années d'intervalle... La première fois que nous avons foulé le sol afghan, on avait tous deux à peine 25 ans. L'Afghanistan a été pour moi un renouveau, un grand bol d'air. Et pour vous, le départ d'un long chemin fait de péripéties et d'émotions qui durent encore, trois décennies après...

P.F. Les Soviétiques sont entrés dans le pays en décembre 1979, un peu avant Noël, et j'y suis allé pour *Paris Match* la première fois en mars 1980, trois mois après donc, en passant à pied, clandestinement, à partir du Pakistan depuis les zones tribales, la fameuse ligne Mortimer Durand, dessinée par les Britanniques. Couvrir cette histoire était une aubaine. Même si je n'y avais jamais mis les pieds, l'Afghanistan ne m'était pas une terre inconnue. Les montagnes de l'Hindou Kouch et le bouzkachi du roi étaient des mots que j'avais à l'esprit grâce aux *Cavaliers*. Il y avait très peu de journalistes qui passaient clandestinement la frontière au début. Ce n'était pas facile. Il fallait connaître les cheminements.

P.S. Oui... et avoir des contacts ! Et compter sur des gens de confiance.

P.F. Les Afghans, en général, accueillaient volontiers les journalistes. A l'époque, on les appelait les « combattants de la liberté », ces fameux moudjahidin, qui, à pied, livraient bataille aux hélicoptères et aux blindés de l'Armée rouge. Mais au quotidien, parfois, ils étaient assez...

P.S. ... Assez rugueux !

P.F. Très rugueux ! Ils étaient différents des talibans. Ils priaient cinq fois par jour mais, dans mon groupe, il y en avait qui se rasaient. Un insurgé qui, aujourd'hui, ne porterait pas la barbe, c'est impensable. Trois mois après l'invasion, ils étaient un peu déboussolés. Ils ne savaient pas sur quel pied danser. Il n'y avait pas encore de grands maquis, bien organisés et politisés. Ils avaient encore des fusils britanniques 303 Enfield et des Kalachnikov récupérées chez les soldats afghans qui désertaient. Dans les zones tribales, des « forgerons » imitaient fusils et pistolets automatiques. Très vite, cet artisanat est devenu « folklorique ». En 1980, je me promenais entre les échoppes. Aujourd'hui, ce serait suicidaire. Dans ces zones, je serais enlevé ou assassiné. De toute manière, ces fabriques ont disparu. Les talibans utilisent de vraies armes. Mais ce que je retiens de mon premier séjour, ce sont d'abord les visages « bibliques », des hommes surtout, car les femmes on les voyait moins, même si à l'époque, elles étaient plus présentes dans les rues qu'aujourd'hui.

P.S. Dans la campagne, on pouvait les apercevoir. Dans les villes, non. Elles portaient le tchadri. Même en ce temps-là, je parle de cinquante et quelques années en arrière, puisque c'était en 1956. Voir le visage d'une femme, en ville, était très rare. On n'avait pas le droit de les filmer. On le faisait clandestinement, avec leur « emballage ».

P.F. Lorsqu'on regarde l'Histoire de l'Afghanistan, on s'aperçoit que ce pays n'a pratiquement jamais connu la paix sur tout son territoire.

P.S. Les Anglais y sont entrés maintes fois et chaque fois ils sont repartis sur un échec. A l'heure du départ, cet exemple est toujours présent dans la tête des officiers occidentaux. Le général Petraeus, qui a été le commandant en chef des troupes alliées en Afghanistan, a eu la curiosité de se pencher sur la guerre française en Algérie.

P.F. Il a en effet demandé à ses officiers de lire *Contre-insurrection : Théorie et pratique* de David Galula, qu'il considère comme l'un des principaux stratèges français, l'appelant même « le Clausewitz de la contre-insurrection ». A la tête de sa compagnie en Algérie, cet officier français appliqua les méthodes qu'il avait imaginées lorsqu'il était en Chine au moment où Mao prenait le pouvoir. Il quitta ensuite l'armée, émigra aux Etats-Unis et devint chercheur à la Rand Corporation, où il publia sa doctrine contre la guerre révolutionnaire. Avec l'Afghanistan, les Américains se sont penchés sur ce problème. En Algérie, la France n'avait pas résolu la crise politiquement alors qu'elle avait quasiment gagné sur le plan militaire.

P.S. Par rapport à l'Afghanistan, l'armée française pouvait, en Algérie, compter sur la ligne Morice qui barrait la frontière avec la Tunisie et le Maroc et qui empêchait l'infiltration des moudjahidin du F.L.N. Tandis qu'en Afghanistan, la frontière avec le Pakistan est une véritable passoire. On ne sait d'ailleurs pas à quel moment on est en Afghanistan et à quel moment on est au Pakistan... Les populations qui vivent là sont en partie nomades et passent d'un côté à l'autre. Là aussi, la colonisation est en question. On est peut-être en train de payer la colonisation britannique. La fameuse ligne Mortimer Durand avait séparé les biens en deux. Et aujourd'hui, cette frontière est remise en question par les tribus pachtounes.

P.F. Pour en revenir à votre voyage en Afghanistan, vous arrivez avec Kessel et vous avez été reçu par... le roi !

P.S. Mais oui ! J'ai vu le roi, mais c'était Kessel qui était devant. J'étais dans son sillage. J'étais assis sur ma petite chaise et j'observais les rapports entre Kessel et le roi. Zaher Shah aimait bien Kessel. Il l'avait déjà rencontré. Le souverain afghan parlait français, italien, anglais et plusieurs dialectes... Dans le sillage de Kessel, moi qui croyais avoir déjà eu ma dose d'exotisme, j'étais servi !

P.F. Pour tromper l'attente, en attendant de traverser la frontière, on fumait un peu trop de haschisch à mon goût. C'est un haschisch opiacé, souple comme du chocolat mou. Je me souviens d'une nuit d'angoisse terrible, jusqu'au matin. Je voyais, j'imaginais des choses incroyables et j'étais très mal. Je délirais, oppressé par des sensations étranges où je voyais la mort arriver. J'avais l'impression d'être en overdose. Ce qui devait être le cas pour un néophyte comme moi. Plus tard, dans les montagnes, j'ai parfois fumé avec les « moudj », le soir à la veillée, le hasch qu'ils avaient toujours dans la poche. Par politesse, pour donner l'impression que j'étais en osmose avec eux, passant mon tour une fois sur deux car cette drogue, comme les autres d'ailleurs, n'est pas faite pour moi.

P.S. En Afghanistan, Kessel était heureux, surtout lorsqu'on a approché les régions qui bordent l'Amou-Daria, la rivière qui forme la frontière avec l'ex-U.R.S.S... Côté afghan, il retrouvait les odeurs, le désert, les hommes, les chameaux présents dans sa tendre enfance.

P.F. Comme les Ouzbeks, les nomades, les guerriers à cheval qui peuplent ses romans.

P.S. Oui. Il retrouvait en Afghanistan des hommes et des paysages qu'il aimait. Il avait cette capacité de faire partager sa joie et son étonnement. En Afghanistan, dans le sillage de Jeff, le soleil était plus brûlant, et les gens avaient une gueule encore plus magnifique ! Il a découvert l'Afghanistan en faisant ce film. Mais il l'a découvert comme s'il le connaissait déjà. Et ça m'a énormément apporté.

P.F. Vous étiez nombreux au cours de ce périple afghan en 1956 ?

P.S. Non. Il y avait Coutard, le chef opérateur. Un Suisse qui nous a abandonnés : il est parti en Crète et n'est jamais revenu. Jacques Dupont, parce qu'il fallait à mes côtés un conseiller technique, à cause des règles du cinéma français de l'époque. N'ayant jamais tourné de film de fiction, je ne pouvais pas en faire parce que je n'avais pas de carte de réalisateur. Ce sont les arcanes de l'administration...

P.F. Vous commencez donc à tourner ?

P.S. Oui. Pour moi, c'est formidable. C'est le premier film qui me met le pied à l'étrier. Le cameraman est un petit tacticien. Le metteur en scène, c'est un stratège. Il va raconter une histoire.

P.F. Et Kessel vous dit en fin de compte quelle histoire précise il faudra raconter...

P.S. Non ! Il cherchait lui-même ! D'autant plus que le tournage a connu une interruption à cause de l'intervention française et anglaise à Suez. Le roi nous a fait dire : « Vous feriez mieux de partir. Vous pourrez revenir plus tard. » Rentrer en France ne m'intéressait pas. Pendant les trois mois d'arrêt, nous avons décidé avec Coutard de tourner un documentaire sur des pêcheurs au Viêtnam ! Quand on est revenus en Afghanistan, l'histoire que voulait raconter Kessel était difficile à terminer. On ne retrouvait plus nos acteurs. On s'est dit : « Quel est le thème du film ? Quelle est la structure ? » Et on a décidé de choisir ce qu'on appelle « Le rendez-vous de Samarcande », une légende classique du Moyen-Orient central. Le roi voit quelqu'un venir vers lui qui lui dit : « Ô mon roi, toi qui as tous les pouvoirs, transporte-moi très loin parce que j'ai rencontré dans le Bazar la mort, qui m'a dévisagé avec un tel regard que je sais qu'elle me veut. » Le roi répond : « Je t'envoie à Samarcande. » Plus tard, le roi lui-même se promène dans le bazar. Il rencontre à son tour la mort et lui dit : « Tu as regardé un de mes sujets. Il était tellement effrayé qu'il m'a demandé que je le transporte très loin, pour t'échapper. » La mort lui rétorque : « Oui, c'est exact. J'étais surprise de le voir dans ce marché parce que j'avais rendez-vous avec lui à Samarcande ! » Le sens de cette légende, c'est qu'on n'échappe pas à son destin. C'est sur ce thème qu'on a construit l'histoire de ce tchopendoz, un cavalier émérite, champion de bouzkachi, le sport national afghan, ancêtre du polo. C'est donc grâce à ce film, qui s'intitulera *La Passe du Diable*, que je découvre l'Afghanistan.

P.F. C'était en effet le grand jeu de Rudyard Kipling qui recommençait. L'écrivain avait popularité cette expression dans *Kim*, publié en 1901. Reste que ce pays, même après trente ans de guerre ininterrompue, présente une pureté inouïe, à la fois des paysages et des hommes qui y vivent.

P.S. Les paysages sont magnifiques. On trouve des montagnes enneigées et des déserts minéraux de toute beauté. Pour tourner le film, nous avons emprunté des cols à 5 000 mètres. Suivant la position du soleil, les couleurs sont rouges ou noires. Avec Kessel, on est tombés sur Shar-e Zohak, la fameuse ville rouge. Quand on a passé l'Hindou Kouch, on est redescendus du côté de l'antique Oxus, la rivière Amou-Daria, née dans les montagnes du Pamir qui marque, pratiquement jusqu'à la mer d'Aral, la frontière avec les régions de l'ex-U.R.S.S., devenues les Républiques indépendantes du Tadjikistan, d'Ouzbékistan et du Turkménistan. De cette ville rouge abandonnée, il reste seulement des ruines. C'était fantomatique, magnifique d'imaginer cette cité d'altitude avant qu'elle ne soit détruite une première fois au XIIIe siècle par Gengis Khan, pour venger la mort, dit-on, de son petit-fils tué d'une flèche en plein cœur.

P.F. Peu de gens connaissaient l'Afghanistan à l'époque des années 50.

P.S. On était tout de même tombés sur un Français, Henri Seyrig, qui faisait des recherches sur l'archéologie bouddhiste. Une religion arrivée dans le pays il y a presque deux mille cinq cents ans. Il appartenait à l'Ecole française d'Extrême-Orient qui avait une grande influence dans le pays. C'est elle qui a créé le musée de Kaboul où on pouvait voir leurs découvertes. Les 9/10es étaient pour l'Afghanistan et 1/10e pour la France, en remerciement de tout ce travail accompli... Il a ensuite été détruit par les talibans et puis pillé. Quand je suis retourné à Kaboul en 2005, j'ai appris qu'un conservateur avait ramassé les morceaux des pièces brisées... Les talibans disaient que c'était juste bon pour empierrer les routes ! « On va mettre ces "gravats" dans un coin, parce que ce n'est pas de la pierre de bonne qualité pour couvrir la chaussée », avait répondu le conservateur. En cachette, il a reconstitué avec ses collaborateurs, comme un puzzle, les petits morceaux volés qu'il a pu récupérer.

P.F. Trois jours après la chute des talibans, je suis arrivé à Kaboul. Je venais de passer deux mois dans la plaine de Chamali, avec les hommes du commandant Massoud, assassiné par Al-Qaïda juste avant les attentats du 11 Septembre. Le musée était fermé. On a retrouvé les conservateurs survivants. Ils avaient effectivement caché les plus belles pièces dans les sous-sols du ministère de la Culture, qui n'intéressait pas les talibans. Quand les fonctionnaires ont ouvert les portes, statues et bas-reliefs étaient toujours là ! Le secret avait été bien gardé.

P.S. Ils ont pris cette initiative quand ils ont vu que le régime taliban avait fait sauter les grands Bouddhas de Bamiyan en 2001. On avait tourné là-bas avec Kessel. On a filmé autour et à l'intérieur des Bouddhas. Il y avait un cheminement avec des petites grottes, dans lesquelles se trouvaient de petits Bouddhas un peu partout, éclairés par des lucarnes. Il existait un labyrinthe de couloirs souterrains. C'était splendide.

P.F. Je suis moi aussi allé à Bamiyan, en novembre 2001, quelques jours après la chute des talibans. Huit cents cavaliers hazaras les avaient chassés de la ville en ruines. En mars de la même année, le mollah Omar avait ordonné la destruction des deux immenses Bouddhas sculptés respectivement au IIIe et Ve siècle après Jésus-Christ. Les Bouddhas avaient été dynamités sous prétexte que l'homme ne doit pas figurer l'œuvre du Créateur... Il ne restait plus que leurs niches. Vous, en revanche, vous les avez vus dans toute leur splendeur !

P.S. Absolument. L'un mesurait 53 mètres et l'autre 38. Ils étaient à deux ou trois cents mètres de distance l'un de l'autre. Ils avaient été creusés dans la falaise. Autour, il y avait des niches habitées par des moines, comme les anciens troglodytes. A l'époque, on pouvait monter jusque sur la tête des Bouddhas !

Les talibans sont vraiment des salopards ! Ce qu'ils ont fait est absurde... Ils les avaient déjà abîmés. Ils avaient coupé dans un premier temps le haut du crâne à la hauteur des yeux. Une véritable lobotomie ! La moitié du crâne avait été enlevée parce que ces statues offensaient soi-disant l'islam...

P.F. Pour les talibans, représenter l'homme, créature de Dieu, est péché. Comme pour le wahhabisme, l'islam rigoriste qui prévaut en Arabie Saoudite. Ce régime avait été convaincu par des moutawas saoudiens, conseillers auprès de la Police de la répression du vice et de la promotion de la vertu, de les détruire. Le mollah Omar les avait décrétées « idolâtres ». Elles furent détruites après un mois de tirs d'artillerie.

P.S. Cette attitude n'est pas nouvelle. Il y a déjà des siècles, les Bouddhas avaient servi de cibles aux boulets des canons ! Cela n'avait pas vraiment endommagé les sculptures. On voyait les impacts des projectiles. Une agression qui remontait à l'islamisation de l'Afghanistan.

P.F. Revenons au film.

P.S. Avec Kessel, nous avons tourné à Bamiyan, mais aussi autour, sur les rives des lacs qui ont des couleurs différentes. Ils s'étagent à 3 000 mètres d'altitude, dans une succession de cascades. Dans un écrin minéral et grandiose, ils forment une suite de miroirs bleu nuit dont la couleur s'éclaircit suivant l'heure de la journée. Les paysages entre Bamiyan et les cinq lacs de Band-e Amir sont d'une sauvagerie extraordinaire, avec des hordes de chiens aux oreilles coupées. De véritables molosses. On restait parfois enfermés dans la voiture... Il n'était pas question d'aller faire pipi dehors !

P.F. Ces chiens, il y en a beaucoup dans le pays. Les Afghans leur coupent les oreilles pour qu'elles ne représentent pas une prise pour l'adversaire lorsqu'ils participent à des combats.

P.S. Ils aiment les combats d'animaux. Il y a des combats de chameaux, de chiens, de coqs, de béliers qui sont d'une grande sauvagerie !

P.F. Tout ce que vous avez vu et ressenti à l'époque est aujourd'hui estompé, sinon disparu. Le vendredi, il existe toujours un bouzkachi à Kaboul, mais il n'a rien à voir avec le bouzkachi royal qui se déroulait il y a plus d'un demi-siècle. Ce n'est même pas la faute du modernisme. C'est la guerre qui a cassé ces traditions.

P.S. Ils essaient tant bien que mal de les ressusciter. Les Afghans aiment le cheval. Pour eux, un homme sans cheval est comme un homme sans arme, ce n'est pas un homme ! Nous avons filmé un bouzkachi royal. Toute la ville était là. C'était un événement ! Le roi assistait à la compétition. Avant, les champions défilaient dans les rues de Kaboul, au son des tambours et des trompettes. Les équipes de tchapendoz venaient de Maïmana, de Kunduz, de Mazar-e Charif... Tous paradaient en ville devant la population qui applaudissait. Les gens pariaient aussi. Il y avait beaucoup d'argent qui circulait.

P.F. Tout cela n'existe plus. Kaboul est congestionné par la circulation, les murs de protection et les barrages de l'armée par crainte d'un attentat ou d'un coup de main perpétré par les talibans.

P.S. En 1956, l'Asie centrale était plus proche de celle de Marco Polo ! Il y avait bien sûr quelques autocars, des camions, qui étaient bariolés et surchargés. Ils chaviraient quelquefois sur les routes en lacets des cols qui permettaient de passer du nord au sud et du sud au nord.

P.F. Etait-ce parce que les relations entre Joseph Kessel et Zaher Shah étaient excellentes que celui-ci a « adoubé » le film ?

P.S. C'est en effet le roi qui a permis le tournage. On avait l'autorisation de se prévaloir de son nom pour que ça se passe bien. Kessel est devenu ensuite l'ami du gouverneur de Mazar-e Charif, qui avait une très grosse responsabilité. Son autorité dépassait même Mazar-e Charif ! Nous avons ainsi eu toutes les facilités parce qu'il se disait : « Si le tournage ne marche pas, je risque de me retrouver en prison ! » Nous avions une tranquillité absolue. Je n'ai jamais eu le sentiment qu'il y avait des menaces qui pesaient sur nous. Sauf une fois. C'était pendant la descente vers Kaboul. Nous avions fait se croiser un convoi de Pachtounes qui venaient du Pakistan, et ceux qui descendaient, sur la même ligne de crête. C'étaient des gens du nord, des Ouzbeks. Personne ne pouvait quitter la ligne de crête, sans perdre la face. Et à un moment donné, on s'est dit : « Ça ne va pas bien se passer... » Seuls les Pachtounes avaient des fusils, de vieux 303 Enfield britanniques qu'ils fabriquaient dans la région de Peshawar. Ça a failli mal tourner, effectivement. Heureusement, nous avons réussi à convaincre les tchapendoz qu'il valait mieux laisser la place aux Pachtounes...

P.F. Cela devait être difficile de mettre en scène des Pachtounes, des Ouzbeks, des Tadjiks...

P.S. Nous nous sommes surtout appuyés sur des Ouzbeks et des Tadjiks, des gens du nord qui ont les yeux un peu plus bridés que les autres mis à part les Hazaras. C'était assez facile parce qu'ils étaient enthousiastes à l'idée que l'on glorifie leur jeu favori, le bouzkachi, vraiment ancré dans leur culture. Ce sont eux qui l'ont inventé. C'est un peu comme le polo, avec la carcasse d'une chèvre ou d'un mouton décapité à la place d'une boule de bois.

P.F. Après l'interruption du tournage pour cause d'intervention à Suez, Kessel revient-il en Afghanistan pour terminer le film ?

P.S. Pas tout de suite. Le problème c'est qu'on n'avait plus d'argent. On ne mangeait plus que des galettes de pain et des oignons ! On habitait dans une petite maison qu'on avait louée à Kaboul, une baraque en terre cuite. Nous vivions grâce à un ami de Kessel, un ancien déporté juif qui avait fait jadis des affaires à Kaboul. Il y était revenu s'installer pour je ne sais quelle raison... C'était un homme aisé, qui était devenu notre financier. Mais avec la tension qui régnait en ville, lui-même devenait discret. Le soir, un de ses sbires arrivait en rasant les murs pour nous apporter un peu d'argent pour que nous puissions payer notre nourriture. D'ailleurs, Kessel dans *Tous n'étaient pas des anges*, un de ses recueils de portraits, trace le sien d'une magnifique manière. On avait aussi découvert l'existence d'un Italien qui avait réussi à fabriquer du vin à partir du raisin. Un vin qui était dégueulasse, mais quand même c'était un plaisir ! On ne pouvait pas avoir d'alcool en Afghanistan, sauf de l'alcool clandestin qui était fait avec je ne sais quoi et qui rendait fou... Kessel en avait bu à un moment donné. Il n'y avait que le *Club international* et quelques ambassades où on pouvait en trouver un peu. Quand on était à Kaboul, pendant le tournage, on allait au *Club* picoler un peu. On mangeait des œufs qui étaient cuits dans l'huile. De quoi attraper du cholestérol pour le restant de sa vie ! On buvait du thé. On arrivait à avoir, à l'occasion, du ravitaillement à l'ambassade de France. Alors, dans nos verres de thé, on pouvait mettre un peu de whisky... Les conditions de vie étaient rustiques, mais ça ne me faisait pas peur ! Je cherchais même la rusticité absolue. J'étais serein. Déjà, dormir sur un tapis était pour moi un luxe.

Il y avait beaucoup de gens qui parlaient un français impeccable à l'époque. Quand j'y suis retourné, en 2007, j'ai présenté *La Passe du Diable* aux Afghans et aux étrangers qui étaient là. Les Afghans n'avaient jamais vu leur pays comme cela. Les images avaient été tournées un demi-siècle auparavant. Ils découvraient un pays dont ils ignoraient tout. Ils étaient fascinés de voir l'Afghanistan, Kaboul, leurs provinces, avant la guerre... On avait arpenté le pays, je peux vous le dire !

Chapitre XIV

Le passage clandestin de l'Hindou Kouch et les soldats français dans la Kapisa

Pierre Schoendoerffer. Vous avez découvert l'Afghanistan trois mois après l'invasion soviétique, au début 1980, soit vingt-quatre ans après mon séjour avec Kessel. Les Soviétiques et leurs alliés marxistes afghans ne voulaient pas de témoins. Comment avez-vous réussi à rejoindre les maquisards, ces moudjahidin dont le monde découvrait l'existence ?

Patrick Forestier. Grâce à un homme de lettres qui, comme vous, était né en 1928. J'avais appris sa présence à Peshawar par hasard, à force de tourner en rond au *Dean's Hotel* à attendre ce fameux passage pour entrer clandestinement en Afghanistan. Sayd Bahodine Majrouh était docteur en philosophie de l'université de Montpellier, ex-doyen de la faculté des lettres de Kaboul et ancien gouverneur de la province de Kapisa, où ont été déployés les soldats français de la Task Force La Fayette. Une coïncidence que ce francophile féru de nos belles lettres n'aura jamais connue. Fils d'un ancien ministre devenu ambassadeur du roi

Zaher Shah, Bahodine est l'auteur d'un roman prémonitoire, *Ego-Monstre*, contre la tyrannie. Il y évoque la liberté, l'amour qui s'oppose à la cruauté des régimes totalitaires et des présidents cruels. Au moment de l'invasion soviétique, Bahodine se réfugie au Pakistan, comme des centaines de milliers de ses compatriotes. C'est là que je le retrouve, dans une maison où se croisent des opposants proches des partis royalistes. Cette officine deviendra, l'année d'après, le Centre afghan d'information qui centralise les renseignements sur la situation à l'intérieur du pays occupé et alimente les médias internationaux. L'écrivain deviendra au fil des ans la bête noire des Soviétiques et des communistes afghans, mais aussi des fondamentalistes du Hezb-e Islami qui ne voulaient pas voir le roi retourner à Kaboul une fois l'Afghanistan libéré de la présence soviétique. En février 1988, Bahodine sera assassiné chez lui à Peshawar, sans qu'on sache si ce sont les marxistes ou les islamistes qui ont perpétré ce crime.

Début 1980, je découvre un homme affable, pétri d'humanité, qui aime les Français. A moitié chauve, les sourcils épais, Bahodine est un intellectuel engagé, non pas à coups de pétitions et de caméras, mais sur la durée, sur le front, à deux pas de la ligne Mortimer Durand qui marque la frontière. Il a la cinquantaine ; moi, tout juste la moitié, mais mon envie de passer de l'autre côté est immense. Je suis seul, avec un stylo et un appareil photo, et je veux, je dois aller couvrir le combat des moudjahidin. Avec le recul, j'imagine la perplexité du vieux sage devant ce jeune reporter, décidé mais sans grande expérience...

« Mon neveu, Walid, pourra vous aider. Revenez demain, il sera là », me dit-il après un long silence. Je retiens ma joie. Je vois enfin le bout du tunnel. Je vais pouvoir, peut-être, quitter Peshawar et fausser compagnie à mes petits camarades qui ne connaissent pas cette « filière francophone ». Le soir, à l'hôtel, je me garde bien d'en parler car si le passage est possible pour un étranger, il risque de ne pas l'être à plusieurs.

Le lendemain matin, Walid est au rendez-vous. Mis à part un gilet de laine traditionnel, il est habillé à l'occidentale. Il a à peu près le même âge que moi et parle notre langue, qu'il a apprise au lycée français Esteqlal à Kaboul, inauguré en 1968 par Georges Pompidou. Il n'est pas à proprement parler un « moudj » mais, chez lui, dans la vallée de la Kunar, il est en train d'organiser la résistance. En fait, il est issu d'une famille de hobereaux qui vivent à Kaboul et reviennent l'été dans leurs propriétés. Ce fils de bonne famille milite dans le parti royaliste qui prône le retour de Zaher Shah, réfugié à Rome. Il est disposé à m'aider. Sauf que pour traverser les zones tribales, il n'a pas de solution. Se déguiser en Afghan reste le meilleur stratagème pour essayer de tromper les garde-frontières et les agents des services de renseignements pakistanais. Je raconte à Walid les échecs de mes confrères... Tous se sont laissé pousser la barbe mais une pilosité apparente, même fournie, ne suffit pas à tromper les garde-frontières. La plupart, une fois habillés en paysans pachtounes, ressemblent à des acteurs de films comiques, ce qui ne fait pas rire les fonctionnaires pakistanais qui, avec les dizaines de milliers de réfugiés qui affluent chez eux, n'ont pas envie de plaisanter.

P.S. Vous êtes dans une impasse. Il ne vous reste plus qu'à tenter votre chance ou bien trouver une ruse connue de personne, en particulier des militaires pakistanais...

P.F. Effectivement... Un beau matin, me vient une idée de génie ! Et si je me déguisais en femme ? Le corps complètement couvert par un tchadri, l'équivalent local du tchador, je passerai inaperçu ! Walid est surpris, puis se met à rire. Il est jeune, vif, et surtout a l'esprit ouvert sur le monde occidental. A un moudjahid, jamais je n'aurais proposé ce subterfuge, qui l'aurait choqué. Mais Walid comprend que, trois mois après l'invasion, il n'y a que la caisse de résonance de la presse internationale qui peut, pour le moment, être une opposition aux Soviétiques. « Ma cousine te prêtera un tchadri », me dit-il. L'après-midi, je suis dans la maison familiale en train d'apprendre à marcher avec un grillage en tissu devant les yeux... « La technique, m'indique la jeune fille, c'est de pincer légèrement le haut du vêtement vers le bas, pour écarter la grille... » « Marche voûté ! » me conseille Walid, sans s'apercevoir que sa remarque résume en deux mots la condition de la femme afghane. Reste les chaussures. Celles de la cousine sont beaucoup trop petites. « Il faut aller en acheter au bazar », dit Walid, qui se prend au jeu. Dans l'échoppe, il demande une grande taille. Le marchand croit qu'il vient acheter des chaussures pour sa femme. Ce qui n'a rien d'exceptionnel dans une société où les femmes restent cloîtrées à la maison...

Quand il voit que Walid me les tend pour que je les essaie, il roule des yeux ronds avant d'esquisser un sourire en coin à son vendeur. Un 42 en femme, il n'en a pas ! A chaque essayage, je suis mort de honte. Il me prend pour le giton de Walid ! A la troisième paire, enfin, mon pied entre à peu près. Nous repartons sous l'œil goguenard du marchand, avec des souliers ouverts à talons bas. « De toute manière, tu n'auras pas à marcher. Demain matin, à 7 h 30, un taxi viendra nous prendre devant la maison. »

A l'heure dite, je suis habillé. Walid m'a pris en photo avec le Nikkormat que je dissimule sous mon habit, la bandoulière autour du cou. On y va. Le taxi est là. « Je vais raconter au chauffeur que tu es ma femme, qui vient de faire une fausse couche à l'hôpital de Peshawar. Tu montes sur la banquette arrière. » Je marche le dos voûté, à petits pas, la tête baissée, comme je m'y suis entraîné la veille sous l'œil amusé de la cousine... Assis à l'arrière de la voiture, je me tais. De toute manière, je n'ai pas le choix : personne ne m'adresse la parole. Pour le chauffeur, je ne suis qu'un paquet. Il parle à Walid sans me prêter attention. A chaque barrage, les militaires fouillent le véhicule en m'ignorant. Heureusement ! Si l'un d'eux me demandait quelque chose, de descendre, par exemple, je serais immédiatement découvert... faute de pouvoir comprendre ! Devant mon « époux », ce serait jouer de malchance. Car, dans la tradition afghane et musulmane, un inconnu ne parle pas à une femme s'il n'est pas de sa famille.

A chaque check-point, le même scénario se reproduit. Coffre, capot, boîte à gants sont ouverts sans que les militaires me demandent de bouger.

« Elle rentre de l'hôpital de Peshawar après une fausse couche », leur précise Walid à chaque fois, en parlant de moi.

P.S. Et ça marche ?

P.F. Oui, mais, au bout d'un moment, la voiture s'arrête en plein champ. Les deux hommes vont pisser, urinant à l'afghane, accroupis au bord du chemin. Moi, je me retiens depuis un bon moment. Sortir, c'est être démasqué au bout de quelques mètres. Une femme ne se soulage pas en voyage. Les heures passent, sur les pistes des zones tribales semi-autonomes du Pakistan, devenues aujourd'hui la base arrière des talibans. A l'époque, c'est celle des moudjahidin qui se battent, avec la bénédiction des Occidentaux, contre les Soviétiques. Nous nous arrêtons enfin devant la porte d'une masure du district de Bajaur. Walid m'ouvre la portière. Je pénètre dans une cour, puis une pièce sombre. Ça y est. Je peux ôter ce tissu qui m'étouffe. Pendant une journée, je viens de vivre la condition de la femme afghane, du moins une petite partie, et je trouve déjà que c'est l'enfer !

Walid me présente aux combattants qui vont me faire traverser la frontière par la montagne. Le soir, ils font brûler une mixture qui sent le haschisch dans une coupelle, et inhalent la fumée. « Avec ça, on est plus clairvoyant. On fait mouche à chaque fois ! » me disent-ils en me montrant leur fusil. A 6 heures du matin, nous partons, sans Walid, qui doit retourner à Peshawar. Je porte une tunique beige, un pakol, un béret de feutre sur la tête et une sorte de couverture fine de couleur marron sur les épaules qui sert à tout. A se protéger du froid, à s'essuyer et, je l'apprendrai plus tard, à se dissimuler dans les éboulis de la vue des hélicoptères soviétiques en patrouille. Seul problème : mes compagnons de voyage ne parlent pas anglais et moi je baragouine à peine trois mots de dari. Je ne sais pas où ils m'emmènent, si ce n'est vers la Kunar, la zone où Walid, le hobereau de l'Est, compte des amis. Je suis seul, avec des individus qui pourraient peut-être me livrer au régime communiste. Mais, à 25 ans, on a la foi et de bonnes jambes, même si j'ai du mal à suivre ces types de 40 ans qui grimpent sur des pierres couvertes de mousse comme des chèvres !

P.S. Votre destin est entre les mains de ces gens-là ! J'ai déjà connu ce sentiment au Yémen. J'étais avec des guerriers d'une tribu pour monter au-dessus de Sanaa et je ne pouvais rien faire sans eux. Mais j'étais en confiance.

P.F. Quand je suis allé moi aussi au Yémen pour la première fois à la fin des années 90, je n'avais pas eu ce type d'expérience. Les guerriers y sont toujours aussi farouches mais depuis, la présence d'Al-Qaïda a tout changé. J'étais allé à Marib, la cité de la reine de Saba. En me faisant très discret, j'étais monté jusqu'à Saada, une route qui traverse des paysages époustouflants. A la sortie de la ville, il y avait un marché aux chameaux et aux armes impressionnant. Mitrailleuses 12,7 et canons anti-aérien à tirs rapides de 14,5 et 23 mm. J'ai même vu un char T62 de fabrication soviétique à vendre ! Depuis, les rebelles zaïdistes attaquent l'armée, désormais aussi en guerre contre les disciples de Ben Laden, natif du Yémen. Pour un Occidental, sortir de Sanaa, c'est aujourd'hui presque à coup sûr tomber entre leurs mains, même en prenant des précautions.

En 1980, en Afghanistan, j'essayais déjà de rester sur le qui-vive et de décrypter les situations que je rencontrais. Seul le plus jeune des moudjahidin avec qui j'étais alignait quelques mots d'anglais. Moi, je pouvais prononcer trois mots d'afghan : « *Chouravi* », qui veut dire « Russes » ; « *Ackari* », soldats ; « *Kalki* » et « *Parcham* », les miliciens des deux partis communistes rivaux afghans de l'époque.

On dormait dans des granges ou dans des fermes dans la montagne. Cette nuit-là, c'était une étable, au cul des vaches. La bouse sentait mauvais mais c'était le seul moyen de nous réchauffer. A 3 heures du matin, un moudjahid est venu me réveiller. A sa tête, j'ai compris que c'était sérieux. On avait été dénoncés ! On a décampé dans la nuit. Encore à moitié endormi, l'air glacé me brûlait les poumons. Je n'arrivais pas à suivre les « moudj » qui couraient entre les pierres en remontant la pente. Je comprenais à leurs signes qu'ils me disaient « Dépêche-toi ! ». Cette course infernale s'est arrêtée au lever du jour, de l'autre côté de la crête. Plus bas, deux hélicoptères tournaient au-dessus de l'endroit que nous avions quitté... On avait été donnés par un membre du Parti qui avait appris notre présence. Heureusement, les moudjahidin l'avaient su avant que l'opération de l'armée soit déclenchée contre nous. Savait-elle qu'il y avait un étranger parmi les moudjahidin ? Je l'ignore. Walid m'avait expliqué que je ne devais jamais parler en présence d'inconnus car j'étais censé être muet ! Quant à mes yeux bleus et mes cheveux châtains, ce n'était pas un handicap : selon lui, je pouvais ressembler à un natif du Nourestan, que les Afghans appelaient jadis le Kafiristan, le « Pays des Infidèles », car c'est la dernière province du pays à avoir été islamisée au XIXe siècle. Parmi ces populations indo-européennes, on trouve des blonds descendant, dit-on, des soldats macédoniens d'Alexandre le Grand qui arrivèrent jusqu'aux montagnes de l'Hindou Kouch. Et ça marchait. Plusieurs fois, les groupes que l'on croisait sur les chemins muletiers posaient des questions à mon sujet. Mes compagnons répondaient et je voyais les autres hocher la tête... Pour un peu, je me serais pris, encore une fois, pour Daniel Dravot, le héros de *L'homme qui voulut être roi*, incarné par Sean Connery dans un merveilleux film de John Huston... Sauf que la naïveté des Nourestani décrite par Kipling dans son livre d'aventures n'était plus de mise ! Même dans les vallées perdues de ce territoire isolé, la guerre avait fait irruption. Non pas des escarmouches avec des soldats du roi, mais une vraie guerre, moderne, avec des avions, des tanks et des bombes. Les gens semblaient croire aux balivernes de mes compagnons à mon sujet. Sauf que la plupart se retournaient pour me dévisager, ce qui ne laissait présager rien de bon... Sinon, les paysages minéraux n'avaient pas changé depuis les récits de Kipling, si ce n'est que les Soviétiques larguaient des mines antipersonnel sur les cols que nous franchissions parfois avec de la neige à 3 500 mètres. Des objets pas plus gros que le poing. Les enfants, en jouant avec, se faisaient sauter ou bien perdaient un bras ou une jambe... Aujourd'hui, les « combattants de la liberté » sont remplacés par les talibans pakistanais et les islamistes du Lashkar-e-Taiba qui perpétuent, à partir de l'Afghanistan, des actions au Pakistan. Côté afghan, les Américains et leurs alliés essaient, avant de se retirer, de mettre sur pied une armée digne de ce nom. Ce qui n'est pas gagné.

En 1956, lors de votre premier voyage avec Kessel, l'armée afghane, déjà, ne devait pas être très moderne ?

P.S. En effet ! Les soldats portaient des casques et des uniformes allemands et leurs armes étaient des fusils Mauser. Ils avaient été équipés par je ne sais qui...

P.F. Comment cela se passait en dehors de Kaboul ?

P.S. Très bien. Il y avait d'abord l'autorité du roi, qui était un fédérateur. Les gens qui se querellent entre tribus veulent toujours quelqu'un pour résoudre les conflits, un arbitre, un parrain. Nous, on était dans leur ombre. Le roi était un ami de Kessel, je vous le rappelle. Et ensuite, on a tout de suite été très liés avec un gouverneur du roi, qui était en plus un homme politique important sans doute parce qu'il appartenait à une noble famille locale. Nous communiquions grâce à un traducteur de l'école française, qui parlait un très bon français.

P.F. Le tournage du film fut-il laborieux ?

P.S. Oui, surtout à cause du transport et des distances. On tournait après avoir vu le décor.

Quand on allait à Mazar-e Charif, on avait déjà une idée du trajet à travers le pays. On se demandait si on devait choisir Maïmana ou Kunduz comme base de départ. On avait décidé d'opter pour Maïmana, une ville en direction de l'Iran. De Mazar, c'est à mi-chemin.

P.F. Le scénario était-il écrit ?

P.S. Non. On l'écrivait au fur et à mesure. On disait : « Nos personnages doivent passer là quelques jours » ou « Ils font ça entre eux ». On avait déniché un jeune cavalier qui était le grand tchopendoz qui devait gagner, et puis un autre, qui était un grand tchopendoz aussi, mais son rival... Notre chance, c'est que les tchopendoz sont descendus du nord par paquets jusqu'à Kaboul pour s'affronter dans le grand bouzkachi du roi.

P.F. Pourtant, ce n'était pas un documentaire. Vous avez réalisé un vrai film.

P.S. Oui, on a filmé le vrai bouzkachi du roi. C'était magnifique, toute cette foule énorme et bigarrée. Ensuite, avec nos tchopendoz à nous, on a tourné les plans de détail ou les gros plans qui nous manquaient.

P.F. Se prêtaient-ils au jeu ?

P.S. Oui, ça les excitait. Mais ils voulaient gagner de l'argent ! Certains avaient même deux chevaux parce que la partie peut durer très longtemps. Ils sont comme les joueurs de polo, ils ont deux ou trois montures. Nous avons aussi filmé le roi Zaher Shah de loin, lorsqu'il arrive en voiture et qu'il monte sur son estrade. Il était protégé du soleil par un abri et entouré de personnalités assises sur des tapis précieux autour de lui. C'était glorieux.

P.F. Est-ce à ce moment-là que Kessel a écrit son fameux livre, *Les Cavaliers* ?

P.S. Non. Pour lui, ce film a été comme les esquisses que dessine le peintre avant de commencer un grand tableau. C'est le film qui lui a donné envie d'écrire le livre. Et par la suite, il y a eu un film américain tiré du livre, tourné en Espagne. La trame du nôtre était le bouzkachi, mais en même temps, on voulait qu'il y ait du suspense. Nous avions introduit dans le scénario un mystérieux cavalier qui est l'ange de la mort, qui sait qu'il a un rendez-vous capital à Kaboul. C'est le principe du « Rendez-vous de Samarcande ».

P.F. Ce film est en fait ce qu'on appelle aujourd'hui un docu-fiction ?

P.S. C'est ça, avec quand même beaucoup de fiction en reproduisant tout à fait la vérité, avec des personnages « vrais » et des décors naturels. On n'avait même pas d'éclairage.

P.F. C'est de la même manière que vous avez filmé par la suite *La 317e Section*, une fiction très proche de la réalité.

P.S. Je trouve que dans un film de fiction, il doit y avoir une part documentaire. Dans *Le Crabe-*

Tambour, par exemple, la part documentaire est évidente.

P.F. Par rapport à ce que vous avez vu en tournant ce film en Afghanistan, le pays, en fin de compte, n'a guère changé. Ethnies, tribus, rivalités sont toujours de mise. Comme jadis, il n'y a que la religion, au centre de tout, qui reste le ciment de ces populations disparates. Il y a aussi la haine viscérale de l'envahisseur. C'est ce qu'ont découvert les militaires français sur le terrain. Ils étaient face à des insurgés de plus en plus hardis qui attaquaient les soldats dès qu'ils sortaient de leur camp, en particulier dans la région de la Kapisa et dans les hauts de Surobi. Le cinquantième mort français est un infirmier qui avait été héliporté en octobre 2010 sur une crête de la vallée d'Uzbin avec une trentaine d'hommes du 126e Régiment d'infanterie de Brive. Ils étaient en train de s'installer et de prendre position, méfiants. C'était la nuit. Ils n'ont rien entendu, ni rien vu. Ils observaient pourtant les alentours avec leurs jumelles à intensificateur de lumière. Et d'un coup, une explosion. Probablement une roquette de RPG7. Les insurgés étaient sur la pente et ils ont tiré au hasard, en l'air, pour que la roquette retombe comme un obus de mortier. Malheureusement, la roquette a explosé au pied de l'infirmier, Thibault Miloche. Son adjoint, lui, a été blessé par des éclats. L'hélicoptère de secours a eu du mal à se poser de nuit, sous le feu des talibans. L'infirmier est mort en arrivant à l'hôpital militaire français installé sur l'aéroport de Kaboul. Afin que tous les soldats du régiment fassent leur deuil de leur camarade disparu, le cercueil de l'infirmier a été ramené de jour, en dernier hommage sur le poste de Tora. Spontanément, les soldats se sont mis en rangs derrière les hommes qui le portaient vers la petite chapelle. C'est la troupe elle-même qui a accompagné son copain mort, au cours d'une cérémonie improvisée. Après la levée du corps à la chapelle, ils ont suivi le cercueil jusqu'à l'hélicoptère. Toute l'unité était au complet. Des centaines d'hommes formaient une sorte de serpentin qui partait du camp jusqu'à la dropping zone, où attendait l'appareil. Quelques jours après, le colonel Goisque, le patron du régiment, a posé une plaque de marbre sur le mur de l'infirmerie, pour que personne n'oublie le sacrifice de Miloche, marié et père de deux enfants. Un souvenir qui reste, même depuis que la base a été transférée aux Afghans.

A ce moment-là, j'ai rencontré un prêtre formidable. Lorsque je l'ai vu la première fois, je croyais que c'était un militaire. Il a des muscles de boxeur. En fait, ce lazariste gascon est vice-champion de France de force athlétique. A 50 ans, il soulève tous les jours de la fonte. Un prêtre atypique, mais un garçon truculent, très aimé de la brigade où il recueille beaucoup de confidences de soldats. Souvent, la cause de leur blues, c'est l'éloignement, la fiancée, les parents, les enfants, les copains restés au pays... Au bout d'un moment, le « padre » m'a raconté que les soldats ont aussi des problèmes psychologiques parce qu'ils culpabilisent d'avoir tué d'autres êtres humains. Ce sont des jeunes qui ont 20 ans, qui découvrent la guerre. « Je leur dis qu'ils sont en mission. Qu'ils ont obéi aux ordres », me dit le padre. Avec le médecin, il soigne les blessures de l'âme, celles de l'esprit et du cœur.

Parfois, quand le soldat paraît trop affecté, les camarades sont prévenus, son chef aussi, pour veiller à ce qu'il ne fasse pas de bêtise... Le padre se souvient d'un jeune qui broyait du noir. Il avait raconté que dans la vallée de la Kapisa, il était posté à l'angle d'un mur, pris sous le feu des insurgés. Soudain, il voit l'ombre d'un taleb qui arrive vers lui. Il épaule. Le taleb est surpris. Il pointe sa Kalachnikov mais le jeune est plus rapide. Il lui loge une balle en pleine tête. « A 20 ans, ça marque, me confiait le padre. Donner la mort n'est pas anodin. Chez nos jeunes, c'est parfois aussi traumatisant que de voir un de leurs camarades agoniser sous leurs yeux. Je leur dis dans ces cas-là : "Tu n'avais pas le choix. C'était lui ou toi." »

Cette culpabilité peut devenir un traumatisme dangereux pour le jeune soldat et ses camarades, en particulier en opération. S'il ne participe pas au combat, s'il n'a plus le mental pour appuyer sur la détente, il peut se mettre lui-même en danger, ainsi que tous ceux qui sont avec lui. C'est là, dans la vallée d'Uzbin, que j'ai vu qu'un prêtre comme celui-ci, qui accompagne les soldats, apporte beaucoup. Il apaise les esprits bouleversés par la guerre et distille une dimension spirituelle dans le fracas des armes.

P.S. Oui, parce que tous ces soldats frôlent la mort. Et derrière la mort, il y a leur propre mort et celle qu'ils donnent. Cela les préoccupe. Ils ont donc besoin d'un homme de Dieu. Ils peuvent parler de leurs dilemmes à leur lieutenant. Mais le lieutenant est un soldat ; il n'a pas de réponse à ces cas de figure. Ils espèrent une réponse différente de l'aumônier. Les aumôniers sont très respectés.

P.F. Avez-vous, vous-même, éprouvé ce besoin ?

P.S. Non. Il y avait le fameux pasteur Tissot. Nous avons sauté sur Diên Biên Phú du même avion, l'un derrière l'autre, avec des renforts du 5e Bataillon vietnamien de parachutistes. Nous avons parlé sous l'aile de l'appareil avant l'embarquement. Avec le pasteur, je n'avais pas les mêmes échanges de paroles qu'avec les soldats avec lesquels je sautais. C'était plus grave, plus profond. Les aumôniers militaires étaient très courageux. Celui qui avait été décoré de la croix de guerre avait dit : « Mais moi, j'ai déjà ma croix ! » Il ne voulait pas la recevoir. Le colonel, qui l'estimait beaucoup, l'avait persuadé. « Il faut que vous l'acceptiez. Ce n'est pas déshonorant. Vous la méritez ! Je serais malheureux si vous ne l'aviez pas. »

P.F. Vous employez le mot « guerre ». mais en Afghanistan, ce mot a été peu employé par la hiérarchie, et, en tout cas, par le gouvernement.

P.S. Depuis la guerre d'Algérie, on ne peut plus appeler les interventions extérieures des guerres. Même pour la guerre d'Indochine, il a fallu que l'engagement français aille très loin et dure très longtemps avant qu'il soit considéré comme une guerre. En Algérie, la terminologie officielle était le maintien de l'ordre.

P.F. Une opération de police !

P.S. Oui, parce que l'Algérie, c'était trois départements français. Sans cette terminologie, il aurait fallu dire que c'était une guerre civile. Le mot « guerre » était tabou. Pour que les anciens combattants d'Algérie aient les mêmes droits que des soldats qui faisaient la guerre, et non pas le maintien de l'ordre, il a fallu attendre des années !

P.F. La classe politique, le pouvoir du moment en général, hésitent à prononcer ces mots parce que ce sont des mots repoussoirs, que l'opinion ne veut pas entendre.

P.S. Oui, sauf que tout le monde parlait à l'époque de la « guerre d'Algérie » ! On ne disait pas « les opérations de maintien de l'ordre » ! Les gens parlaient dans la rue de la guerre d'Algérie, de leurs enfants qui y étaient. Il n'y avait pas de langue de bois de la part de la population. Il y avait une langue de bois seulement de la part des hommes politiques.

P.F. A propos de l'Indochine, c'était totalement différent, parce que le corps expéditionnaire était composé de volontaires et non pas d'appelés.

P.S. Oui. Et ce conflit préoccupait beaucoup moins l'opinion publique qui disait : « Ce qu'ils récoltent, ils l'ont cherché. » Tandis que la guerre d'Algérie était faite par des appelés. On a rappelé le contingent. Ces garçons ont dû abandonner leur campagne, leur bureau, leurs usines... C'était tout à fait différent. Et quand ils étaient blessés, ils ressentaient cela comme une injustice. On les avait soustraits de chez eux, de leur vie normale, pour les envoyer dans un endroit qu'ils n'avaient pas choisi. Et tout à coup, ils perdaient une jambe ou un bras... alors que pour les blessés d'Indochine, ce n'était pas le cas. Ils savaient que cette éventualité faisait partie du risque qu'ils avaient pris en s'engageant.

P.F. Mais les guerres dites « coloniales » ou « opérations extérieures » ne sont-elles pas mal comprises tout simplement parce que la population, l'opinion ne réagit à la guerre que dans un seul cas : lorsque le territoire national est envahi ?

P.S. Oui. Je pense qu'en Afghanistan, les Français n'ont pas compris quels étaient les buts de guerre.

Chapitre XV

Les moudjahidin exécutent un traître et le raid des hélicoptères soviétiques

Pierre Schoendoerffer. L'Afghanistan compte beaucoup pour vous. Vous continuez, plus de trente ans après votre premier voyage, à y retourner, de la même manière que vous y êtes allé à plusieurs reprises au début de l'occupation soviétique.

Patrick Forestier. Trois mois après mon périple dans la Kunar, j'essaie de me rendre, cette fois-ci, à Kaboul. Nous sommes au début de l'été 1980. L'Afghanistan est sous la botte soviétique depuis six mois. L'ambassade afghane à Paris ne délivre pas de visa pour la presse, sauf pour les journaux communistes. Un copain savoyard qui importe des coffres afghans accepte que je devienne son « associé », du moins sur le papier. En regardant les photos des coffres et le registre du commerce « arrangé » sur la photocopieuse, le fonctionnaire suspicieux de l'ambassade n'y voit que du feu. Ne suis-je pas un antiquaire qui va acheter des tapis et des objets d'art à Kaboul ?

Dans l'avion d'Ariana, la compagnie afghane qui dessert à l'époque Amsterdam, nous sommes une douzaine de passagers. Tous portent la moustache, signe distinctif des communistes dirigés par le président Babrak Karmal, mis en place par Moscou. A Kaboul, je trouve asile dans la maison d'un professeur français en vacances. La petite communauté de coopérants est scandalisée par l'invasion et aide les rares journalistes présents à se loger dans la capitale occupée. Les Soviétiques sont partout. Sur l'aéroport, leurs avions et leurs blindés sont alignés comme à la parade. Des soldats blonds, torse nu, s'affairent sur leur char ou réparent des moteurs sur le tarmac. Les transports de troupes traversent la ville en trombe et sur Chicken Street, jadis fréquentée par les hippies en route vers Katmandou, les militaires de l'Armée rouge achètent ou plutôt troquent des lapis-lazuli contre des boîtes de caviar que nous achetons ensuite pour quelques dollars. La résistance s'organise, mais n'a pas encore les moyens d'effectuer des opérations spectaculaires en ville. J'arrive cependant à prendre contact avec un petit réseau clandestin. Dans une arrière-boutique, ils sont trois à me montrer l'uniforme, le pistolet automatique et les papiers de l'officier soviétique qu'ils ont abattu. Au cours d'un autre rendez-vous, je découvre dans une remise du matériel pour ronéotyper, ce qui est strictement interdit, des tracts et des affiches. Un photographe français, Alain Mingam, est tombé sur un contact qui assure pouvoir l'emmener dans un maquis à l'extérieur de la ville. Il me propose de l'accompagner. Le taxi prend la route du nord. Au col qui contrôle l'entrée de Kaboul, les soldats soviétiques demandent où nous allons. « A Istalif ! Nous sommes des touristes français », dit-on à l'un d'eux, pendant qu'il regarde nos passeports, sans rien comprendre. Il nous laisse passer. Istalif, à une quinzaine de kilomètres de Kaboul, est réputée pour ses poteries et son artisanat. Quoi de plus normal pour des marchands d'art que de se rendre dans ce village réputé ?

Avant d'arriver, le chauffeur braque soudain sa voiture dans la cour d'une ferme. C'est le point de rendez-vous. Une heure après, un moudjahid vient nous chercher, sa Kalachnikov cachée sous sa cape. Nous cheminons le long d'un torrent bordé d'arbres fruitiers. Au fond de la vallée, nous croisons d'autres moudjahidin. Par groupes de dix. Ici, ils sont maîtres des lieux et manifestement plus d'une centaine. Un homme jeune se présente : il s'appelle Mohamad Barch. A 28 ans, cet ancien instituteur est le chef de ce maquis du parti Harakat-e Islami. « Je commande quatre cents hommes », baragouine-t-il en anglais. Le mouvement, lui, compterait quarante mille moudjahidin autour de Kaboul. Barbu, visage émacié, lunettes fines sur le nez, il ressemble à un intellectuel par rapport à ses hommes, plus rustres. La plupart arborent des armes neuves : Kalachnikov, mais aussi fusils et lance-roquettes américains. Mais ce dont Mohamad est le plus fier, c'est cette mitrailleuse lourde Dachaka, flambant neuve, « récupérée » chez les Soviétiques. Posé sur un trépied à flanc de coteau, elle prend en enfilade toute la vallée.

Le chef nous invite ensuite à partager son repas : riz, galette et lait caillé. Soudain, apparaît un groupe d'hommes enturbannés. Ils entourent un vieillard à la longue barbe blanche. Tous se moquent de cet homme aux mains liées dans le dos. Aux rires sarcastiques succèdent les menaces. Ils placent leurs baïonnettes et la pointe de leurs poignards sur la gorge de l'inconnu, qui a les yeux pétrifiés de peur. Sur le coup, je ne comprends pas ce qui se passe, sauf que cet homme est apparemment prisonnier. L'instit' nous propose de rester allongés sur des tapis à l'ombre des arbres. Les heures s'écoulent, sous la chaleur. Soudain, en fin d'après-midi, un brouhaha parvient du sentier. Le vieillard réapparaît, poussé cette fois-ci par une meute surexcitée. Coups dans les reins, sur les épaules, le vieillard avance en trébuchant sur les pierres du chemin escarpé. Mohamad nous fait signe de venir, pris lui aussi dans cette ambiance folle qui règne désormais dans la troupe. L'homme cherche à prendre de l'eau dans le torrent à moitié asséché, mais les moudjahidin l'en empêchent. D'un coup de pied, ils jettent le prisonnier sur les rochers. Je comprends que les moudjahidin vont le tuer. Martyriser un vieillard est contraire aux valeurs des Afghans. Les anciens sont respectés. On écoute leurs paroles de sages. Celui-ci, au contraire, est considéré comme un chien. On lui interdit même de faire sa prière du soir. Je me tourne vers l'instituteur en lui disant « Non ! Non ! »... Je crois que c'est parce que nous sommes là qu'il veut tuer ce pauvre type. Je crois qu'il ne comprend pas ma demande. Pire : elle l'agace ! Il nous dirige vers trois hommes qui viennent d'arriver, sans arme. Trois mollahs à la barbe noire et fine, comme leur visage en lame de couteau. Je recommence ma supplique. Le plus grand me coupe la parole : « Cet homme est un traître, me dit-il. Il a vendu aux communistes du gouvernement des moudjahidin de son village. Il a été condamné par la justice islamiste. Etes-vous contre le jugement de Dieu ? » me demande-t-il en me fixant droit dans les yeux. Difficile, dans ces cas-là, de répondre par l'affirmative... Je comprends que rien ne pourra sauver la peau du vieillard, ni moi, ni personne. J'apprends que son fils est un agent des services secrets parchami, le Parti communiste au pouvoir. Grâce à une liste fournie par son père, il a embarqué les moudjahidin du secteur à la sinistre prison de Pol-e Charkhi, qui abrite un centre de torture. Pour le vieillard, je comprends qu'il n'y aura pas de pitié. Vengeance ou justice ? Peu importe. Pour les moudjahidin, il mérite la mort.

Le vieil homme est poussé sur la pente d'une colline. Il tombe. Ses bourreaux le relèvent et le poussent encore. Le grand-père a le regard apeuré d'un animal pris au piège. Les maquisards se sont mis en ligne, comme à la battue. Soudain, l'instituteur donne sa Kalachnikov à son voisin et lui prend son fusil de chasse. « Allah Akbar ! » hurle-t-il en appuyant sur la détente. Deux coups sourds résonnent dans le vallon. L'homme s'écroule sur le côté, sans un cri. « Allah Akbar ! » répondent en écho les moudjahidin en tirant des rafales, tout en se précipitant vers le corps, peut-être encore vivant. Les cris, les détonations, l'odeur de la poudre, les visages grimaçants, torturés par la haine, l'odeur du sang aggravent la pagaille qui règne au bord de cette petite rivière bucolique, soudain transformée en enfer. L'excitation est telle qu'un moudjahid lâche une rafale sur le travers... Le combattant à côté de moi s'affale, touché à la jambe. Au lieu d'atteindre le vieillard, le tireur à moitié fou de rage a blessé son copain ! Devant le corps criblé de projectiles, la hargne de la meute ne faiblit pas. Aux cris d'« Allah Akbar ! », sabres et baïonnettes entrent en action. Les lames entaillent le tissu mélangé à la chair du corps mou qui oscille à chaque coup. Au bout d'un temps qui me paraît interminable, les cris diminuent. L'excitation retombe peu à peu. Les moudjahidin s'éloignent du cadavre qu'ils abandonnent aux chiens et aux chacals.

Pour nous, c'est une douche froide. J'ai vu comment, en quelques minutes, le fanatisme peut changer les hommes. L'image des « combattants de la liberté », comme on appelait parfois les moudjahidin, en prend un coup ! Je mesure à quel point la religion est ancrée au plus profond de chaque Afghan. Un islam qui peut paraître tolérant mais qui se révèle féroce quand il est sollicité par la guerre, surtout celles menées par des étrangers. Jamais je n'aurais imaginé que, trente ans plus tard, je retournerais dans cette plaine de Chamali avec des soldats français qui se sont ensuite battus en Kapisa contre des insurgés plus fanatiques aujourd'hui que ceux que j'avais connus en 1980.

P.S. On est désormais dans un monde islamique qui à la fois se tient les mains et dont les grands courants se chamaillent entre eux... C'est très complexe. Mais ces courants sont toujours d'accord pour s'opposer à l'Occident. Dès que l'Occident fait quelque chose qu'ils ne trouvent pas acceptable, ils se regroupent tous. Ils affichent des différences mais il reste toujours une solidarité islamique qui les unit contre nous.

Le monde islamique nous est opposé depuis la nuit des temps. Les Soviétiques en ont fait la cruelle expérience. Américains et Français aussi. Mais ce sont les Russes qui ont déploré le plus de pertes : environ 15 000 morts et 50 000 blessés en dix ans.

P.F. Oui, mais du côté afghan, les dégâts furent considérables. On parle de 1 250 000 morts, dont 80 % de civils, sans compter que 30 % de la population avait fui le pays pour rejoindre des camps de réfugiés au Pakistan. Ce qui n'est pas le cas aujourd'hui. Il faut dire que l'Armée rouge n'y allait pas de main morte ! Je l'ai constaté moi-même...

Dans la Kunar, j'avais observé depuis la montagne les camps soviétiques, leurs patrouilles en blindés sur les pistes, les destructions dans les villages après les bombardements. Mais, en ce mois de juillet 1980, si près de Kaboul, je ne me doutais pas de ce qui m'attendait...

Après l'exécution du vieillard, Mohamad, l'instituteur chef du maquis, nous avait confiés à une demi-douzaine de moudjahidin. Nous avions dormi dans une maison traditionnelle, faite de bois et de torchis.

Au petit matin, après le thé et les galettes de pain, nous sommes prêts à partir pour rejoindre la maison près de la route goudronnée, où le taxi nous avait déposés la veille. Est-ce un mauvais hasard ou la conséquence de l'embuscade que l'instit' comptait tendre à une patrouille soviétique dans la nuit ? Nous entendons tous un bruit caractéristique : celui d'un hélicoptère ! Le groupe s'égaille dans le verger qui s'étend devant la baraque. Deux moudjahidin sont avec nous. Le chuintement des pales se rapproche, jusqu'à devenir un grondement assourdissant. L'appareil remonte lentement le vallon, à la recherche, visiblement, de rebelles contre-révolutionnaires, selon le jargon usité à l'époque. L'hélicoptère est si bas que je vois le casque du pilote ! Nous sommes tapis au pied d'un cerisier, immobiles, avec le cœur qui bat la chamade. Soudain, j'entends le staccato d'une arme lourde ! C'est la mitrailleuse Dachaka qui tire de longues rafales depuis les hauteurs. C'est le signal ! Au sol, la fusillade redouble. Les moudjahidin vident leurs chargeurs sur l'appareil. Les deux qui sont à côté de nous se sont levés. « Allah Akbar ! » hurlent-ils en visant l'hélicoptère qui disparaît en zigzag dans un drôle de bruit, probablement touché au rotor. Les moudjahidin se félicitent, ivres de joie. Le mot « *Chouravi* », Russes, revient sans cesse. Ils sont heureux d'avoir donné « une leçon » à l'ogre soviétique. Un « fait d'armes » qui ne me dit rien de bon. La riposte, en effet, ne se fait pas attendre...

Dix minutes après, j'entends à nouveau le chuintement des pales d'hélicoptère ! A vol d'oiseau, la base de Bagram est tout près. L'hélicoptère touché a prévenu par radio le centre des opérations, qui envoie des renforts... Cette fois-ci, c'est par deux que les MI 24 remontent le vallon en tirant sur tout ce qui bouge. L'effet de surprise, côté moudjahidin, est terminé. Le staccato de la Dachaka résonne à nouveau. Pas pour longtemps ! Les hélicoptères répliquent à coups de roquettes dans un bruit d'enfer. La mitrailleuse se tait, pulvérisée par les explosions. A peine les deux premiers appareils virent-ils chacun de leur côté par-dessus les crêtes, que deux autres rappliquent en arrosant les pentes avec la mitrailleuse à quatre tubes de 12,7 mm à tir rapide, fixée sous leur bulle avant. Un ballet de fer et de feu qui semble durer une éternité. En ce début d'occupation, les combattants afghans découvrent ces appareils qu'ils surnommeront le « char du diable » : cet engin au nez boursouflé, lourd de 11 tonnes et long de 17 mètres, deviendra le cauchemar des insurgés, jusqu'à ce que la C.I.A. livre des dizaines de missiles Stinger aux moudjahidin, qui abattront ainsi près de trois cent cinquante hélicoptères.

Mais pour le moment, nous sommes six mois après la Blitzkrieg de l'Armée rouge, et les moudjahidin découvrent cet hélicoptère qui crache le feu dans tous les sens. Ceux qui nous entourent leur tirent dessus en criant à nouveau « Allah Akbar ! »... Sans succès ! Ils ne savent pas que le cockpit est blindé. Les impacts de balles ne sont que des piqûres de moustique sur l'acier du monstre. Si, tout à l'heure, le premier hélicoptère a peut-être été touché, c'était grâce à la mitrailleuse, et à la chance, qui maintenant n'existent plus. En entendant le bruit métallique des balles de Kalachnikov sur leur blindage, les pilotes risquent de s'apercevoir qu'il y a des rebelles juste au-dessous d'eux, alors qu'ils règlent pour l'instant leurs tirs sur le fond du vallon, où sont concentrés le plus grand nombre de moudjahidin.

Je me surprends, dans un geste aussi désespéré qu'inutile, à saisir par la manche le combattant qui est à côté de nous pour qu'il arrête de tirer et s'allonge par terre. Au lieu de nous rejoindre dans la rigole pleine d'eau qui arrose les arbres, il préfère nous laisser en plan ! Avec le photographe, on ne sait plus où se mettre. Les troncs, trop petits, ne nous protègent pas. Allongés, ce n'est pas mieux, même dans la boue. Contre le mur de pierres sèches, ce n'est pas terrible non plus car, en cas d'explosion, le souffle en projettera des dizaines sur nous. Juste devant, les missiles qui fusent des paniers ronds situés de part et d'autre du fuselage, explosent dans un fracas terrible sur les postes de tir des moudjahidin. Au fur et à mesure des passages d'hélicoptères, les détonations, en face, sont de moins en moins nourries... L'excavation rocheuse fermée par un mur de pierre abritant une bonne dizaine de combattants, qui se croyaient protégés dans leur casemate, a volé en éclats sous une pluie de roquettes. D'ici, je n'entends plus un coup de feu. Ils doivent tous être morts, déchiquetés par la mitraille. Soudain cesse le vacarme. Un silence pesant succède au tumulte. Un silence inquiétant, rempli d'incertitude. Les hélicoptères ont disparu, laissant la place au ciel bleu azur, aux feuilles immobiles, à la chaleur étouffante. Plus un bruit. Même pas un souffle de vent qui pourrait agiter les branches des eucalyptus qui bordent le lit du torrent. Je regarde le photographe, interloqué. On n'est plus que tous les deux. Deux Français, pour ne pas dire deux pauvres cons, à moitié sonnés, perdus au milieu de nulle part avant que les Ruskovs vitrifient la zone au napalm. Ma crainte, c'est aussi qu'après avoir nettoyé le secteur, ils déposent des commandos de Spetsnaz sur les crêtes pendant qu'un bataillon remontera le vallon en cul-de-sac par l'unique piste, afin de finir le travail en empêchant les survivants de s'enfuir.

Il faut donc f... le camp. Au plus vite. Mais par où ? Retourner sur nos pas, c'est peut-être tomber sur les Soviétiques. Les courageux moudjahidin qui, hier, ont massacré le vieillard, se sont volatilisés en nous abandonnant à notre sort. Partir. Quitter cet endroit maudit où on ne voit plus âme qui vive. C'est notre seule chance. On s'élance sur les hauteurs du vallon, à l'endroit où il commence à s'élargir pour déboucher sur la plaine. Une seule idée m'obsède : quitter ce cul-de-sac, une nasse qui va être notre tombeau si les Russes déboulent avec leurs blindés. A peine avons-nous quitté le verger que, soudain, apparaît un inconnu, un gamin d'une douzaine d'années qui semble tomber du ciel. D'où vient-il ? Pourquoi est-il là ? Impossible, évidemment, de le savoir. Il porte un petit chapeau rond sur le haut du crâne et ouvre des yeux aussi gros que des billes ! En fait, il est aussi paniqué que nous ! Etait-il avec son père ? Venait-il du village voisin approvisionner les moudjahidin ? Son groupe a-t-il été décimé par les hélicoptères ? Il semble perdu et nous suit, puis nous précède sur le sentier quand, tout à coup, un vrombissement d'une puissance inouïe nous projette instinctivement à terre. C'est un Mig, un chasseur frappé de l'étoile rouge, qui vient de nous survoler à basse altitude. On s'attend à une explosion, celle de la bombe qu'il a dû larguer. Rien. Silence. On relève la tête, incrédules : je vois sous un parachute blanc un long cylindre qui descend lentement vers le sol. Une éternité. Quand il disparaît en contrebas dans les taillis se produit une énorme déflagration, heureusement un peu après le verger que nous venons de quitter. Nous fuyons à l'opposé encore plus vite quand apparaît un second avion ! Son nez pointu fend l'azur comme une flèche. Un parachute éclot et le jet vire sur l'aile pour dégager de l'autre côté de la crête. Trente, quarante secondes plus tard, une fumée grise monte du sol, suivie d'un bruit assourdissant. Les cylindres sont, en fait, des bombes antipersonnel à sous-munitions qui explosent dans un rayon de plusieurs dizaines de mètres, projetant des morceaux d'acier à 360 degrés à la ronde. Aucun être humain, à moins d'être protégé par un blindage, ne peut s'en sortir. Les moudjahidin qui ont échappé aux hélicoptères sont maintenant déchiquetés par ces engins de mort, interdits aujourd'hui par la majorité des pays, mis à part les Etats-Unis, la Russie, la Chine, Israël, le Pakistan et des Etats voyous, comme la Corée du Nord et l'Iran. Car dans ce type d'armes, 30 % en moyenne des sous-munitions n'explosent pas et restent au sol, polluant la zone pendant des décennies. Des considérations qui paraissent bien lointaines sur le moment.

A chaque coupole blanche qui s'ouvre, nous retenons notre souffle. Le vent, par chance, est faible, mais les parachutes dérivent suffisamment pour se rapprocher de nous. Alors, nous nous précipitons sous un rocher plat. Nous sommes allongés, serrés comme des sardines. Je suis au fond, la tête coincée entre la roche et la terre, mon camarade a le corps à moitié à l'extérieur, et le gamin, tremblant de peur, est entre nous deux. Une position difficile à tenir. A chaque explosion, la terre tremble et la paranoïa aidant, on s'imagine que des dizaines de tonnes de roches vont s'abattre sur nous ! Devant, le bombardement continue, interminable. Les Soviétiques veulent en finir, écraser avec leur marteau-pilon ces petits hommes à pied qui les harcèlent dès la sortie de Kaboul, tels des Lilliputiens qui finiront au bout de dix ans par terrasser l'ogre de Moscou.

Jadis les Anglais. Aujourd'hui l'Otan. Jamais aucune troupe étrangère n'a réussi à rester en Afghanistan. Mais, à cette époque, le Politburo croit qu'il en ira de Kaboul comme de Budapest et Prague : il n'en fera qu'une bouchée.

Les Mig continuent de passer à basse altitude, à vitesse réduite, ne craignant plus les tirs des moudjahidin qui ont, de toute façon, totalement cessé. Nous nous sommes réfugiés à flanc de coteau. Allongés au sol, les yeux tournés vers le ciel, avec une vision à 180 degrés sur les bombes qui tombent lentement. L'enfant est tétanisé. Il faut le tirer par le bras pour qu'il s'allonge, inconscient des éclats d'acier brûlants qui peuvent couper un bras ou une tête à 300 mètres. Tout à coup, le silence revient. On attend, guettant le moindre bruit en scrutant le ciel incandescent de lumière. En vain. Rien. Sinon ce silence insupportable auquel on ne croit pas, car il va être déchiré, est-on persuadés, par une nouvelle déflagration. On se relève, timidement, pour se rendre à l'évidence : les avions sont partis. Le cauchemar est terminé. Je ne saurai jamais combien de moudjahidin sont morts sous ce bombardement, si leur chef, l'instituteur Mohamad Barch, était parmi eux ou s'il avait réussi à s'enfuir... Grâce au gamin, nous pûmes rejoindre une ferme. Elle abritait des combattants du maquis d'Istalif, ce qui me laissait penser qu'ils n'avaient pas tous été déchiquetés. Même s'ils n'étaient pas « fous de Dieu » – les attentats kamikaze n'existaient pas à l'époque –, les moudjahidin estimaient être en guerre sainte. Le Djihad avait commencé. Il continue encore aujourd'hui...

P.S. Nous ne sommes pourtant plus aux temps des Croisades ! Les plus fanatiques se réfèrent à la conquête des musulmans à l'époque glorieuse où ils sont arrivés jusqu'à l'Atlantique, jusqu'au Maghreb, à la fin du VIIe siècle, et en Espagne au VIIIe siècle après que les Maures ont franchi le détroit de Gibraltar...

P.F. J'avais pu constater cette montée de l'islamisme en me rendant clandestinement à Kandahar, depuis Quetta, au Balouchistan pakistanais. C'est à trois sur une petite moto japonaise que j'avais traversé le désert, coincé entre le passeur et, à l'arrière, un gros mollah, barbu et transpirant. On roulait à l'abri des mouvements de terrain et des oueds desséchés pour éviter les postes soviétiques occupés aujourd'hui par les troupes américaines. Ce sont les mêmes chemins qu'empruntent depuis les talibans. Dans les vergers qui s'étendent autour de la ville où se tenaient le mollah Omar, et parfois Ben Laden, les moudjahidin enturbannés m'apparaissaient plus religieux qu'ailleurs. Profitant du dédale des chemins qui serpentent entre deux murs dans les hameaux, nous pouvions nous approcher des positions russes, qui tiraient à l'aveuglette. Sept ans plus tard, juste après le départ des Soviétiques, pendant le chaos qui a suivi provoqué par les milices islamistes, j'ai constaté que la religion était maître de tout.

En 1988 j'étais retourné dans l'est du pays, toujours grâce à l'aide de Walid, qui m'avait fait franchir les zones tribales sous le tchadri d'une femme. Je l'avais perdu de vue, allant davantage au Proche-Orient à cette époque, où l'actualité était devenue brûlante. Un après-midi en escale à

Athènes dans l'attente d'un avion pour Beyrouth, je remarque trois types qui m'observent du coin de l'œil. J'ai beau changer de place dans le hall, ils me suivent pas à pas... Ils portent une barbe noire qui cache leur visage mat au regard sombre. Leur attitude ne me dit rien qui vaille... La Grèce, surtout à l'époque, a la réputation d'être tolérante avec les activistes en tout genre qui pullulent dans un Moyen-Orient en ébullition. Les trois inconnus pourraient ressembler à des Palestiniens, ou bien à des miliciens libanais... J'avais couvert, quelques semaines auparavant, un des épisodes sanglants de la guerre du Liban, ce qui n'avait pas plu au camp druze. Dans les collines de la région de l'Iklim al-Kharroub, plusieurs dizaines de chrétiens avaient été massacrés par les milices musulmanes après le saccage de leurs églises. Mon article, paraît-il, avait fortement déplu à Walid Joumblatt, le chef druze de la montagne du Chouf. J'y avais recueilli des témoignages accablants sur ses miliciens aux alliances versatiles. Un ami correspondant à Beyrouth m'avait déconseillé de venir au Liban pendant quelque temps afin que Walid Bey se calme. Ces types qui m'épiaient dans la salle de transit de l'aéroport d'Athènes étaient-ils des miliciens libanais qui m'avaient reconnu ? Alors que je fais semblant de regarder les magazines du marchand de journaux, je vois un des bonshommes s'approcher.

« Etes-vous Monsieur Patrick ? » interroge-t-il dans un français hésitant. Je grommelle un « oui non », mais l'autre insiste en me fixant droit dans les yeux. « Monsieur Patrick ? » répète-t-il. Je finis par répondre « Oui ». Ses yeux s'éclairent et il me dit : « Walid... Ton mari, celui qui t'a amené déguisé en femme ! » Incroyable ce hasard qui nous fait nous retrouver ! « Je suis devenu un grand chef moudjahid, m'explique-t-il en souriant. Viens quand tu veux. Tu seras toujours le bienvenu », ajoute-t-il avant d'embarquer pour Stockholm, où il est invité à donner une conférence.

De retour à Peshawar, trois ans après, on m'emmène chez lui. Pour passer la frontière, les difficultés sont identiques à celles que j'ai connues la première fois. Les journalistes font le pied de grue dans les organisations humanitaires qui roulent carrosse en 4 × 4 flambant neufs. Avec les camps de réfugiés, l'argent américain et celui des agences de l'Onu coule à flots dans la grande base arrière des « combattants de la liberté » que l'on adore et soutient en Occident, puisqu'ils se battent contre les Soviétiques, qu'ils les affaiblissent un peu plus chaque jour et nous soulagent par la même occasion de la menace qu'ils font peser à l'Ouest. A la « Maison Blanche », le nom qu'ils ont donné au siège des O.N.G. rassemblées sur un même site infiltré par les services secrets, de jeunes « messieurs je sais tout » jouent les Castafiore pour amener de malheureux reporters au sein de leur mission humanitaire en Afghanistan. Je regarde un peu interloqué ces agents de voyages d'un nouveau genre, qui se font prier en menant grand train pour organiser un passage avec des journalistes qui n'ont aucun contact. Atterré par ce spectacle, je file retrouver Walid dans une grosse villa cachée derrière de hauts murs. Des gardes armés ouvrent le portail. Fini le temps de l'insouciance et de l'improvisation. Les rivalités entre les partis afghans sont au premier plan car tous cherchent à exister après le départ des Soviétiques, saignés par cette guerre qui leur coûte des vies et des millions de dollars. « Tu portes la barbe d'un mollah », dis-je à mon ami. « Aujourd'hui, ne pas la porter est très mal vu, me confie-t-il. On fait le Djihad, ne l'oublie pas... Qu'est-ce que je peux faire pour toi ? » me demande-t-il. « M'emmener en Afghanistan, sans être cette fois-ci déguisé en femme ! » Le lendemain, à 5 heures du matin, une voiture tout terrain vient me prendre au *Dean's Hotel*. Je suis habillé en kamis, pantalons bouffants, gilet et pakol sur la tête, mais plus besoin de se cacher. A l'arrière du 4 × 4 aux vitres fumées, les soldats pakistanais ne posent pas de question quand le chauffeur montre une carte officielle probablement délivrée par l'Inter-Services Intelligence, l'I.S.I., les services secrets militaires pakistanais, qui s'avère être un véritable sésame. En fin d'après-midi, le véhicule s'arrête sur une piste. « C'est juste derrière », me dit le chauffeur. Je franchis une petite colline avec deux moudjahidin qui étaient dans la voiture. Trois cents mètres après, on tombe sur un petit groupe armé avec qui, visiblement, on a rendez-vous. En moins d'une heure de marche, je me retrouve en Afghanistan. Les hommes de Walid sont plutôt sympathiques et ont des têtes de bons combattants musulmans. Si je n'étais pas sous la protection de Walid, je doute que j'aurais eu le même accueil... Mais je n'ai encore rien vu.

Le lendemain, nous descendons une piste qui mène à Jalalabad, où résistent encore les troupes gouvernementales. Soudain, je vois arriver dans un nuage de poussière des types avec des épées, des fourches, des Kalachnikov, qui marchent derrière un grand Soudanais en chantant à tue-tête des cantiques religieux. Les moudjahidin avec qui je suis me font signe de rester près d'eux. Les autres, en face, me dévisagent en pensant : « Qui c'est, celui-là ? » C'est, en fait, un groupe de la légion islamique qui deviendra par la suite Al-Qaïda ! Il y a parmi eux des Soudanais, des Pakistanais, des Saoudiens, des Egyptiens... Mes compagnons n'ont pas l'air de les porter dans leur cœur. Ils s'en méfient. Ils les appellent les « Arabes », me dit celui qui baragouine l'anglais. Il ajoute « crazy » en tournant son index sur sa tempe. Tous portent des pantalons qui arrivent au mollet, des sandales et des turbans. Ils sont armés d'une Kalachnikov mais arborent aussi des sabres, des lances, des coutelas... Ils font le Djihad « à l'ancienne », comme au temps de Mahomet. Et s'ils tombent sur un gouvernemental, ils lui coupent la tête et la mettent en haut d'une pique. Ils se sont arrêtés de marcher, mais pas de chanter, et me regardent avec un œil noir qui n'a rien d'engageant... Pour détendre l'atmosphère, je demande d'où ils viennent. « Algérie », me répond le plus malingre. Je tente de sympathiser. Sans succès, bien que nous parlions la même langue... « On reconquerra l'Espagne et on ira jusqu'à Poitiers ! » me crie-t-il. « Dieu est avec nous. On retournera jusqu'à Vienne car partout où ont vécu des musulmans, la terre est musulmane. Nous reprendrons Jérusalem. Les Juifs et les Croisés ne nous arrêteront pas. Les "kâfirs" (les infidèles) seront battus. Le drapeau de l'Islam flottera sur le monde. »

P.S. Avait-il suivi des études pour avoir des références historiques sur la conquête des Sarrasins en Europe ?

P.F. Non, je ne crois pas. Mais c'est le credo enseigné dans les écoles coraniques où on prône une revanche sur l'Histoire, une guerre sainte contre les impies… De la propagande à usage interne pour galvaniser leurs troupes et les esprits simples au nom d'Allah ! Pour désigner l'ennemi, ils appellent souvent les Occidentaux les « Croisés » en souvenir de la prise de Jérusalem au Moyen Age. Parfois, ils disent les « Francs », les Français en parlant des Européens. Comme ils se tournent vers le passé, vers le Califat, ils se réfèrent toujours à leur Islam passéiste, aux croisades chrétiennes… Pour les fanatiques, on sera toujours des Francs et des Croisés !

P.S. En 1956, lors du tournage avec Kessel, les Afghans étaient peut-être moins concernés par ce genre de réflexions. Ce n'était pas non plus notre sujet de préoccupation tant notre aventure occupait notre temps et notre esprit. On avait l'impression de découvrir vraiment un pays, alors qu'on avait eu notre ration d'exotisme, si je puis dire, avec l'Indochine. Coutard encore beaucoup plus que moi. On était même saturés d'exotisme. Mais là, dans le sillage de Kessel, parcourir l'Afghanistan était une expérience enrichissante. Les nouvelles rencontres et situations le mettaient en joie. Il trouvait l'Afghanistan magnifique et me communiquait son bonheur d'être là. Moi aussi, j'étais sidéré par le pays, par la manière dont vivaient ces gens, ces tribus du nord ouzbek. Je les préfère aux Pathans. Notre grand problème, c'est qu'on pissait debout et ils n'aimaient pas ça ! A l'hôtel, les toilettes c'était un trou, à la turque, et le papier hygiénique, des galets... Des galets bien polis... qui n'écorchaient pas les fesses ! J'avais apporté dans mon sac à dos du papier toilette. Mais nos accompagnateurs afghans n'en voulaient pas. Avant d'aller se soulager, ils préféraient choisir leur caillou !

P.F. Revenons-en au film. Avez-vous pu continuer quand Kessel est revenu avec de l'argent?

P.S. Oui. Il voulait retourner en Afghanistan parce qu'il pensait déjà à son livre. Il tenait à voir à nouveau le roi. Quand il a écrit son roman, il est allé en Afghanistan pour se rafraîchir les idées. Il avait des liens vraiment très étroits avec le roi, qui l'estimait beaucoup. Il le considérait comme un grand homme. Il était content que Kessel écrive un livre sur son pays. Quand il demandait une audience, peu de temps après, la réponse arrivait. Elle était toujours positive. Zaher Shah nous a autorisés à le filmer pendant le bouzkachi, mais on n'a pas pu en privé. Il n'y tenait pas. Toujours ce problème d'image ! Il voulait la paix avec les musulmans. Il ne faisait rien qui puisse jeter un doute sur la rigueur de sa foi.

P.F. Pendant le tournage, Kessel écrivait-il beaucoup ? Commençait-il à élaborer un plan, une histoire ?

P.S. Non, je ne l'ai pas vu prendre de notes. Il avait son sujet dans la tête. Un an ou un an et demi après le film, il s'est mis à écrire. D'habitude, il écrivait ses livres très vite, alors que là, il est retourné une ou deux fois en Afghanistan pour retrouver certaines ambiances, des détails qu'il n'avait pas pris en note et dont il voulait confirmation. Il était venu tout petit d'Argentine, où il était né. Son père médecin s'était installé de l'autre côté de l'Amou-Daria, le fleuve qui marque la frontière avec les ex-Républiques soviétiques. Il retrouvait en Afghanistan les impressions de son enfance. Il s'y sentait chez lui. Il était « très russe » ! Il parlait et lisait le russe. Je me rappelle, quand j'avais découvert Mikhaïl Boulgakov, j'en avais parlé à Kessel. Il était enchanté. Quand je suis retourné en 2007 en Afghanistan rejoindre le 1er Régiment de chasseurs parachutistes, il y a eu une projection de ce film à l'Alliance française. Beaucoup d'Afghans étaient invités. Ils ont été sidérés de découvrir leur pays cinquante ans en arrière.

P.F. Vous souvenez-vous de la sortie du film ? Je suppose que vous étiez très heureux ?

P.S. Oui. Il est sorti au festival du film de Berlin, en 1958, on a fait le voyage avec Pat, la femme de Kessel et Coutard. Beauregard avait emmené avec lui Jeff et Mijanou Bardot en avion, parce qu'elle était l'héroïne d'un autre de mes films, *Ramuntcho*. Il voulait faire de la publicité autour d'elle. On a reçu le prix de la Ville de Berlin et le prix Pullman de la presse. On est montés sur l'estrade. On a salué. On a passé quatre jours à Berlin-Ouest. C'était formidable ! A ce moment-là, on pouvait encore passer de l'autre côté, à Berlin-Est. Pour les Allemands, c'était difficile. Mais ils y arrivaient quelquefois, avec le métro. Il n'y avait pas encore le Mur. Nous, on montrait notre passeport et on entrait par la grande porte de Brandebourg. Avec Kessel, on n'a pas dormi du tout pendant quatre jours et quatre nuits. C'étaient des nuits de fête à Berlin-Ouest ! Il y avait un cabaret où on pouvait s'appeler grâce à un petit téléphone... Si on voyait une jolie femme, on pouvait faire connaissance avec elle. On pouvait l'inviter à danser. Dans un autre cabaret qui était un vrai petit manège avec un cheval et une jeune fille à moitié nue, Beauregard, qui aimait bien les filles et les chevaux, est monté debout en smoking sur le dos du cheval, la fille devant lui à califourchon ! Ils ont fait ensemble deux ou trois tours ! Ces quelques jours à Berlin ont vraiment été une expérience formidable.

Chapitre XVI

Le sacrifice du soldat ou doit-on encore mourir à la guerre ?

PATRICK FORESTIER. Lorsque vous étiez à Berlin, vous n'imaginiez pas qu'un demi-siècle plus tard, des soldats français allaient combattre contre des islamistes, protégés par des avions et des hélicoptères. Des aéronefs qui venaient immédiatement au secours des troupes attaquées par des talibans. C'est une sécurité. Chaque opération est accompagnée d'un appui aérien. Dans la vallée d'Alasay, le détachement français avec qui j'étais bénéficiait d'un créneau de deux heures sous protection des Tigre qui tournoyaient autour de nous pendant que les soldats investissaient des fermes à la recherche d'insurgés. Quand ils ont décroché, ce sont deux F16 américains qui ont pris la relève. On ne les a pas vus, mais ils volaient bien à la verticale de notre position, prêts à intervenir. Le problème, c'est que les talibans cherchent le combat rapproché, parce que lorsque les troupes sont mêlées, l'intervention aérienne est presque impossible.

PIERRE SCHOENDOERFFER. C'est ce qui s'est passé dans la vallée d'Uzbin le 18 août 2008, lorsque, au cours d'un accrochage, dix soldats français ont été tués...

P.F. Les avions américains ont tiré mais en prenant le risque de toucher des Français. Aujourd'hui, l'état-major annonce les pertes le jour même. Les blessés sont nombreux à l'hôpital Percy. L'opinion, avec la caisse de résonance nécessaire des médias, n'est plus prête à supporter un tel choc. Dans une société du bien-être où, et c'est bien naturel, l'individu est protégé et ne ressent pas de menaces, cette guerre n'apparaît pas fondée. Les décès semblent donc inutiles. Sur le sujet, on raisonne en termes émotionnels, mais ce conflit reste de petit niveau. Même si, en onze ans de présence, en décembre 2012, nous déplorions quatre-vingt-huit morts de trop, évidemment... Pour les familles, les parents, les épouses, les orphelins, la douleur est immense. C'est difficile pour eux d'entendre que leur fils ou leur mari serait mort « pour rien » puisque le territoire national n'est pas directement attaqué. Car la mort d'un soldat tombé pour son pays sur un champ de bataille n'a pas la même signification qu'un décès dans un accident de voiture...

P.S. Un accident de la route, c'est un fait-divers. Cela n'a rien à voir avec un soldat qui meurt pour le drapeau. Mais que signifie « le drapeau » en Afghanistan pour la majorité des Français ? Pour beaucoup, sa présence sur le sol afghan présente une ambiguïté. Le commandement a été parfois mis en cause. Quand il y a des morts, une enquête peut être déclenchée pour savoir quel est le maillon responsable. On en tient compte pour les opérations suivantes.

P.F. Après l'embuscade d'Uzbin, des familles ont porté plainte en mettant en cause la préparation de cette mission. Une action en justice qui peut bloquer l'action et l'initiative dans beaucoup de métiers.

P.S. Pour le médecin, c'est le serment d'Hippocrate qui est attaqué par le fait qu'il risque d'être contesté. Pour le militaire, c'est le sens de sa mission et de sa vocation de soldat qui peut être remis en question.

P.F. Ce sont les fondements mêmes de la pratique militaire ! Est-ce qu'on doit remettre l'ordre en cause, à moins qu'il soit stupide et totalement incompréhensible ?

P.S. Oui, mais alors, à ce moment-là, l'armée règle le problème. Elle ne laisse pas un imbécile longtemps à son poste. Elle n'aime pas en parler publiquement parce qu'elle lave son linge sale en famille.

P.F. Mais la nouveauté, n'est-ce pas que des familles de militaires morts en opération en appellent à la justice pour délimiter les responsabilités des donneurs d'ordres et, par là même, n'acceptent pas que le soldat puisse mourir dans l'exercice de son cœur de métier : la guerre ? Le dépassement de soi et le sacrifice de sa propre vie ne sont-ils pas inhérents à l'engagement du soldat ?

Une mission est-elle seulement technique ou bien existe-t-elle au nom d'un idéal, du drapeau ?

P.S. Elle est conduite au nom de la France !

P.F. Depuis la guerre d'Algérie, pendant des décennies, n'entrait-on pas dans l'armée comme on postule dans la fonction publique ? Jusqu'à l'engagement français en Afghanistan, mis à part quelques opérations extérieures menées par la légion étrangère ou les troupes de marine, le soldat ne risquait pas grand-chose dans le reste de l'armée, qui était à deux vitesses...

P.S. C'est pour cela qu'a été constituée cette armée de métier. On peut regretter le fait qu'il n'y ait plus de service militaire obligatoire, parce que c'était un mélange social remarquable. Des Français qui ne se seraient jamais rencontrés devenaient copains, à force de vivre ensemble sous la pluie ou le soleil, sous des tentes, dans le quartier. Il y avait de tout, le paysan, l'intellectuel, l'étudiant, le mécano... Maintenant, c'est une armée de métier voulue par Jacques Chirac. Ce sont donc des jeunes qui choisissent le métier des armes, par vocation, mais ils savent que le contrat qu'ils signent avec les armées, ils le signent avec la France.

P.F. Le problème, c'est que l'opinion publique n'a pas saisi tout de suite qu'en Afghanistan, c'était une vraie guerre ! Au début, les politiques ont pratiqué la langue de bois en jouant sur une ambiguïté. Comme Jacques Chirac avait refusé de participer à la guerre en Irak, il a voulu marquer sa solidarité avec les Etats-Unis après le 11 Septembre. Il a envoyé quelques dizaines de commandos des Forces spéciales en Afghanistan, sous commandement américain, et déployé des troupes à Kaboul et dans la plaine de Chamali, peuplée de Tadjiks acquis aux troupes occidentales. Pendant ce temps, Américains, Britanniques, Canadiens et Hollandais se coltinaient les talibans dans le sud du pays, dans les provinces autour de Kandahar. A Kaboul, les Français ne se sont jamais battus, faute d'ennemi ! Et quand Nicolas Sarkozy a déplacé ce dispositif dans la province de Kapisa, les soldats français se sont retrouvés sous le feu des talibans, sans avoir évalué les conséquences de cette nouvelle posture, et sans les hélicoptères, les drones, les canons de 155, les nouveaux blindages nécessaires à cette guerre. Il a fallu l'embuscade d'Uzbin pour que ce retard soit rattrapé et que le discours change. La lapalissade « On est là pour aider les Afghans » faisait toujours partie des éléments de langage, mais la Brigade La Fayette n'était plus composée de soldats de la paix mais de combattants !

P.S. C'est un terme communiste, « combattant de la paix » ! Je l'ai entendu quand j'étais prisonnier.

P.F. La complexité ethnique afghane et l'extrémisme religieux ne rendent-ils pas encore plus délicates les missions des soldats et des officiers qui sont sur le terrain ?

P.S. C'est plus difficile parce qu'ils ont, comme toujours, non seulement la responsabilité de la vie des soldats, mais ils ont aussi charge d'âmes.

P.F. Tout à fait. Ce sont des guerres ardues à conduire, pour ne pas dire de « sales guerres ». Je dis « sale guerre » dans le sens où, d'un côté, il y a le camp occidental, qui se bat avec des principes et des règles de guerre, et, de l'autre, des insurgés qui utilisent les mines et les voitures piégées et n'attaquent jamais de front. Mais ce n'est pas nouveau ! C'est le propre des guerres insurrectionnelles...

P.S. Nos soldats font la guerre avec un vieil héritage et des règles qui se sont forgées au fil des siècles. Tandis que dans le camp d'en face, la fin justifie les moyens.

P.F. Les soldats occidentaux en Afghanistan ne se battent pas les mains dans le dos mais ils ne peuvent pas faire n'importe quoi, en tout cas des actions que la morale réprouve...

P.S. ... Et quelquefois, sur le terrain, ce n'est pas facile. Quand vous avez deux ou trois types qui sont menacés, vous savez que vous pouvez taper tout le village pour calmer le jeu. Mais non, on ne peut pas, on ne doit pas le faire, même si ces soldats, si on ne le tente pas, vont sans doute mourir. Ce sont des choix qui sont terrifiants. Un officier qui a la responsabilité et qui aime ses soldats le sait bien.

P.F. Un lieutenant m'a raconté qu'en Kapisa, dans la zone verte où l'armée française pénétrait avec beaucoup de difficultés, sa section était prise à partie depuis une maison. Ses hommes étaient cloués au sol. Au moment où ils s'apprêtaient à détruire le bâtiment avec un missile Milan, un type est sorti avec un enfant, exprès, bien entendu... Les Français ont reculé. Ils n'ont pas tiré. A une autre époque, ça se serait peut-être passé différemment. En tout cas, les Soviétiques, eux, auraient rasé le village... A l'époque, les témoignages de ce genre d'exactions ne manquaient pas !

P.S. Pour les Soviétiques, la fin justifiait les moyens. C'est abominable, parce que les moyens influent sur la fin, évidemment. Ces méthodes laissent des traces très profondes. Quand des soldats utilisent des moyens non pas déloyaux mais répugnants, ils restent marqués à vie par cette tache indélébile. Les atrocités corrompent une armée. C'est l'une des raisons pour lesquelles les Soviétiques se sont retirés d'Afghanistan. Leurs généraux sentaient que leur armée supportait de plus en plus mal ce poids psychologique, cette dégradation éthique du moral.

P.F. Dans une certaine mesure, ce phénomène a sévi dans l'armée israélienne. Il a commencé en 1982, pendant la guerre contre le Liban, la première guerre où les soldats israéliens n'avaient pas tout à fait la conscience tranquille... Jusqu'alors, ils se battaient pour une question de survie. Mais la guerre du Liban ne répondait pas à une tentative d'invasion du pays...

P.S. Ces soldats n'avaient donc plus tout à fait confiance en la justice de leur cause.

P.F. Revenons à votre œuvre cinématographique. Avec des films comme *L'Amant* de Jean-Jacques

Annaud ou *Indochine* de Régis Wargnier, la « mode » indochinoise est réapparue dans les années 1990. Vous ne pensiez pas que vous y retourneriez quarante ans plus tard pour y faire un film sur la bataille de Diên Biên Phú ! Une démarche qui avait commencé avec *La 317ᵉ Section* tourné d'après votre expérience en Indochine. Quel souvenir avez-vous gardé de la critique à l'époque ?

P.S. Michel Cournot, du *Nouvel Observateur*, avait été épaté par ce film. Il avait écrit un article magnifique. C'était un homme de gauche et il était respecté par la gauche. Il a influencé les autres critiques. Ce n'était pas seulement la qualité technique du film qui l'intéressait. C'était ce que je disais...

P.F. Il avait passé outre le clivage gauche-droite et la lecture partisane qu'un critique engagé peut avoir sur un film. Il avait compris que dans *La 317ᵉ Section*, votre démarche s'attachait d'abord à l'homme, comme toute votre œuvre.

P.S. Tout à fait ! J'avais eu beaucoup de mal à monter ce film. Il a fallu que le ministre des Affaires culturelles de l'époque, André Malraux, m'accorde ce qu'on appelle une avance sur recettes. Jusqu'alors, je n'en avais jamais bénéficié. Non seulement il a fait en sorte que je l'obtienne, mais le film terminé, il l'a choisi pour représenter officiellement la France au Festival de Cannes de 1965 ! Le film a eu le prix du meilleur scénario !

P.F. Dans le contexte de l'époque, trois ans avant Mai 1968, ce ne devait pas être évident de monter un projet de film sur la guerre d'Indochine, qui n'avait pas été soutenue par l'opinion publique française...

P.S. Non. J'avais une histoire que je voulais transformer en film. J'avais donc un scénario. Les comédiens qui ont incarné les personnages ont été tellement proches de la réalité alors qu'ils n'avaient jamais fait la guerre qu'ils ont largement contribué à son succès. A l'origine, ne trouvant pas de financement pour ce film, j'ai dit : « Je vais essayer d'en faire un livre. » J'ai écrit le livre. Il a été édité et, à partir de là, on a regardé mon projet de film d'un autre œil.

P.F. Le film ne se montait pas, et du coup, vous êtes devenu écrivain ! Lorsque vous étiez matelot sur l'*Anita Hans* en mer Baltique, vous vous en sentiez incapable...

P.S. C'est vrai, j'avais un grand respect pour la littérature. Donc, je n'étais pas sûr d'être capable de devenir écrivain. Faute de pouvoir réaliser un film sur une histoire de soldats en Indochine qui me tenait à cœur, j'ai écrit ce récit. Cela n'a pas été facile pour moi. Mais il y avait des jours où je ressentais des moments de bonheur. Quand, tout à coup, je me rendais compte que personne n'avait restitué une situation, des sentiments de la même manière. J'éprouvais alors une joie intérieure qui m'a poussé à écrire d'autres livres. Je suis très heureux d'avoir eu cette envie en écrivant *La 317e Section*, parce que toute une partie de mon œuvre est quand même littéraire. J'ai été reconnu par mes pairs en littérature, puisque j'ai eu le prix Interallié, le grand prix du roman de l'Académie française et d'autres prix plus modestes, pour mes autres livres. Ce challenge m'excitait. La littérature a toujours infléchi ma vie... Le désintérêt des producteurs pour réaliser *La 317e Section* m'a forcé à franchir le pas. Dans ce récit et dans le film, j'ai mis ce que j'avais vécu en Indochine. Ce fut le point de départ de tout ce que j'ai entrepris ensuite, durant mon existence.

Table

Mise en pages PCA
44400 Rezé

Cet ouvrage a été imprimé en France
par CPI Bussière
à Saint-Amand-Montrond (Cher)
pour le compte des Éditions Grasset
en février 2013

PAPIER À BASE DE
FIBRES CERTIFIÉES

Grasset s'engage pour
l'environnement en réduisant
l'empreinte carbone de ses livres.
Celle de cet exemplaire est de :
800 g éq. CO_2
Rendez-vous sur
www.grasset-durable.fr

N° d'édition : 17632. – N° d'impression : 125018.
Dépôt légal : mars 2013.